Bruder David
mit
Dan Wooding
und
Sara Bruce

Gottes Schmuggler in China

R. BROCKHAUS VERLAG WUPPERTAL

ABCteam

Bücher, die dieses Zeichen tragen, wollen die Botschaft von Jesus Christus in unserer Zeit glaubhaft bezeugen.

Das ABCteam-Programm umfaßt:
- ABCteam-Taschenbücher
- ABCteam-Paperbacks mit den Sonderreihen: Glauben und Denken (G + D) und Werkbücher (W)
- ABCteam-Jugendbücher (J)
- ABCteam-Geschenkbände

ABCteam-Bücher erscheinen in folgenden Verlagen:
Aussaat Verlag Wuppertal / R. Brockhaus Verlag Wuppertal
Brunnen Verlag Gießen / Bundes-Verlag Witten
Christliches Verlagshaus Stuttgart / Oncken Verlag Wuppertal
Schriftenmission-Verlag Gladbeck

ABCteam-Bücher kann jede Buchhandlung besorgen.

Titel der Originalausgabe: »God's Smuggler to China«

Deutsch von Elke Nowotsch

1981
Umschlaggestaltung: Ralf Rudolph, Ratingen
Umschlagfoto: Dr. P. Thiele – ZEFA
Gesamtherstellung: Breklumer Druckerei Manfred Siegel

ISBN 3-417-12254-6

Eine Nacht, die man nicht vergißt

Das Schlußkapitel zu dem Buch aus dem Brockhaus-Verlag, Wuppertal, »Der Schmuggler Gottes in China« von Bruder David, das erst später geschrieben werden konnte. Es handelt sich um die Ausführung von Projekt »Perle«.

»Schiff steuerbord voraus – Leute!«

Der Kapitän unseres Schleppers spähte ängstlich in die Weite. Spannung ergriff ihn. Bis zu diesem Augenblick hatten wir vorsichtig vor der Küste Südchinas gekreuzt. Unser Kurs wurde von Silber vom strahlenden Mond hinter uns ins Meer gezeichnet. Die Nacht war kristallklar. Ein atemberaubend schöner Sonnenuntergang hatte sie eingeleitet. Die würdige Ruhe dieser Nacht schien die Zeit auszusetzen. Das Schweigen war so dicht, daß wir meinten, hinauslangen zu können, um es anzufassen.

Unser Einswerden mit der Ruhe wurde durch den Ruf des Kapitäns jäh abgebrochen. Der Steuermann Joseph Lee starrte durch das Fenster der Brücke, um das sich nahende Schiff zu erkennen.

»Es kommt näher, Käpten! Und was ist das da auf dem Stern?«

Die Gesichtszüge von Kapitän Karl erfroren, als er sein Fernglas scharfstellte. »Es ist ein Maschinengewehr!« Er schaute noch ein wenig länger und rief: »Und mit einem Schützen dahinter! Unser Besucher ist ein rotchinesisches Patroullienboot.«

Jeder auf der Brücke lehnte sich nach vorne. Die Farbe wich aus unseren Gesichtern. In dem Lastkahn, den wir hinter uns herzogen, lagen eine Million chinesischer Bibeln, und es waren nur noch wenige Minuten bis zu dem vereinbarten Platz für die Übergabe an die dort wartenden Gläubigen, die um diese Bibeln gebeten hatten.

»Ist es ganz sicher ein Patroullienboot?« fragte ich den Kapitän.

»Überhaupt kein Zweifel!«

Wir beobachteten das näherkommende Schiff, das Maschinengewehr und den Schützen, das sich nun alles deutlich im Mondlicht abzeichnete.

Ich atmete tief durch. »Herr, wir können nichts mehr tun. Nur Du kannst diese Situation meistern. Wir wissen, wie sehr Du die Gläubigen dort vor uns am Strand liebst, und wie sehr Du möchtest, daß Dein Wort in ihre Hände gelangt.«

Mitten im Gebet fühlte ich mich plötzlich getröstet und in die weltweite Gebetskette eingebunden, die Bruder Andrew bei unserer Abfahrt zur Fürbitte in Alarmbereitschaft gesetzt hatte. Genau in diesem Augenblick waren Hunderte, wahrscheinlich Tausende von Gläubigen für unser Team fürbittend in Aktion.

»Wir sind in Deiner Hand, Herr«, schloß ich still, »und wir werden dabeisein und sehen, wie Du Dein Werk vollbringst.«

Nach dem Gebet öffnete ich die Augen und sah das Patroullienboot rechts neben uns, nicht weiter als 50 m entfernt. Kapitän Karl wandte sein Gesicht himmelwärts und murmelte in sich hinein, als wolle er das passierende Schiff ansprechen: »Schauen wir nicht auf dich, schaust du nicht auf uns.«

Wir anderen bedachten es mit einem ziemlich erfrorenen Lächeln, denn wir wußten alle, würden wir jetzt entdeckt, so würde das Projekt »Perle« vollständig zum Erliegen kommen, und unser Team und die chinesischen Gläubigen auf dem Festland wären in unmittelbarer Lebensgefahr. Aber es war nicht das erste Mal, daß dieses Projekt für uns auf dem Spiel stand. Von Anbeginn an gab es schwere Bedrängnisse.

In jener mondhellen Nacht, so wie in jeder anderen Bedrängnis, mußten wir fest auf der Bevollmächtigung Gottes stehen, wie wir sie ursprünglich für das Projekt »Perle« bekommen hatten. Nach Beendigung des Projektes »Regenbogen« erschien es uns folgerichtig, daß unser nächstes Unternehmen die Erfüllung des Wunsches der chinesischen Gläubigen nach einer Million Bibeln sein sollte. Wir wollten jedoch sicher sein, daß dies tatsächlich Gottes Wille war und nicht nur menschliche Vorstellung. Er hat uns nicht im Zweifel daran gelassen.

Gottes erste Ermutigung kam für mich schon früh, nämlich in dem Jahr, als ich gerade krank im Bett lag. Besucher hatten mir ein Traktat dagelassen, das davon sprach, daß Sonne und Mond auf die Bitten Josuas in Gibeon tatsächlich stillgestanden hatten.

In den folgenden Tagen las ich den betreffenden Abschnitt in Josua, Kapitel 10 genau durch, und in mir wuchs eine feste Überzeugung heran. Genauso sicher wie Josua gebetet und Gottes Kraft in jenen Tagen gesehen hatte, genauso konnten wir beten und seine gleiche Kraft für die eine Million Bibeln erkennen – auch wenn deren Auslieferung ein Wunder von der gleichen Größenordnung erforderte.

Kurz danach trafen Sven, unser 2. Vorsitzender, und ich die Familie Kwang in Hongkong.

»Wir haben eine Bibelstelle, die wir mit Euch gemeinsam bedenken wollen«, sagten sie. »Es handelt sich um Josua 10. Ihr erinnert Euch sicher, wie Josua zum Herrn rief, er möge Sonne und Mond anhalten, damit sie die Schlacht gewännen?« Sven und ich strahlten über und über, als die Kwangs erzählten, daß das Projekt »Perle« eine gleiche Krafttat Gottes erforderte.

Welch herzverbindende Freude! Gott hatte beiden die gleiche Botschaft gegeben – den Stellvertretern der Gläubigen in Rotchina und dem Repräsentanten der Christen im Westen, der sich danach sehnte, ihnen die Bibeln liefern zu dürfen.

Es gab noch weitere derartige Bestätigungen. Während der folgenden Wochen gab es viel Nachforschungen, und es wurde ein Plan aufgestellt, wie die Bibeln ausgeliefert werden sollten. Gebetstreffen in Rotchina, in Hongkong, auf den Philippinen und in den USA bestätigten übereinstimmend, die Bibeln sollten nachts per Schiff zur Auslieferung gelangen. Es folgten Erkundungen der Schiffahrtsrouten entlang der rotchinesischen Küste, sowie der Küstenbeschaffenheit und der Landungsmöglichkeiten, bis schließlich unser Team mit einigen lokalen chinesischen Gläubigen ein Stück Strand der südchinesischen Küste abschritten, dem wir dann den Codenamen »Michael« gaben nach dem

Erzengel Michael. Wir waren uns alle einig, daß dies der Ort der Übergabe sein sollte.

Es war dann während einer Reise nach Holland, wo ich unsere Pläne Bruder Andrew und den internationalen Leitern vorlegen wollte, daß ich eine weitere Ermutigung vom Herrn erhielt. Im Flugzeug brachte mein Bibelleseplan mich zu 2. Mose 14, 19–20. Ich las, wie die Israeliten Schutz suchten, damit die Ägypter sie nicht sähen. Der 20. Vers schloß: »... so daß während der ganzen Nacht keiner dem andern nahekam.«

Auch wir würden – wie die Israeliten – Verborgenheit suchen müssen. In meinem Innern freute ich mich, daß Gott mich gerade jetzt diese Bibelstelle finden ließ. Ich war sicher, daß die kommende Zeit uns erlauben würde, Gottes machtvollen Schutz in der gleichen Weise zu sehen, in genau der Nacht, in der wir ihn brauchen würden.

Einige Zeit später kamen Pastor Ward und ich wieder mit den Kwangs in unserem Hongkonger Hotel zusammen. Mama und Papa Kwang waren gerade aus Rotchina zurückgekehrt, nachdem sie dort einige Wochen mit Gläubigen gebetet und gefastet hatten.

»Unsere Brüder preisen Gott wegen der wundervollen Nachricht über Projekt ›Perle‹ «, berichtete Papa Kwang. »Sie senden Euch ihre Liebe und beten täglich für Euch und für die Auslieferung.« Mama Kwang bestätigte ebenfalls: »Sie wissen, es bedarf einer Machttat Gottes, eine Million Bibeln in ihr Land zu bekommen.« Dann fügte sie hinzu: »Brüder, mit der Übergabe der Bibeln ist das Wunder noch nicht zu Ende. Durch diese Bibeln werden später so viele Leben verändert werden.«

Es entstand eine Pause, während sich jeder von uns im Geiste mit der Größe der anstehenden Ereignisse beschäftigte. Pastor Ward lehnte sich vor und sagte nachdenklich: »Wißt Ihr, ich glaube nicht, daß sich die Auswirkungen von Projekt ›Perle‹ nur auf China beschränken werden.« Er fuhr fort, weitere Ziele vor den Kwangs auszubreiten, von denen wir sicher glaubten, daß Gott sie unserer Mannschaft zur Ausführung anvertraut hatte. Wir hatten folgendes vor Augen.

Zunächst und zuallererst einmal sollte die Übergabe der Bibeln selbst geschehen.

Dann war es zweitens unser Herzenswunsch, daß Tausende weltweit angeregt würden, selber Bibeln nach China zu schicken, sobald die Nachricht von dem dortigen Bibelmangel die westliche Welt erreicht hätte.

Drittens hofften wir, daß das allgemeine Bekanntwerden einer solchen Bitte die Gelegenheit schaffen würde, daß die Stimme der Hausgemeinden in Rotchina in aller Welt gehört würde. Gegenwärtig wird ja im Westen überwiegend die Stimme der offiziellen Kirche, der Drei-Selbst-Bewegung, und ihrem Leiter Bischof K. H. Ting vernommen. Seine Aussagen finden in der offiziellen Kirchenwelt des Westens Beachtung. Er meint, daß das chinesische Volk den Bedarf an Bibeln selbst stillen kann. Doch die Vertreter der nichtregistrierten Hausgemeinden halten dagegen, daß der Bibelbedarf das Angebot weit übertrifft. Einmal wurden in der Vergangenheit durch die Drei-Selbst-Bewegung 135 000 chinesische Bibeln gedruckt, aber eine vorsichtige Schätzung der Zahl der Christen in Rotchina beläuft sich auf ca. 20 Millionen. So ist die Menge der in Rotchina gedruckten Bibeln viel zu gering, und es ist vorgekommen, daß Bibeln nur an die verkauft wurden, die mit den Verkaufsbedingungen des Staates einverstanden waren.

So kommt gegenwärtig aus Rotchina eine zweifache Information, einmal die von Bischof Ting, der ins Ausland reisen und berichten darf und zum andern die Botschaft der Hausgemeinden, die in ihrem Nachrichtenaustausch mit den Gemeinden im Westen sehr stark behindert sind. Wie sehr begrüßten wir es, wenn ihr Ruf endlich die Außenwelt erreichte, so auch durch das Projekt »Perle«.

Unser viertes Ziel wäre letztlich die Regierung selbst. Wir hatten schon oft dafür gebetet, daß die Nachricht über diese Lieferung die Führung der kommunistischen Partei erreichen würde. Sie sollten den ungeheuren Mangel der Bevölkerung an Bibeln zur Kenntnis nehmen und beginnen, Schriften in ausreichender Menge zu drucken und sie ohne behinderte Auflagen dem Volk zugänglich machen.

Nachdem Pastor Ward seine Ausführungen beendet hatte, nahm ich den letzten Punkt noch einmal auf, indem ich die Kwangs fragte: »Wäre das nicht die beste Lösung von allen?« Und Papa Kwang bestätigte: »Ja, das größte Wunder, auf das wir hoffen könnten.«

Mama Kwang lächelte mit Zustimmung und langte nach ihrer Bibel, indem sie sagte: »Bruder David, wir glauben, daß Gott uns inzwischen einen Bibelvers über die Erfüllung des ersten Wunders gegeben hat, nämlich für die Nacht der Ausführung von Projekt »Perle«. Wir erhielten diesen Vers im Gebet bei unseren Brüdern im Innern Chinas.«

Als sie vorlas, wurden wir wieder Zeugen der Führung unseres lebendigen Herrn; denn die Kwangs begannen genau die gleiche Stelle zu zitieren, die mich im Flugzeug nach Holland so sehr angesprochen hatte, nämlich 2. Mose 14, 19–20, und sie gipfelten in genau dem gleichen Satz: »... so daß während der ganzen Nacht keiner dem andern nahekam.«

Ich senkte mein Haupt in Dankbarkeit und hielt die Tränen zurück, als das von Gott geführte Paar das vorlas. Es brauchte nichts mehr gesagt zu werden. Gemeinsam schickte unsere kleine Gruppe jubelnden Dank zum Herrn, der so Osten und Westen zusammenrief, ihm zu dienen und sich um die Not seiner Gemeinde in Rotchina zu kümmern ... mit einer Million Bibeln.

Die folgenden Wochen brachten auf beiden Seiten des Pazifiks eine Menge Arbeit. Pablo, unser Einkäufer, unterzeichnete mit mir in Singapur den Vertrag für einen 128 t schweren gebrauchten Hochseeschlepper. Für $ 480 000 bekamen wir ihn zum bestmöglichen Preis.

Gleichwohl wußten wir, daß wir auf Hoffnung hin unterzeichneten, denn wir hatten nicht einen Cent, um zu zahlen. Dazu forderte der Eigner die Zahlung des Gesamtbetrages in genau zehn Tagen.

In den folgenden Tagen wurde viel gebetet. Unsere Zweigstellen von »Open Doors« in Australien, Neuseeland und Japan schickten uns insgesamt $ 100 000. Dann kamen zu unserer großen Freude und Überraschung die restlichen $ 380 000 von einer einzigen Gemeinde, nämlich der »Calvary Chapel« in Costa Mesa, Kalifornien/USA. Genau auf den Tag der fälligen Zahlung machte ihr Pastor Chuck Smith eine telegrafische Überweisung an den Eigner in Singapur.

Inzwischen hatten wir eine Million chinesischer Bibeln bei der Bibeldruckerei Thomas Nelson in Nashville, Tennessee/USA bestellt, nachdem wir aus der ganzen Welt Angebote eingeholt hatten. Die Bibeln sollten nach dem speziellen Wunsch der chinesischen Gläubigen in der neuen vereinfachten chinesischen Einheitsschrift gedruckt werden.

Gleichzeitig wurde auf den Philippinen nach unseren besonderen Angaben ein Schleppkahn gebaut. Er sollte 232 t Bibeln fassen können und mit Hohlräumen zur Beflutung versehen sein. In der Übergabenacht würde man dann den Schleppkahn absenken und die dann schwimmenden Bibelballen mit Schlauchbooten ans Ufer ziehen.

Langsam wurde es auch Zeit, die Mannschaft zusammenzusuchen. Brüder von den einzelnen Open Doors-Zweigstellen rund um die Welt wurden eingeladen, Gott zu fragen, ob er sie für diese Aufgabe haben wollte. »Bevor sie sich verpflichten, bitten wir sie, uns genau mitzuteilen, wie Gott sie zu dieser Aufgabe geführt hat«, erklärte ich Bruder Andrew, als wir die Pläne durchsprachen.

»Amen«, hatte er gerufen, »und David, ich bitte Dich, sie alle danach zu fragen, was ihre Frauen zu diesem Projekt sagen. Es ist entscheidend, daß jede hundertprozentig hinter ihrem Ehemann steht. Dies könnte nämlich ein Todeskommando sein.«

Eine weitere Forderung, die wir stellen mußten, war die Verpflichtung des einzelnen zur absoluten Verschwiegenheit. Niemand durfte die geringste Andeutung nach außen dringen lassen, ausgenommen, die Erklärungen, die jeder seiner Frau abgeben mußte.

Die Verschwiegenheit hatte höchste Priorität während der ganzen Zeit, da das Projekt »Perle« lief. Wir sind der Meinung, daß auch in den geistlichen Gefechten, genau wie in der irdischen militärischen Strategie, der Überraschungsmoment achtzig Prozent des Sieges ausmacht. In Wirklichkeit war es gar nicht so einfach, erst nach der Auslieferung der Bibeln, den Rest des Projektes mit dem eigenen Personal in aller Welt abzuwickeln.

Wir in der Mannschaft waren ein bunter Haufen, überwiegend Landratten, deren Kenntnisse vom Meer sich auf seine Farbe beschränkten. Nur zwei von den zwanzig Männern hatten Erfahrung zur See von früherer Zeit her. Dies wurde um so deutlicher, als wir den

Schleppkahn in Richtung Hongkong zogen, nachdem der Schlepper auf den Philippinen voll ausgerüstet worden war.

Hier ein Beispiel, was bei dieser Mannschaft am Anfang so vorkommen konnte. Joseph Lee war gerade zur Crew gestoßen. Einmal gab der Kapitän nach einer Übung die Order: »Alle Mann an Deck!« Die Männer kamen von überall her angesaust. Joseph wußte nicht, wo sie hinrannten. Ihm war nur klar, daß von ihm erwartet wurde, irgendwo hinzukommen. Er lief, bis er beim Kapitän landete und dann schnaufte er: »Kapitän, bitte, wo ist das Deck?« Unser Kapitän glotzte ihn fassungslos an. Er brauchte einen Augenblick, um die Frage zu verdauen. Dann merkte er aber, daß Joseph seine Frage ernst meinte und sagte mit Erstaunen: »Du stehst doch genau drauf, Joseph.«

Dieser Vorfall ließ den Rest der Mannschaft in brüllendes Gelächter ausbrechen. Mit aufhörendem Gelächter wurde uns noch einmal mehr als zuvor bewußt: wenn diese Mission ein Erfolg werden sollte, dann nicht wegen der Geschicklichkeit der Männer noch wegen einer eingespielten Mannschaft. Nur durch das Wirken Gottes selbst könnte es gelingen!

In den folgenden Wochen war allen das Bedürfnis nach der vollkommenen Führung Gottes das Wichtigste. Auf unserer Fahrt nach Hongkong sahen wir 3 m hohe Wellen auf uns zukommen. Unsere Schiffe waren oft in Gefahr, überrollt zu werden. Und nachdem wir in Hongkong sicher angelegt hatten, kamen die nächsten Probleme auf uns zu. Wir waren eigentlich davon nicht überrascht. Wir wußten, daß wir in geistlicher Kampfführung engagiert waren und erlebten es, wie 2. Korinther 10, 3–4 für uns Realität wurde. Dort heißt es: »Denn obwohl wir im Fleische wandeln, führen wir unseren Kampf doch nicht nach menschlicher Art, sondern auf geistlicher Ebene. Denn die Waffen, mit denen wir kämpfen, sind nicht menschlicher Art, sondern starke Gotteswaffen zur Zerstörung feindlicher Bollwerke.« Ganz ohne Zweifel, das letzte, was der Satan sich in China wünschte, wäre die Übergabe einer Million Exemplare des Wortes Gottes, dieses Geistesschwertes, in chinesisch. Kein Wunder, daß er uns die Aufgabe so schwer wie möglich machte. Aber der Sieg war ihm nicht beschieden!

Schon am Tage nach unserer Ankunft in Hongkong zeichnete sich diese Tatsache deutlicher ab. Ohne Hemd, in der prallen Sonne, begannen die Leute den Schleppkahn mit der für ihn vorgesehenen Fracht zu beladen: 232 Ballen mit neuen Bibeln, die erst vor kurzem aus USA eingetroffen waren. Nach einigen Stunden Arbeit wurde uns schmerzlich klar, daß die 1 t schweren Ballen einfach nicht alle in den Laderaum paßten. Die Leute hatten gemessen und wieder gemessen. Alle kamen zum gleichen Schluß: irgendwann hatte jemand falsch gerechnet. Vielleicht war die dicke seewasserfeste Verpackung das Problem. Vielleicht trugen auch die Verpackungsseile stärker auf als erlaubt. Keiner konnte genau sagen, was schief gelaufen war. Wir wußten nur, daß wir nun erst einmal 20 Ballen auf Lager nehmen und somit 86 400 Bibeln zurücklassen müßten. »Sicherlich nicht, Herr«, betete ich, »denn wir haben doch den klaren Auftrag für eine Million Bibeln.«

Der junge Daniel Kwang besuchte uns am gleichen Abend, und wir luden ihn ein, mit uns über dieser Not zu beten. Mit froher Zuversicht in seiner Stimme rief er den Herrn an: »Herr Jesus, Du kannst die Bibeln passend machen. Ich weiß sicher, daß Du die ganze Million zu meinem Volk gebracht haben willst.«

Bis heute haben wir keine Erklärung dafür, was geschah. Wir wissen nicht, ob die Bibeln schrumpften oder der Lastkahn etwas größer wurde. Alles was wir wissen, ist, als wir mit dem Beladen fertig waren, da waren auch die Pakete an ihrem Platz, die vorher nicht gepaßt hatten. Wieder einmal hatten wir Grund zur Freude über ihn, der so sichtbar der Herr über jeden Teil des Projektes war.

Einige Wochen später, unmittelbar vor unserem geplanten Aufbruch nach Rotchina, konnten wir seine Leitung mit gleicher Klarheit erfahren. Gerade, als wir unsere Vorbereitungen abgeschlossen hatten, mußten wir erkennen, daß ein schwerer Taifun auf uns zukam. Es war klar, daß wenn wir warteten, bis er abgezogen war, der nächste genauso leicht folgen konnte. Es war schon Juni, und in dem Monat fangen die Unwetter gewöhnlich an, die an den asiatischen Küsten so viele Verwüstungen anrichten.

»David, wie kann ich die Leben der ganzen Mannschaft aufs Spiel setzen, indem ich in diesen Sturm hinaussteure?« protestierte der mehr als besorgte Kapitän Karl. »Unsere Boote sind bestimmt nicht groß genug, um die See bei solch einem Sturm zu überstehen.«

»Ich weiß, Kapitän, es sieht nicht gerade machbar aus. Ich weiß das!« antwortete ich wie unter einer schweren Last. Und doch, als ich betete, glaubte ich dieser leisen Stimme, die sagte: »Habe Glauben.« Und ich erkannte, daß Gott manchmal seine Kinder nicht darum bittet, etwas den Umständen entsprechendes zu tun, sondern eher gehorsam zu sein. Für Josua erschien es bestimmt nicht machbar gewesen zu sein, Gott zu bitten, Sonne und Mond einen Tag lang stillstehen zu lassen. Aber Josua war ein Mann, der im Glauben wandelte und nicht im Schauen. Und das mußten wir zu diesem Zeitpunkt tun. Ich folgerte, daß reine Sachlichkeit der Feind des Glaubens war. Die beiden Neuseeländer in der Mannschaft, Rod und Dennis, hörten zu, wie wir uns über unsere mißliche Lage festdiskutierten. »Also, Männer!« meinten sie, »wenn dieser Taifun euer einziges Problem ist, dann werden wir ihn wegbeten! Der Herr kann doch damit fertigwerden!«

Die beiden meinten es ernst. Sie zogen sich zum Beten zurück, bis sie – einige Stunden später – wieder auftauchten und freudestrahlend verkündeten: »Er ist weg! Wir sind ganz sicher.«

Spätere Wetterberichte bestätigten ihre Überzeugung. Der Taifun war tatsächlich abgezogen. Ideales Wetter war für unsere Reise vorausgesagt.

In jener Nacht trafen sich Pastor Ward, Joseph und ich mit der Familie Kwang. Während unseres Wochen dauernden Aufenthaltes in Hongkong hatten wir täglich einige Stunden mit ihnen in unserem Hotel verbracht und jede Minute der Übergabe bis ins kleinste Detail geplant. Zusammen hatten wir über den Karten des Hafens und der umliegenden Gebiete gebrütet. Ausgiebig hatten wir über die Stärke und die Bewegungen der Polizeikräfte dieses Bereiches gesprochen. Zur selben Zeit waren sieben chinesische »Melder« ständig nach Rotchina ein- und wieder ausgereist und hatten uns über die Vorbereitungen der chinesischen Gläubigen für die »Perle« und über alle Veränderungen auf dem Laufenden gehalten, die unvorhersehbare Umorganisationen auf unserer Seite erfordert hätten. Für uns war es ein unschätzbarer Vorteil, mit diesen mutigen Organisatoren im Lande selbst zusammenzuarbeiten, von denen alle wegen ihres christlichen Glaubens schon einmal in Gefangenschaft gewesen waren.

Während des letzten Besuches der Familie brachte Mama Kwang mehrere Telefongespräche zu den Gläubigen durch und konnte ihnen bestätigen, daß sie alles für unsere Ankunft bereitmachen könnten.

»Im Glauben sind wir bereit, den Patienten zu transportieren, wenn das Krankenhaus bereit ist, ihn aufzunehmen«, sagte ihnen Mama Kwang.

»Wir sind zur Aufnahme bereit«, antworteten die Gläubigen aufgeregt. »Nur um eins bitten wir eure Freunde: wenn der Patient nach der Injektion stirbt, so darf keiner von uns dem anderen Vorwürfe machen.«

Wir übertrugen die Nachricht aus dem lange vorher vereinbarten Code. Die Gläubigen und unsere Mannschaft bildeten den »Patienten«. Die Übergabe war die »Injektion«. Sollte etwas schiefgehen, so baten sie darum, daß niemand gegen den anderen Vorwürfe erheben würde. Sie meinten, daß wir alle auf jedes Leid vorbereitet sein müßten, das uns um Jesu willen auferlegt werden könnte. Beide Seiten legten nun ihr Leben vor Jesus ab.

»Sage ihnen, daß wir zustimmen«, meinte ich zu Mama Kwang. »Wir sind mit ihnen absolut einig!«

Sie tat es und gab mir dann, zu meiner großen Freude, den Telefonhörer in die Hand. Weder ich noch mein chinesischer Bruder auf der anderen Seite verstanden etwas von der Sprache des anderen, aber die Freude und das Vertrauen, das er über die beabsichtigte Auslieferung mitteilte, machten Worte an sich zur Nebensache. Am meisten rührte mich die Liebe in seiner Stimme an. Sie versicherte mir, daß ich als Mitglied der Familie angesprochen wurde.

Ich ging in unser Hotel zurück und telefonierte mit meiner Frau Julie, um ihr zu sagen, daß wir uns jetzt auf den Weg machten. Sie benachrichtigte dann Bruder Andrew. Dieser alarmierte dann der

Reihe nach unsere Gebetsgruppen rund um die Welt mit folgender Nachricht: »Chinesisches Kurierteam in Gefahr! Betet bitte während der nächsten 72 Stunden.«

Dieser Ruf ging an unsere Basen in Afrika, Europa, den Mittleren Osten, Nord- und Südamerika und an asiatische Länder. Unmittelbar danach liefen Telefonleitungen »heiß«, denn die Bitte wurde in Tausende von Häusern weitergeleitet. Deren Telefone waren dann wieder belegt, als diese Gebetspartner wiederum andere Christen in ihrer örtlichen Umgebung anriefen.

Die genaue Zahl der beteiligten Menschen konnten wir nicht wissen, aber als wir den Anker des Schleppers an jenem sonnendurchglühten Nachmittag lichteten, wußte jeder von uns, daß wir von Gebeten umgeben waren.

Am nächsten Tag, als wir mit unseren Booten gute Fahrt machten, sandten wir an die chinesischen Gläubigen eine Bestätigung. Wir hatten einen Sender an Bord mit einer direkten Verbindung zu Bruder Martin, unserem Funker an Land.

»Wir sind auf dem Weg zur Party. Wir werden 18 Schüsseln Reis essen und 21 Tassen Tee trinken«, gaben wir durch. Für die chinesischen Gläubigen bedeutete dies, daß wir am 18. Juni um 21 Uhr kommen würden. Martin telefonierte das dann an die Familie Kwang, die die Gläubigen im Inland verständigten.

Wäre irgend etwas bei ihnen schiefgelaufen, die chinesischen Christen hätten bis zu diesem Zeitpunkt die Übergabe anhalten können. Tatsächlich hätten sie uns bis zum Schluß mitteilen können, daß wir umkehren und zurückfahren sollten, wenn sie gespürt hätten, daß der Herr das Projekt, aus welchem Grund auch immer, hätte stoppen wollen.

Die Botschaft, die wir am nächsten Tag von ihnen zurückerhielten, war jedoch ein freudiges: »Willkommen zur Party!« Und was für eine »Party« das sein würde! Mit jeder Seemeile wuchs unsere geistliche Erwartung.

Gebet bestimmte im wesentlichen unsere Tage auf See. Das Krähennest hoch über der Brücke wurde zu »Wards Gebetsturm« umbenannt, da Pastor Ward dort oft Stunden, manchmal sogar die ganze Nacht durch, im Gebet verbrachte. Als Mannschaft trafen wir uns jeden Tag morgens in der Messe zur Andacht, bevor jeder an seine Arbeit ging. Oft sammelten sich auch spontan kleine Gruppen zur Fürbitte auf Deck oder in den Schlafräumen.

Zusätzlich zu diesem Gebet kam jedoch die persönliche Vorbereitung, indem die einzelnen ihr Leben vor Gott prüften. Rod nannte es die Verpflichtung, die wir vor Gott hätten, denn, so sagte er: »Obwohl Gott eine ganz besondere Arbeit für uns bereit hat, so müssen unsere Hände doch ganz sauber sein, damit wir sie tun können.« Wenn Sünde, gleich welcher Art, zwischen Gott und uns gelegen hätte, hätten wir sie mit ihm bereinigen müssen, so daß kein Hindernis zwischen ihm und uns das Wirken seines Geistes in uns hätte hindern können.

Der Morgen des 18. Juni 1981 brach hell und klar an. Ich ging zur Frühwache und erfreute mich am Sonnenschein, und als Bestes von allem, an den ruhigen Wetterbedingungen, die für das spätere Ausladen des Schiffes geradezu ideal waren. Mit dem fortschreitenden Tag wurde die See sogar noch glatter, bis sie gegen Abend unnatürlich ruhig war.

Der Ozean war ein gleißender Spiegel aus Licht, als wir uns dem angekündigten Hafen näherten. Vor uns hing die riesige rote Sonne niedrig in den Wolken und brachte ein rosa Glühen in die glasähnliche See. Hinter dem Boot stieg der fast gleichgroße Mond auf, und seine orangenen Strahlen mischten sich auf der Oberfläche mit denen der Sonne zu einem prächtigen Spiel der Farben. Die Spiegelung des Farbenspiels auf dem Wasser traf jedes Gesicht, so wie Licht an einem geschliffenem Kristall gebrochen wird. Die Schönheit der stillen Szene überwältigte uns. Es war, als hätten wir eine Welt hinter uns gelassen und wären in eine ganz andere eingetreten. Wir hatten schon früher viele bemerkenswerte Sonnenuntergänge auf See erlebt, aber keiner erreichte den dieses Abends. Alle, die ihn miterlebten, waren später einhellig der Meinung, das war ein »dem Himmel nahe sein«, näher als wir bisher je gekommen waren.

Nicht irgendwie phantastisch, sondern in der bestärkenden Versicherung, in dieser Nacht der Nächte steht der Schöpfer selbst mit uns, indem er diesen unvergeßlichen Augenblick nutzt, seine absolute Macht über seine Schöpfung zu zeigen und über die Ereignisse, die in Kürze ablaufen würden.

Noch mehr, als wir auf die beiden brillianten Scheiben starrten, wie sie festgenagelt in den Wolken hingen, konnten unsere Gedanken nicht anders: sie kehrten zurück zur ersten Bestätigung Gottes für die vor uns liegende Aufgabe zu Josua 10, als einer seiner Diener ihn anrief, Sonne und Mond für vierundzwanzig Stunden anzuhalten.

Gott hatte eingegriffen. Und inmitten dieses Glanzes gab es keinen Zweifel. Er sagte jedem einzelnen von uns, daß wir ihn binnen kurzem wieder mit der gleichen gewaltigen Kraft handeln sehen würden.

In den folgenden Stunden sollten wir diese Kraft wirklich in Anspruch nehmen; denn zu unserem Schrecken sahen wir patroullierende Kanonenboote und ein gewaltiges Truppenschiff in einer Entfernung von rund 200 m, wie wir es schätzten. Jeder an Bord begann unwillkürlich zu beten und anschließend zu danken, weil keinerlei Reaktion gegen uns erfolgte.

Die Szene schien ganz ruhig zu sein bis zu dem Augenblick, da das eine Schiff auftauchte. Es hatte die normale Hafeneinfahrtsroute verlassen und hielt direkt auf uns zu.

»O Herr, o Herr«, rief Bruder Joseph still, während er das Steuerrad fest umklammerte und unseren Schlepper verbissen auf Kurs hielt.

Wie ein Lauffeuer ging die Nachricht durch die ganze Mannschaft, und man konnte es beinah hören, wie jedem in der Spannung des Augenblicks der Atem stockte. Nie war 2. Mose 14 gegenwärtiger und benötigter gewesen. Ich breitete diese Verse wieder vor dem Herrn aus mit ihrer Bedeutung, daß Gott sein Volk damals so verborgen hatte, daß »während der ganzen Nacht keiner dem andern nahekam«.

Das Patroullienboot fuhr seitwärts vorbei, ohne die Geschwindigkeit zu mindern. Entfernungen lassen sich auf See schlecht schätzen, aber uns erschien es noch näher, weil unsere Lichter das 7,5 m lange Schiff und sein bemanntes Maschinengewehr anleuchteten.

Dann war es vorbei, ohne seine Fahrt zu vermindern. Sein Kapitän hatte weder in unsere Richtung gesehen, noch versucht, uns über Funk anzurufen. Die Patroullie hatte sich so verhalten, als ob wir ganz einfach nicht vorhanden gewesen wären.

Freudige Halleluja wurden dem Herrn von allen Seiten zugesandt – von den Leuten, die schon auf dem Schleppkahn waren, denen im Mannschaftsquartier und auch von uns, die wir noch auf der Brücke waren. Es schien, als stände der Herr Jesus zwischen unseren Booten und auch zwischen allen passierenden Fahrzeugen in jener Nacht.

Seine Gegenwart blieb auch in der folgenden Zeit spürbar und beflügelte die ganze Mannschaft. Als der Strandabschnitt »Michael« endlich vor uns lag, ließen wir den Anker fallen und stoppten die Maschine.

Joseph Lee, Pastor Ward und ich kletterten seitwärts vom Schlepper. Pablo lag längsseits mit dem schweren Schlauchboot und mit ihm Michael, einer unserer australischen Mitarbeiter. Die Leute waren so ausgebildet worden, daß sie alle drei dieser aufblasbaren Boote in genau vier Minuten im Dunkeln ausbringen und betriebsbereit machen konnten. Während unser kleines Boot auf die Küste zuschaukelte, rief ich mir ins Gedächtnis zurück, daß Großmutter Kwang zwei Monate lang täglich an diesem Strandabschnitt für diesen Zeitpunkt der Landung gebetet hatte.

Unser Schlauchboot erreichte das seichtere Wasser, und wir sprangen hinein. Mit ausgebreiteten Armen wateten die Führer der chinesischen Gläubigen auf uns zu. Wie schon bei früheren Gelegenheiten, vergaßen sie die traditionelle chinesische Reserviertheit, indem sie in unsere Arme liefen und jeden der Reihe nach an sich drückten.

Obwohl keiner von ihnen viel englisch konnte, so brachten doch einige eine wohleinstudierte Begrüßung hervor – einer nach dem andern in sorgfältiger Reihenfolge.

»Willkommen in China, Onkel! Preis sei dem Herrn!« rief jeder, und ihre Augen erstrahlten im Mondlicht. Unsere Augen wurden feucht. Wir waren ergriffen von ihren einfachen Gesten.

Aber mitten in unserer Freude wurden wir uns alle der Dringlichkeit der Situation bewußt. Wir versammelten uns am Ufer zum Gebet, während Michael und Pablo zum Schlepper zurückfuhren. Wenige Minuten später erweckten erste Kratzgeräusche mein Handfunkgerät zum Leben. Wir waren in Aktion. Danach schien alles gleichzeitig abzulaufen. Unser Lastkahn war schon während der letzten Stunde teilweise geflutet worden, um ihn entsprechend unserem Plan abzusenken. Jetzt wurde zusätzlich Wasser in eine Seite gepumpt, um sie bis auf den Wasserspiegel abzusenken. Die Seitenwand des Lastkahns wurde abgeklappt, und die großen Bibelballen wurden von Hand ins Wasser gelassen.

Dann wurden die anderen Schlauchboote aktiv. Vom Ufer konnten Pastor Ward und ich die drei gut sehen, denn sie zeichneten sich gegen den Mond ab. Michael und Pablo bedienten das erste, mein Sohn David und Edward, ein weiterer Amerikaner, steuerten das zweite; Armando, der Philippino unserer Mannschaft, stand am Steuer des dritten. Ihm half Todd, unser Nachrichtenmann. Hinter den ziehenden Schlauchbooten breiteten sich die Bibelballen wie Dominosteine aus. Durch Seile wurden sie in Gruppen zu viert, fünft, sechst oder sogar bis zu einem Dutzend zusammengehalten.

»Hier entlang, Bruder David! Mehr nach rechts!« übersetzte Joseph Lee die Anweisungen der chinesischen Gläubigen, die ich dann an den Kapitän und die übrige Mannschaft über Funk weitergab. Diese Dreiweg-Kommunikation wurde während der ganzen Anlandung durchgeführt.

Ich werde den Augenblick nie vergessen, als das erste Paket das Ufer erreichte. Obwohl unsere Brüder ganz sicher wußten, was zu erwarten war, gab es beim Aufschneiden doch noch ein wenig Zweifel, daß sie tatsächlich chinesische Bibeln in ihren Händen hielten. Das helle Entzücken verschlug ihnen die Sprache, und nur »Aaahs« und Ooohs« echoten das Ufer entlang, bis sie endlich ihre Sprache wiederfanden und in jubelnden Lobpreis zu Gott ausbrachen. Immer wieder faßten sie die Bibeln mit strahlenden Gesichtern an. Diese Leute hatten uns vor der Übergabe gesagt, daß sie bereitwillig in den Tod gingen, wenn sie es nur erleben könnten, daß das Wort Gottes in ihr Land käme. Nun hielten sie es selbst in der Hand.

Jedoch an die allgegenwärtige Gefahr der Entdeckung denkend, riefen sie schon bald ihre Freunde, die unter den nahen Bäumen warteten, damit sie anfingen, die Bibeln wegzuschaffen. In jedem 1-t-Ballen waren 48 Schachteln mit jeweils 90 Bibeln. Wir hatten diese Größe der Schachteln vorsorglich ausgewählt, damit die einheimischen Christen sie auch wegtragen konnten, jeweils zwei Pakete an dem traditionellen Bambusstab über der Schulter. Es waren auch einige Lastautos zur Stelle, um sie so schnell und so weit wie möglich wegzubringen. Wir hatten vorher schon $ 75 000 an Spendengeldern aus dem Westen ins Land gebracht, um die Verteilung der Bibeln innerhalb des großen Landes zu gewährleisten.

Die Übergabe dauerte etwa zwei Stunden. Die zwanzig Mann umfassende Mannschaft arbeitete wie ein Mann – der Kapitän mit seinen Helfern auf dem Schlepper, die Schwerstarbeit leistende Mannschaft, die die Ballen vom Lastkahn zog, und die Männer, die die Schlauchboote hin- und hersteuerten.

Endich war das Ausladen beendet. »Bruder David, sie sagen, wir sollen abfahren«, flüsterte Lee drängend. Früher am Tage hätten die Gläubigen Soldaten gesehen, die nach einem Raubüberfall in der näheren Umgebung, das Ufergelände durchkämmt hätten. Sie möchten gern, daß wir weg sind, falls eine weitere Patroullie für diese Nacht geplant ist.

Die Maschine des Schleppers sprang an, und wir verabschiedeten uns von unserer chinesischen Familie. In den letzten zwei Stunden hatten wir Gottes Gegenwart näher als je zuvor gespürt. Keiner von uns war zu halten, als die Mannschaft später in freudigen Lobpreis ausbrach. Wir wußten, wir waren mit Jesus gewesen. Wir hatten ihn so wirken sehen, daß jeder in sich fühlte, als Mitarbeitende doch nur Zuschauer gewesen zu sein.

Die chinesischen Gläubigen fühlten genau das gleiche. Einer ihrer Ältesten schrieb uns später: »Tinte und Feder sind nicht fähig, meine Gefühle auszudrücken... In jener Nacht erschien uns der Herr am Ufer und regierte als König.«

Der Satan war jedoch noch nicht bereit, seine Niederlage einzugestehen. Seine Wut war, wie wir erwartet hatten, größer denn je. Die Erfahrungen der Vergangenheit hatten uns gelehrt, daß ein Eindringen in sein Territorium immer zu einem Gegenangriff der Mächte der Finsternis geführt hat. Wir konnten nicht voraussehen, in welcher Art er genau in diesem Fall vorgehen würde. Aber heute wissen wir es.

Vier Stunden nach der Übergabe erschien die örtliche Behörde auf dem Schauplatz, nachdem ihnen von nicht-christlichen Fischern ein Hinweis zugegangen war. Bis zu diesem Zeitpunkt war es den Gläubigen gelungen, die meisten Bibeln wegzuschaffen. Wie uns die Christen später berichteten, umstellten Soldaten das Übriggebliebene in der Meinung, daß sie die gesamte ausgelieferte Menge entdeckt hätten. Sie versuchten dann diese Bibeln sowohl mit Feuer als auch im Wasser zu vernichten. Keine ihrer Methoden war sehr erfolgreich, weil die Bücher sehr schwer zu entzünden waren, und weil die in die See geworfenen Kartons schwammen und später wieder von Fischern an Land gebracht wurden.

Einer der Organisatoren konnte uns später schreiben, daß diese Aktion der Beschlagnahme sogar eine Hilfe gewesen sei, denn die Soldaten seien durch ihre Versuche, die Bibeln zu vernichten, derart abgelenkt gewesen, daß sie unwissentlich den Weg freimachten, damit der größte Teil unbemerkt abtransportiert werden konnte. *»Sogar der Anschlag Satans vollendete den Willen Gottes... Satan dachte, er zerstöre alle unsere Pläne, während wir den größten Teil verteilten. Gott benutzte dies, um uns während der Verteilung unsere Sicherheit zu gewährleisten.«*

Nichtsdestoweniger setzte Satan seine Pläne fort und ein Christ, dem man bisher vertraut hatte, verriet die Organisatoren des Projektes an die offizielle Drei-Selbst-Kirche. Die meisten dieser Leiter der Hausgemeinden wurden dann geschlagen, verhört und ins Gefängnis geworfen. Wir waren tief betroffen, als wir davon hörten, und wir riefen weltweit zu Gebeten für ihre Sicherheit auf. Nach einigen Wochen waren sie alle wieder frei.

Die chinesischen Gläubigen selbst wurden durch diese tragischen Ereignisse nicht abgeschreckt. Im Gegenteil, sie begannen um weitere Bibellieferungen zu bitten.

»Um das Werk weiterzuführen, bereitet doch bitte zwei Millionen Exemplare für uns vor und sendet sie uns. Jede Gruppe wartet auf die Ware«, schrieb uns ein leitender Christ, der den Suchtrupps der Behörden entkommen konnte. Diesem Auftrag folgte schon bald ein weiterer mit der Bitte um eine dritte Million.

In der Zwischenzeit wurde durch das Verbindungsnetz der Gläubigen die Verteilung der Bibeln aus dem Projekt »Perle« im ganzen Lande erkundet. Sie haben uns ihre Ergebnisse dieser Nachforschungen zukommen lassen.

Zunächst hatten wir nicht gewußt, wieviel übriggebliebene Bibeln die Soldaten an der Küste entdeckt hatten. Wir wissen aber jetzt, daß nicht mehr als 10 000 Exemplare in jener Nacht oder in den darauffolgenden Tagen vernichtet wurden. Nach einigen Wochen hatten wir die Nachricht, daß schon 60% verteilt worden waren. Diese Zahl war zwei Monate später auf 85% angewachsen, als die Bibeln immer weiter in den Norden, Süden und Westen drangen. Zu diesem Zeitpunkt erhielten wir von den chinesischen Gläubigen eine Liste der Verteilplätze.

»Wir haben die Äpfel schon versandt an Dörfer und Städte von Hunan, Shensei, Anhwei, Chinkiang (von Kwangtung), Fukien, Shantung, Sinkiang, Hailungkiang, Henan, Hopei, usw. Wie dankbar waren sie alle, als sie die Äpfel erhielten.«

Es waren fast auf den Tag genau neun Monate, bis wir uns ein vollständiges Bild machen konnten. So viel Zeit brauchte es, bis der Verteilplan ganz ausgeführt war. Das war für uns nichts Neues. Bei jeder Übergabe, und wenn es sich nur um eine Lieferung über die Grenze im Koffer handelt, muß Zeit und sorgfältige Aufmerksamkeit für eine gut vorbereitete Verteilstrategie aufgewendet werden. Wieviel mehr muß dann bei einem Projekt dieser Größe geplant werden.

Endlich aber kam der Tag im März 1982, an dem Joseph Lee mich in den Vereinigten Staaten anrufen konnte. Er war in China gewesen und nach seiner Rückkehr konnte er alle Teile der komplizierten Untersuchung zusammenfügen. Zählt man die Bibellieferungen über Land und über das Meer zusammen, so wurde das Ziel von Projekt »Perle« erreicht. Eine Million Bibeln waren sicher in die Hände der Gläubigen gelangt. Zum überwiegenden Teil waren es Mitglieder von Hauskreisen, aber auch einige treue Drei-Selbst-Kirchen-Christen befanden sich darunter. Dieser Bericht wurde von anderen bestätigt, die getrennt die

Lage untersucht hatten, so daß wir sicher sein konnten, daß kein Irrtum vorliegt.

»In China danken Hunderttausende treuer Christen unserem Gott, nachdem sie die Neuigkeit gehört haben«, schreibt Bruder Lo, einer der Kontaktmänner, der in den vergangenen Jahren viel wegen seines überzeugten Lebens mit Jesus gelitten hat.

»Hallelujah! Preis dem Herrn! Ehre sei Gott! Eine Million Bibeln, das brauchten die chinesischen Gläubigen am dringendsten! In der Tat, eine weitere Million Bibeln würden wir genauso herzlich begrüßen!« In seinem Schreiben fuhr er fort, die Gefühle der Gläubigen für Bruder Andrew auszudrücken, dessen ursprüngliche Vision über die leidende Kirche einen wesentlichen Anteil an unserer Arbeit in Asien hatte.

Bruder Lo schrieb: »Bruder Andrew muß ein ganz Gott ergebener Christ sein, in dem Jesus Christus als der Höchste regiert. Er muß sich auch Gott ganz unterstellt haben... So wurden eine Million Bibeln heimlich nach China gebracht. Hallelujah! Preis dem Herrn! Wir wissen, es gibt im Reiche Gottes keine Ein-Mann-Schau. Keiner kann die ganze Last allein tragen. Es muß viele, viele Andrews geben – große, kleine – die die Last vereint aufnehmen können. Die große Aufgabe kann nicht von Bruder Andrew allein vollendet werden.«

Zuletzt dankt Bruder Lo allen, die am Projekt »Perle« beteiligt waren; nicht nur denen, die an Bord der Boote waren oder die kleinere Mengen über Land brachten, sondern auch allen anderen rund um die Welt, die gebetet oder finanziell die Aufgabe unterstützt haben.

»Danke Euch allen für Euer Einstehen für die christlichen Brüder und Schwestern in China. Eure Tat hat uns sehr ermutigt. Ihr liebt die chinesischen Seelen so sehr, daß wir spüren, wir sollen auch unsere eigenen Landsleute mehr lieben. Wir werden Euer immer in unseren Gebeten gedenken. Ihr habt ja schon Lohn empfangen, nämlich die strahlenden Gesichter und Tränen der Dankbarkeit von Hunderttausenden von Christen in China.«

Danksagung mit dieser Wärme beflügelt uns gewaltig, aber sie tut noch einiges mehr. Sie unterstreicht aufs Neue den weiterbestehenden Mangel an Bibeln unter den chinesischen Gläubigen.

Projekt »Perle« wurde abgeschlossen. Aber unsere Arbeit für China hat gerade erst begonnen!

Wenn Sie nach dem Lesen dieser Ereignisse Fragen über die weitere China-Arbeit oder über die allgemeine Missionsarbeit von Open Doors haben, dann schreiben Sie an:

Offene Grenzen	Portes Ouvertes
Postfach 29	Case Postale 8
D–8051 Allershausen	CH–1008 Prilly-Lausanne

Mama und Papa Kwang durften ja in wundersamer Weise aus Rotchina ausreisen und haben inzwischen Deutschland, die Schweiz und andere europäische Länder besucht und uns persönlich von der großen Erweckung in China berichtet.

INHALT

1. Luckys Streich

Mein Bruder Chuck entdeckte ihn zuerst. Da tauchte jemand hinter einem Felsen am Meer auf!

»Die Japaner sind gelandet!« Chuck zitterte am ganzen Körper und fuhr stammelnd fort: »Ich hab einen gesehen – da!« Er deutete auf den breiten Sandstrand von Oceanside, Kalifornien.

»Woher weißt du, daß es ein Japaner ist?« Ich war skeptisch. »Hast du schon mal einen gesehen?«

»N-n-nein. Aber ich weiß es.«

»Sie haben hohe Stimmen und Schlitzaugen und einen breiten Mund mit großen gelben Zähnen und . . .« Während ein anderer Schuljungen-»Soldat« seine Bilderbuch-Vorstellung von einem Japaner beschrieb, kam »er« hinter einer Düne hervor. Eine riesige Figur erhob sich zu voller Größe, trug die japanische Flagge mit der aufgehenden Sonne und war in eine ganz sicher japanische Uniform gekleidet. Aus dieser Entfernung schienen seine vorstehenden Zähne zu leuchten, und die Schlitze seiner Augen schauten uns durch eine komische runde Brille an.

»Das muß ein Japaner sein.« Wir waren nun einer Meinung. »Ab in den Graben! Schnell!« Als ältester Junge unserer Gruppe fühlte ich mich für unser Leben verantwortlich. Unsere Herzen schlugen wie wild. Wir zehn Jungen flitzten in einen der beiden »Schützengräben«, die wir ausgehoben und mit Treibholz verstärkt hatten. Der Schreck saß uns in allen Gliedern, aber wir waren wild entschlossen, uns und unser Land zu verteidigen.

Mit einem Schrei, der das Blut gerinnen ließ, war er bei uns. Unsere Reaktion kam automatisch: Zehn hölzerne Gewehre flogen durch die Luft und verfehlten ihr Ziel. Trotzdem fiel er und krümmte sich wie ein sterbender Hund im Sand. Als ich auf ihn zustolperte, kam ein Stöhnen von seinen Lippen. Dann lag er ruhig da. »Vorsicht! Er könnte versuchen, uns zu täuschen!« warnte ich; aber ich war sicher, wir hatten ihn getötet.

Als ich seine Füße erreichte, bemerkte ich, daß sein Körper zuckte, als ob er sich verzweifelt an den letzten Rest von Leben klammerte. Es war ein entsetzlicher Anblick. Nie zuvor war ich dem Tod so nahe gekommen.

Vorsichtig ließ ich meine Augen zu seinem Gesicht wandern. Da sprang der Leichnam auf, und mir blieb buchstäblich die Luft weg vor Entsetzen.

Dann nahm er plötzlich seinen japanischen Helm ab, und ein lachendes amerikanisches Gesicht kam zum Vorschein. »Hey, Mariners! Ihr habt mich ganz schön erwischt!« Er wühlte in seinen Taschen und holte Bonbons für uns alle heraus.

»Ich heiße Lucky. Bin gerade aus Guadalcanal zurückgekommen. Von dort ist die Uniform. Mögt ihr sie?«

Wir nickten verblüfft.

»Ich habe euch beim Spielen zugeschaut und wollte mal sehen, ob ihr als Marinesoldaten geeignet seid. Ihr habt Luckys Test bestanden.«

Lucky war der größte Soldat, den ich je gesehen hatte. Er erschien uns allen als Riese und war dabei der freundlichste der harten Kerle aus Camp Pendleton, der großen Marine-Basis direkt vor unserer Haustür.

Daß wir Krieg spielten, war nicht verwunderlich. Oceanside war eine Militär-Stadt, und der 2. Weltkrieg war auf seinem Höhepunkt. So war alles, was wir taten oder dachten, vom Krieg bestimmt.

Lucky wurde unser Freund. Tag für Tag erzählte er uns Geschichten von den Japanern. Durch ihn lernten wir die »weite, weite Welt« kennen, die außerhalb unserer kleinen Stadt lag; die Welt, zu der auch die Millionen Asiens gehörten.

Ich gelobte, wie er zu werden: groß, breit und in allem so warmherzig. Und ich faßte den Entschluß, Marinesoldat wie Lucky zu werden.

Aber bevor ich diesen Traum verwirklichen konnte, mußte ich einen anderen Kampf austragen. Mit 10 Jahren konnte ich weder lesen noch schreiben.

Die Schule war eine einzige Qual. Am Ende der 3. Klasse bekam ich zu hören, daß meine Noten nicht ausreichten. Ich mußte das Schuljahr wiederholen, während alle meine Freunde in die 4. Klasse kamen.

Ich versuchte verzweifelt, in der neuen Klasse nicht aufzufallen. Die Tatsache, daß ich größer war als die Jungen meines Alters, machte das nicht gerade leichter. Am Strand war ich meistens der Anführer der Meute; hier in der Klasse war ich das Schlußlicht.

Sobald die Schule aus war, rannte ich den ganzen Weg nach Hause, zurück zu meinen Unterständen, Holzgewehren, Helmen, Tornistern. Ich zog »in den Krieg«, mit einer Marine-Ausrüstung, die durch Lucky stets auf dem neuesten Stand war.

Dann und wann wurde mir auch der Preis des Krieges vor Augen geführt. Tagsüber ging ich oft an der Eisenbahnlinie entlang und sah die verwundeten Soldaten, die von den Frontlinien zurückkamen.

Mutter hatte es sich zur Aufgabe gemacht, sie im Lazarett zu besuchen. Die wenigen Male, die ich sie begleiten durfte, hinterließen einen unauslöschlichen Eindruck bei mir.

Ein junger Mann, den wir besuchten, lag draußen in der Sonne, die Beine von den Knien an abwärts bandagiert. Als ich genauer hinsah, merkte ich, daß die Verbände dort, wo die Füße hätten sein müssen, über Stümpfen endeten. Sein Kopf war in Mullbinden eingewickelt, die nur Augen und Mund freiließen. Trotz der Schmerzen lächelte er mich an, und ich wollte ihm unbedingt etwas Tröstendes sagen.

»Ich werde Marinesoldat!« war das einzige, was mir einfiel. Der junge Mann verzog den Mund zu einem schmerzlichen Grinsen und sagte unter Schwierigkeiten: »Marinesoldaten essen immer ihr Gemüse, besonders Spinat.« Spinat! Ich haßte Spinat. Aber ich nickte zustimmend.

»Ja, Sir.«

Ich hatte mich immer geweigert, Spinat zu essen. Doch wenn ich ihn ertragen mußte, um meinem Land zu dienen, dann wollte ich das gern tun. Von nun ab bestand ich darauf, daß es möglichst zu jedem Essen Spinat gab.

Während dieser Zeit wurde mein Kampf im Klassenzimmer nicht leichter. Am Ende der 3. Klasse wurde ich aus lauter Güte in die 4. Klasse versetzt. Aber zwölf Monate später blieb ich erneut sitzen. Damit wurde die Schule zur ständigen Demütigung für mich. Ich war bei weitem der Größte in der Klasse, aber die Jüngeren um mich herum hängten mich mit ihrem Lerntempo spielend ab.

Ich saß ganz hinten in meiner Bank und hatte nur den einen Wunsch, in Ruhe gelassen zu werden. Während die anderen lasen und anscheinend mühelos lernten, zeichnete ich, zeichnete immer nur ein Motiv – den Krieg. Unter den Augen des Lehrers floh ich dorthin, wo ich der Gewinner und nicht der Verlierer war. Auf dem Papier konnte ich den Feind besiegen und den Krieg ein für allemal gewinnen.

Im Jahre 1945 kam schließlich dieser langersehnte Tag. Am 14. August gab unser Lehrer das Endes des Krieges gegen die Japaner bekannt. An diesem Abend ging Mutter mit uns zum Essen, um das große Ereignis zu feiern. Der Krieg war vorbei. Vater würde endlich nach Hause kommen.

Mein Vater war ein angesehener Lehrer, und nach seiner Entlassung aus der Navy wurde ihm bald eine Stelle als Lehrer für Betriebswirtschaft in Arizona angeboten. Bald siedelten wir in unser neues Heim über.

Es war jedoch nur eine Zwischenstation. In den nächsten zwei Jahren zogen wir dreimal um, da mein Vater in neue Stellungen berufen wurde. Jeder Umzug bedeutete für mich Anpassung an neue Klassen und Lehrer, und meine Noten schienen mit jeder neuen Schule zu sinken. Dann fanden wir in Redondo Beach, Kalifornien, unser endgültiges Zuhause.

Meine Eltern waren erleichtert. Sie meinten, es sei an der Zeit, das Leben in ruhigere Bahnen zu lenken. Sie wußten auch, daß ich mich darauf konzentrieren mußte, mein Lesen zu verbessern.

Ich habe mich oft gefragt, wie so begabte Eltern zu einem Sohn mit solch schwachen Leistungen kamen. Mein Vater hatte den Magistergrad (M.A.) in Betriebswirtschaft, meine Mutter war auf wirtschaftlichem Gebiet sehr begabt. Dennoch machten sie mir nie Vorwürfe wegen meiner Lernschwäche. Sie ermutigten mich nur, mich nicht geschlagen zu geben.

»Du kannst es, David. Versuch's weiter!« sagte Vater oft in seinem ruhigen, liebevollen Tonfall. Er hatte es sich in den Kopf gesetzt, daß mein Problem mit dem Lesen und Schreiben mein Leben nicht behindern dürfe.

Auch in meiner neuen Schule wollte man mir bei diesen Schwierigkeiten helfen. Nach meiner Anmeldung rief der Direktor meinen Vater zu sich und fragte ihn, warum ich für die 5. Klasse und nicht für die 7. angemeldet sei.

»Ich weiß, daß es ungewöhnlich ist«, sagte Vater ihm. »David ist für die Klasse viel zu alt. Aber er hat ein Lernproblem, mit dem er bisher noch nicht fertiggeworden ist. Wir wissen nicht, wie wir ihm helfen können.«

Der Direktor wußte, wie peinlich es für einen großen Jungen war, in einer Klasse mit viel jüngeren zu sitzen und beschloß, mich einfach zwei Klassen überspringen zu lassen – in der Hoffnung, dieses »Erfolgserlebnis« würde mich zu höheren Leistungen anspornen.

Ich war von diesen Neuigkeiten begeistert – nicht so meine Klassenkameraden. Welches Recht hatte ich, ein dummer Schüler aus der 5. Klasse, zu ihnen zu kommen, ohne die 5. und 6. Klasse durchlaufen zu haben? Sie ließen mich deutlich spüren, was sie davon hielten.

»David ist ein Dummkopf! David ist ein Dummkopf!« sangen sie auf dem Schulhof.

»Du denkst, du bist schlau, was Davey-Boy?« – »Du kannst ja nicht mal richtig lesen!« – »Was hast du denn bei den ›Großen‹ zu suchen?«

Einige Tage später kam meine große Chance, meinen aufgestauten Ärger loszuwerden. Jimmy Hann, einer meiner Klassenkameraden, fing nach der Schule mit den üblichen Spötteleien an. Er unterstrich sie durch einen Rippenstoß. Da brauchte ich keine zweite Einladung. Ich schlug sofort zurück. In der Hitze des Gefechts flog ihm plötzlich seine Essentasche aus der Hand und landete mehrere Meter weiter auf dem Gehweg.

Wir hörten sofort mit der Prügelei auf. Aus Kriegsfeinden wurden zwei Jungen, die erschrocken daran dachten, was ihre Mütter wohl zu Scherben sagen würden. Vorsichtig hoben wir die Tasche auf und untersuchten den Inhalt. Jimmys neue Thermosflasche war in tausend Teile zersprungen.

»Dafür kriegst du sie von mir! Paß auf, Dummkopf!« In blinder Wut setzte Jimmy zur Vergeltung an. Ich kochte genauso wie er und wollte um jeden Preis gewinnen. Mit einem entschlossenen Fausthieb beendete ich den Kampf. Jimmy saß auf dem Boden und hielt seine Nase. Ich entdeckte zu meinem Schrecken, daß ihm das Blut über Wangen und Kinn rann.

Mein Triumphgefühl verwandelte sich in Angst, als ich Jimmy nach Hause rennen sah. Ich wußte, seine Mutter wartete auf ihn. Was würde sie tun? Meine Sorge war gerechtfertigt. Bis ich zu Hause ankam, wußte Mrs. Hann die ganze Geschichte und war unterwegs zu meiner Mutter.

Mutter hörte mit verbissenem Gesicht zu und befahl mir, von meinem Taschengeld eine neue Thermosflasche zu kaufen. Ich war nur froh, daß die Strafe nicht schlimmer ausfiel. Meine Eltern waren streng, und unser Hinterteil kam nicht selten in engen Kontakt mit einem Lederriemen. Dabei versicherten die Eltern uns Kindern: »Wer mit der Rute spart, verdirbt sein Kind! Wir tun das nur zu eurem Besten!« Davon waren wir nicht so recht überzeugt, aber wir wußten, es war besser, das nicht zu sagen.

Nach diesem Duell wurde Jimmy einer meiner besten Freunde. Und als die anderen Klassenkameraden von unserem Kampf erfuhren, hörten die Hänseleien auf. Ich wurde einer von ihnen, respektiert, wenn auch nicht wegen meines Verstandes, so doch wegen meiner Muskeln.

Mit der Zeit wurden meine Noten besser, wenn auch die Schule ein einziger Kampf blieb. Als ich die 9. Klasse erreicht hatte, kam ein neuer Inhalt in mein Leben – Football. Er gab mir mehr Erfüllung, als ich mir je erträumt hatte. Irgendwie erschien mir dieses rauhe und harte Spiel leicht nach all den Kämpfen, die ich in der Schule durchgemacht hatte.

Ich nahm jede Gelegenheit zu spielen wahr und strahlte vor Freude, als ich in die Schulmannschaft aufgenommen wurde. Auf dem Spielfeld mußte ich mich mit älteren Burschen herumschlagen, die zweimal so groß wie ich zu sein schienen, aber ich wollte keine Minute davon missen.

Im Verlauf meines 11. Schuljahres kam dann das Spiel, das meine Entwicklung in eine neue Richtung lenkte.

Unsere Mannschaft sollte gegen die Mannschaft der Santa Monica High School, die »Sammo Hi«, spielen. Obwohl wir gegen diesen Gegner keine Chance hatten, wollten wir uns so teuer wie möglich verkaufen.

Wie erwartet verloren wir, aber wir spielten besser als je zuvor. Welch ein wunderbarer Augenblick, als unsere 3000 Anhänger im Sprechchor meinen Namen über das Spielfeld riefen! So fühlten wir uns trotz unserer Niederlage stolz und in Hochstimmung, ein Gefühl, das ich in der Klasse nie gekannt hatte.

Zu unserer Überraschung kam der berühmte Trainer der »Sammo Hi« zu uns herüber. Nachdem er mit drei unserer besten Spieler gesprochen hatte, drehte er sich zu mir um und meinte: »Ausgezeichnetes Spiel, David. Es hat mir Spaß gemacht, dir heute zuzusehen. Und ich werde im Spiel nächstes Jahr wieder auf dich achten. Mach weiter so – du bist gut.«

Als er zu seiner Mannschaft zurückging, fühlte ich mich drei Meter groß. Da war ich nicht nur meinem großen Vorbild persönlich begegnet, sondern er hatte mir sogar gratuliert!

Doch es sollte noch besser kommen. Ein paar Minuten später sprach mich nämlich unser Trainer an:

»David, ich war heute abend wirklich stolz auf dich.«

Ich lächelte ihn dankbar an, als auch er meine verschwitzte Hand schüttelte.

»Sag mal, hast du gesehen, daß die Scouts sich das Spiel angesehen haben?«

Die Scouts waren Talentsucher von den großen Universitäten. Sie besuchten wichtige Footballspiele und hielten Ausschau nach begabten Spielern, denen sie Stipendien vermitteln könnten, um so ihre Universitätsmannschaften aufzufrischen.

»Na klar hab ich die bemerkt. Die sehen sich doch die Schüler an, die dieses Jahr ihren Abschluß machen.«

»Stimmt, Dave; aber ich will dir was verraten . . .«, er verzog sein Gesicht zu einem breiten Grinsen. »Nach dem heutigen Abend werden sie dich auch beobachten. Wenn du deine Form beibehalten kannst, marschierst du möglicherweise geradewegs auf eine der besten Universitäten des Landes zu!«

Er lachte leise und ging zu einem anderen. Ich blieb stehen, unfähig, einen klaren Gedanken zu fassen. Was der Trainer gesagt hatte, konnte ich kaum glauben. All die Jahre hatte ich in der Schule gekämpft und von der Universität nicht einmal zu träumen gewagt. Warum auch? Keine Universität würde sich für einen Burschen interessieren, der kaum lesen konnte.

Als der Schulabschluß kam, konnte ich es kaum fassen, daß ich zusammen mit 11 anderen Schülern ein Stipendium bekam – wegen herausragender Leistungen im Football.

Das Spiel, das ich so liebte, ermöglichte mir ein Studium an einer Universität!

2. Der große Heuchler

Ich saß in der Mensa der Universität Denver. Es war Spätnachmittag und der Unterricht für diesen Tag vorüber.

Das Leben hier an der Uni war gut. Ich hatte die Footballspiele mit den »Pioneers« genossen, ebenso alles andere, was mir der Campus bot; die Gesellschaft von netten Mädchen, die durchzechten Nächte mit den Kommilitonen und die vielen Parties. Es war ein schönes Gefühl, zu einer so angesehenen Institution zu gehören.

Nur ein Problem verdüsterte das Bild – das, was mich mein ganzes Leben verfolgt hatte, das Lernen. Es war wie ein nagender Kopfschmerz, der sich einfach nicht legte. Mit den meisten Fächern wurde ich fertig, aber mein Lesen gestaltete sich immer noch mühsam, und nun war ich auch in Mathematik ziemlich schlecht.

Etwa ein Dutzend von uns aus der Footballmannschaft hatte dasselbe Problem. Keiner beherrschte die Logarithmen. Unser Trainer hatte einen Privatlehrer engagiert und zahlte ihm 125 Dollar die Woche, damit er uns durch die Prüfungen brachte. Ich wußte, wenn ich sie nicht bestehen würde, waren meine Tage in Denver gezählt.

Nach 18 Monaten an der Universität hatte sich noch nichts geändert. Die Logarithmen drückten weiterhin meine Noten in Mathematik. Hinzu kam meine Langsamkeit beim Lesen, und so blieb das Studium ein mühsamer Kampf. Schließlich nahm mich mein Trainer beiseite. »Ich würde dir vorschlagen, ein Semester auszusetzen, David. Geh nach Hause, und belege Förderkurse auf einem College. Konzentriere dich auf den Stoff. Dann komm im Herbst zur Football-Saison zurück.«

Ich war froh über diesen Vorschlag. Doch auch zu Hause ließ mir der Football keine Ruhe. Zwölf Stunden nach meiner Ankunft läutete das Telefon, und drei verschiedene Colleges luden mich ein, in ihrer Mannschaft mitzuspielen.

Mein Vater bekam die Telefongespräche mit. Er kam ins Zimmer und fragte ruhig: »Nun, Junge, was gibt's jetzt?«

»Dad, ich bin hier, um meine Noten zu verbessern, damit ich nach Denver zurück kann.«

»Und das ist wirklich, was du willst, Dave?«

Typisch Vater. Nie drängte er einen, aber er ging jedem Problem auf den Grund. Mir kam es manchmal vor, daß er mich besser kannte als ich selbst.

»Ich bin nicht sicher. Ich weiß nicht, ob ich es schaffe«, sagte ich ihm.

Dad sagte nicht, was er darüber dachte. Stattdessen sagte er einfach: »Bevor du hier am College anfangen kannst, mußt du noch einige Wochen warten. Vor kurzem hörte ich von einer freien Stelle bei einem Lithographen in der Stadt. Wärst du an dieser interessiert?«

Keiner von uns sagte, was er im Grunde dachte; aber wir wußten beide, daß ich kaum Aussichten auf einen Erfolg im akademischen Bereich hatte.

Ich nahm die Stelle dankbar an und ging nie mehr zur Universität zurück.

Eine weitere Tatsache blieb unausgesprochen. Diese Arbeit zwang mich, mich mit dem Problem auseinanderzusetzen, bei dem mir Football niemals helfen konnte. Wenn ich als Lithograph arbeiten wollte, mußte ich die Schwierigkeiten mit dem Lesen irgendwie meistern.

Meine neue Arbeit stellte mich Tag für Tag vor die Aufgabe, Wörter aufs Papier zu bringen, und zwar richtig. Ich war kein wandelndes Lexikon, aber durch die Arbeit erweiterte sich allmählich mein Wortschatz, und bekannte Wörter prägten sich mir ein. Jedes falsch geschriebene Wort, das ein Korrektor fand, trug mir einen Verweis ein.

Im Laufe der Wochen wurde ich mit meiner neuen Welt vertraut. Gleichzeitig machten mich meine Arbeitskollegen mit einer weiteren Welt bekannt – einer, die früher außerhalb meines Gesichtsfeldes gelegen hatte. Sie führten mich in die »Spielhöllen« ein, und bald begann ich, das Glücksspiel zu lieben.

Erstens machte es Spaß. Zweitens gab es dabei immer viel zu trinken und viele Mädchen. Und drittens, entschied ich, gab es mir das rechte Image. Ich war kein Kind mehr. Nun war ich ein richtiger »Mann von Welt«.

Es gab nur einen Ort, wo ich nicht so stolz war – zu Hause. Wenn ich meinem Vater ins Gesicht blickte und die Rechtschaffenheit sah, die aus seinen Zügen sprach, hatte ich das Gefühl, unbedingt dafür sorgen zu müssen, daß er nichts von meinen Beschäftigungen erfuhr. Genauso vorsichtig war ich bei meiner Mutter, denn ich kannte ihre Entschlossenheit, das Leben so zu leben »wie Gott das von uns erwartet, David . . .«

An Gott glauben, das ließ ich ja noch angehen. Doch was die kleine Kirche in unserer Nähe betraf, da unterschied ich mich ganz offen von meinen Eltern. Ihnen reichte der Sonntags-Gottesdienst noch nicht. Sie mußten darüber hinaus jede Woche die Gebetsstunde besuchen, in der Sonntagsschule unterrichten und im Chor mitsingen.

Das war nichts für mich. »Aber du mußt wenigstens den Gottesdienst besuchen, David, jede Woche!« Meine Eltern gaben nicht nach. Und viele Jahre lang erfüllte ich ihre Bitte, bis zu dem Abend, an dem ich beschloß, nie wieder eine Kirche zu betreten.

Das Ganze fing mit der Schauspielerin Jayne Mansfield an. Sie wollte in einer nahegelegenen Stadt heiraten, und ich hatte die Möglichkeit, als Zuschauer dabeizusein. Ich war aufgeregt und zählte die Tage, bis ich den Filmstar tatsächlich mit eigenen Augen sehen würde.

Als der Tag schließlich kam, eröffnete mir mein Vater, daß er ganz andere Pläne für diesen Abend für mich hatte.

»In der Kirche ist eine wichtige Versammlung, Junge, und ich denke, du solltest dort sein.«

»Aber Vater, heute abend ist doch . . .«, begann ich zu protestieren.

»David?« Er sah mich ernst an, mit einem Ausdruck, der keinen Widerspruch duldete. »Ich bitte dich nicht. Ich befehle dir!«

Ich ging. Der Abend wurde ein totaler Reinfall. Die Gemeindeversammlung diente dem Zweck, für einen neuen Bau-Fond zu sammeln, und man versuchte mir klarzumachen, daß man große Dinge von mir erwartete.

»Schau, David, wir wissen, daß du eine gut bezahlte Stelle hast. Du mußt doch über 5000 Dollar im Jahr verdienen!«

Einer der Männer lächelte gönnerhaft. »Wir haben dein Einkommen mal im Kopf überschlagen und meinen, daß du mit Leichtigkeit soundsoviel im Monat aufbringen könntest. Wie ist es damit?«

Als ich an diesem Abend endlich nach Hause kam, platzte ich fast vor Wut. Und für so etwas hatte ich mir die einzigartige Jayne Mansfield entgehen lassen! Ich würde ihnen nicht einen einzigen Dollar, nicht einen Cent schenken!

»Vater? Mutter?« Ich rief laut genug, daß es die ganze Nachbarschaft hören konnte. »Hört zu! Hört genau zu! Mit eurer Kirche bin ich fertig. Sie steht mir bis hier!« Inzwischen hatte ich alle Beherrschung verloren und ließ meinem Ärger freien Lauf. »Von mir aus könnt ihr eure Kirche nehmen und damit zur Hölle fahren!«

Ich war zu weit gegangen. Ich wußte es, sobald ich die Worte ausgesprochen hatte. Auch meine Eltern wußten es. Und wenn ich gedacht hatte, die Tage der Lederriemen wären vorüber, wurde ich jetzt eines Besseren belehrt. Meine Mutter nahm einen Gürtel, der gerade in der Nähe hing, und ging daran, ein für allemal dafür zu sorgen, daß ich nie wieder so mit ihnen sprechen würde.

Eines änderte sich dadurch allerdings nicht: Keine zehn Pferde sollten mich in diese Kirche bringen. An diesem Entschluß hielt ich fest. Was mich betraf, waren meine Kirchentage zu Ende – für immer.

Einige Monate nachdem ich bei dem Lithographen angefangen hatte, streckte Vater Staat die Hand nach mir aus. Eines Morgens verkündete mir mein Chef, daß ich wohl bald einberufen würde. Bevor der Stellungsbefehl kam, meldete ich mich freiwillig zum Marineinfanteriekorps.

Die Familie war hocherfreut. Die »harten Jungs« waren bei uns hoch geachtet. Schon bald war ich auf dem Weg in den Süden, zur ersten Phase meiner Ausbildung.

Mit 250 Pfund war ich einer der stabilsten in dem Zug von 65 nervösen Jugendlichen, die im Marine-Camp in San Diego ankamen. Ich hatte mir nie Gedanken darüber gemacht, was man hier mit uns anstellen würde, um uns zu harten Marinern zu machen. Nun sollte ich es erfahren. Doch ich war entschlossen, alle Schwierigkeiten durchzustehen.

Es wurde hart, härter als ich es je befürchtet hatte. Die ersten Wochen waren der Anfang einer körperlichen, geistigen und seelischen Hölle, die uns abhärten oder zerbrechen sollte. Wir wurden beschimpft, körperlich und psychisch mißhandelt, und auf alle möglichen Weisen an den Punkt des Zerbrechens gebracht.

Ich war entschlossen, nicht aufzugeben. Ich hatte mir selbst versprochen, ein guter Marineinfanterist zu werden. Dann würde ich, so sah ich es, zu Amerikas besten Männern gehören.

Am Ende eines besonders schlimmen Tages, als die meisten von uns kaum noch einen Fuß vor den anderen setzen konnten, beschloß Sergeant Hall, uns eine besondere Ehre zuteil werden zu lassen. Wir sollten an einem dicken Hanfseil hochklettern, ohne die Füße zu benutzen.

Als ich an der Reihe war, erklärte Sgt. Hall laut: »Ach, da kommt ja unser großes Mädchen. Mal sehen, was große Mädchen können!« Ich saß auf dem Boden und beschloß, höher zu klettern als irgendein anderer aus dem Zug. In diesem Moment kam es mir vor, als wenn meine ganze Zukunft bei der Marine davon abhinge. Ich haßte es, »großes Mädchen« genannt zu werden. Ich war entschlossen, mich als harter Kerl zu erweisen, auch wenn es meinen ganzen Willen und alle Kraft erforderte. 75 Prozent des Zuges konnten sich überhaupt nicht ohne Hilfe ihrer Beine aus einer sitzenden Position vom Boden hochziehen. Ein Farmerjunge aus Pennsylvanien hatte ein kleines Stück geschafft. Ein Amateurboxer kam noch höher. Und ein Gewichtheber schaffte über vier Meter.

In meiner Konzentration und Entschlossenheit vergaß ich alles um mich herum. Das nächste, was mir bewußt wurde, war, daß ich sechs Meter über dem Boden hing. Der ganze Zug schaute zu mir hoch, Ehrfurcht auf den Gesichtern. Mit dem Bewußtsein kamen die Schmerzen – von blutenden Händen, gezerrten Armen, Schultern und Brustmuskeln. Aber das war es wert. Mit dieser Leistung erwarb ich mir den Respekt der Ausbilder. Die Beleidigungen hielten zwar an, aber mir wurde klar, daß sie Teil der Ausbildung waren, die uns zu U.S.-Marineinfanteristen machen sollten.

Nach den ersten Wochen sahen die »Babys«, »Weichlinge«, und »Mädchen« unseres Zuges schon fast wie »richtige« Mariner aus. Die Dünnen setzten feste Muskeln an, die Dicken verloren ihre Fettpolster. Nach einigen Monaten erkannte uns keiner wieder. Wir waren stahlharte Kerle geworden.

Unser Denken, unser Empfinden und unser Charakter wurden ebenso abgehärtet wie unser Körper. Das Marineinfanteriekorps hatte nur ein Ziel: uns zu Marinern zu machen, die bereit waren, für ihr Land zu töten und zu sterben.

Eines Tages fragte mich Sgt. Hall, warum ich mich zum Marineinfanteriekorps gemeldet hätte.

»Sir, ich habe mich freiwillig dazu gemeldet, weil ich bereits als kleiner Junge Mariner in den Krieg ziehen gesehen habe. Seitdem wollte ich Marineinfanterist werden.«

»Ich denke, du hast es geschafft«, lächelte er.

»Ja, Sir!« erwiderte ich.

Am Abend dachte ich über diese Szene nach. Mir ging auf, wie mechanisch mir meine Antwort über die Lippen gekommen war. Warum war ich tatsächlich zur Marineinfanterie gegangen? Ich rasselte alle möglichen Gründe herunter. Aus Vaterlandsliebe? Weil ich zu Amerikas besten Männern gehören wollte? Aus Tatendrang oder Abenteuerlust? Um meinen Kindheitstraum zu erfüllen? Um mir und anderen etwas zu beweisen? Ja, an jedem dieser Gründe war etwas dran. Aber war ich zufrieden?

Im Dunkeln hob ich meine Hände. Ich konnte sie nicht sehen; aber ich konnte fühlen, wie groß und muskulös sie geworden waren. »Dank der Marine-Ausbildung habe ich die Instinkte eines Killers«, dachte ich stolz.

Im gleichen Augenblick wurde mir aber auch schon klar, daß das nicht stimmte. Killer-Instinkte? Unsinn! Mein aufbrausendes Temperament war unter der eisernen Disziplin des Marineinfanteriekorps gezügelt worden. Paradoxerweise hatte ich das Töten gelernt und dabei alle Kampflust verloren.

Am Ende meiner Dienstzeit verließ ich das Korps und arbeitete wieder in meiner alten Firma. Meine Eltern nahmen ihren frischgebackenen U.S.-Marine-Soldaten mit offenen Armen auf, und sogar meine sonst so beherrschte Mutter strahlte die grüne Uniform voll Stolz an.

Ich hatte mich bald wieder in meine Arbeit hineingefunden und genoß die Gesellschaft der Arbeitskollegen. Jeden Tag fuhren wir nach Feierabend zu einem Spielclub in Gardenia. Wir konnten es uns leisten, so oft dorthin zu fahren, weil die Clubleitung die Preise für Essen und Trinken stark herabgesetzt hatte, um die Leute zum Spiel zu locken.

In der schummerigen Cocktailbar kippte jeder von uns schnell hintereinander Drink auf Drink hinunter. Ich achtete immer darauf, daß ich mit den anderen mithielt. Ich hatte ein Image, das ich pflegen mußte.

Natürlich war die Bar mit angemalten »Puppen« bevölkert, die wir am Anfang des Abends kaum als Kandidatinnen für einen Schönheitswettbewerb in Betracht gezogen hätten. Mit fortschreitendem Abend und Alkoholkonsum wuchsen jedoch ihre Reize. Wenn wir um die Bar saßen, tauschten wir Geschichten über unsere »Eroberungen« aus. Ich war einer der besten Erzähler und benutzte freigebig die saftige Sprache, die ich bei den Marinern aufgeschnappt hatte.

Oft spielte die Band den Hit »The Great Pretender«, »Der große Heuchler«. Wenn ich über den Text nachdachte, begann er mich zu beunruhigen.

Eigentlich hatte ich ja nicht viel für Alkohol übrig. Ich hatte gesehen, wie sich Betrunkene der Lächerlichkeit preisgaben. Und so wollte ich nicht werden. Aber ich wollte auch nicht anders sein als »die andern«, und nun bot sich mir die Gelegenheit, zu zeigen, daß ich nicht zweitrangig war.

Während ich einen Whisky nach dem anderen hinunterkippte und die Mädchen beäugte, ließ mir das Thema des Songs keine Ruhe. Ich hatte den quälenden Verdacht, daß das, was wir hier trieben, zweitrangig war. Etwas Grundlegendes schien zu fehlen. Hatten die anderen es gefunden? Ich glaube es nicht, weil sie alle so viel darüber reden mußten – gerade so, als ob wir einander beruhigen müßten. Je lauter meine Witze und Prahlereien wurden, desto hohler klangen sie in meinen eigenen Ohren.

Sooft diese Gedanken mein inneres Gleichgewicht zu stören drohten, stieß ich sie so weit wie möglich weg. Ein weiterer Drink half mir, mich einzulullen und alles zu vergessen. Jetzt lebte ich richtig. Ich hatte Mädchen, Drinks, meine Freunde, Anerkennung. Alles andere kümmerte mich nicht.

Jedenfalls redete ich mir das ein; aber in Wirklichkeit, tief in meinem Inneren, wußte ich, daß mir das alles nicht reichte.

Julie Porter! Als ich ihr begegnete, wußte ich, daß an diesem Mädchen nichts Billiges, nichts Gewöhnliches war. Ihre Schönheit war nicht oberflächlich; sie kam von innen heraus.

Das erste Mal hatte ich sie vor 4 Jahren gesehen, in der benachbarten Kirche, die ich damals wegen meiner Eltern besuchte. Ich saß mit einer Gruppe von Gleichaltrigen in einer Bankreihe und hörte der Predigt zu. Da stieß mich einer meiner Freunde in die Rippen. »He, sieh dir die mal an!«

Ich blickte in die angegebene Richtung. Zwei junge Mädchen waren über ein Notizbuch gebeugt, unterdrückten ihr Kichern und blickten gelegentlich zum Pfarrer, um sich zu vergewissern, daß er nichts bemerkte.

Die eine, die schrieb, fiel mir besonders auf. Langes, leuchtendes goldenes Haar, frischer Teint, grau-blaue Augen, eine irgendwie weiche, freundliche Erscheinung. Sie war erst 14, aber schon jetzt war sie ein Mädchen, das man zweimal, dreimal anschaute.

Neugierig beschloß mein Freund, herauszufinden, was sie da taten, und signalisierte einem anderen, die beiden abzulenken, damit er das kleine Buch erwischen konnte.

»Mensch, David. Schau dir das an!«

Alle Gedanken an die Predigt waren vergessen, als ich las, was sie geschrieben hatte.

»Ich werde Davids Frau sein . . .«

Überrascht schaute ich auf. Was in aller Welt hatte sie veranlaßt, das zu schreiben? Das arme Mädchen wand sich unter meinem Blick und wurde feuerrot. Schließlich waren diese Worte nur für die Augen ihrer Freundin bestimmt gewesen!

Aber das Erröten ließ sie nur noch hübscher erscheinen.

»Sie ist in dich verschossen«, flüsterte mein Freund laut.

Ich grinste. »Nun«, dachte ich, »es könnte wirklich schlechter kommen.« Aber sofort fing ich mich wieder. Schließlich war ich achtzehn, ohne Frage ein Mann von Welt, und dieses Mädchen war gerade vierzehn.

Als ich Julie das nächste Mal sah, waren drei Jahre vergangen. Ich fuhr an einem Sonntagnachmittag an der Kirche vorbei, als ich eine tolle Blondine bemerkte, die auf die Kirche zusteuerte. Ich fuhr etwas langsamer, um sie mir genauer anzusehen, und erkannte sie sofort als das »kleine Mädchen« von damals. Ich beschloß, die Kirche zu besuchen, um mehr von ihr zu sehen. Nun kam ich mir vor wie ein kleiner Junge. Sollte ich sie tatsächlich für mich interessieren können?

Aber nach kaum zwei Wochen waren wir beide verliebt und verbrachten jeden freien Augenblick miteinander. Ich ließ keinen einzigen Tag vergehen, ohne sie zu sehen. Wir lachten zusammen, fuhren zusammen aus, rannten am Strand entlang. Wieviel Zeit wir auch zusammen verbrachten, es war nie genug.

Es gab nur ein einziges Thema, bei dem wir unterschiedlicher Meinung waren. Wie meine Eltern, nahm Julie ihren Glauben ernst. Vor 12 Monaten hatte sie sich für Jesus Christus entschieden. Sie sprach mit mir nie über meinen Glauben; aber ihr Leben sprach Bände.

Eines Abends sah ich Julie zu, wie sie ihre 80jährige Großmutter versorgte, die bei ihrer Familie lebte. Diese freundliche alte Dame war in ihrem Alter ernstlich krank geworden und konnte sich kaum selbst helfen. Ich sah zu, wie Julie sie fütterte, ihr Gesicht und Hände wusch, ihr Zimmer säuberte und die Kissen aufschüttelte. Als alles in Ordnung war, setzte sie sich zu ihrer Großmutter und hörte zu, wie die alte Frau in Erinnerungen schwelgte.

Für dieses Mädchen war »Liebe« kein leeres Wort.

Nachdem ich Julie kennengelernt hatte, waren alle anderen Mädchen für mich gestorben. Sie hatte eine Art, die mir neu war. Mir schien es, als ob die Mädchen, die ich vorher gekannt hatte, mit ihr verglichen nur billige Kopien waren. Julie war echt, und ich war bis über beide Ohren verliebt.

Es dauerte nicht allzu lange, dann kreisten unsere Gespräche um unsere Hochzeit, unsere Ehe, das Leben, das wir gemeinsam führen würden. Wir planten drei Kinder – immer im Abstand von 20 Monaten. Wir suchten sogar die Namen aus.

Ich überreichte Julie einen Ring, und sie wurde wieder rot, als ich ihn ihr stolz an den Finger steckte. Wir gehörten zusammen – für immer.

Aber zwei Monate später platzte die Bombe. Julie löste unsere Verlobung. Die umfangreichen Vorbereitungen für unsere Hochzeit hatten sie verschreckt. Sie sollte – entsprechend der Stellung meines Vaters – ganz groß gefeiert werden, und Julie hatte den Eindruck, das passe einfach nicht zu ihr.

Meine Hände zitterten, als sie mir den Ring zurückgab. Ich war verzweifelt. Julie war mein ein und alles, und nun sollte ich sie verlieren?

Einige Tage später konnte ich sie überreden, mit mir auszufahren, um noch einmal alles zu besprechen. Am Ostersonntag fuhr ich mit ihr ans Meer. Es war ein strahlend schöner, windiger Nachmittag, aber wir hatten keine Augen für den Pazifik vor uns.

»Es tut mir leid, David – wirklich. Aber unser Hintergrund ist zu verschieden«, begann sie zögernd. »Deine Familie hat in der Gesellschaft eine herausragende Stellung. Dein Vater ist eine bekannte Persönlichkeit.«

Sie stockte und versuchte, die Tränen zurückzuhalten.

»Julie!« Ich wollte ihre Hand fassen. Sie zog sie weg.

»Nein, David. Es hat keinen Zweck. Dieser Lebensstil paßt nicht zu mir. Es geht nicht nur um die Hochzeit selbst, es geht um eine ganze Zukunft mit einer so andersartigen Familie.«

»Liebling.« Diesmal hatte ich ihre Hand erwischt. »Ich liebe dich, Julie. Und ich möchte dir etwas sagen. Du heiratest nicht meine Familie, sondern mich.«

Jetzt hielt ich sie in meinen Armen. »Julie, liebst du mich?«

»Das weißt du doch!«

»Gut, ich liebe dich auch. Mehr noch: Ich glaube, daß wir zusammengehören. Und wenn du versuchst, fortzugehen und mich zu verlassen, werde ich dir bis ans Ende der Welt nachlaufen.«

Die grau-blauen Augen sahen mich unverwandt an, während ich die Tränen aus ihnen wegwischte.

»Nun, Julie?«

»Ich möchte deine Frau sein, David«, antwortete sie; ihre Stimme zitterte.

Inzwischen war die Sonne ein riesiger, rot-gelber Ball am Horizont, der seine Strahlen weit über das Wasser warf. Julie schmiegte sich in meine Arme, und ich küßte sie sanft.

»Wenn du das wirklich willst, Liebling – wann wirst du mich heiraten?« flüsterte ich.

»Morgen«, flüsterte sie zurück. Es war ihr ernst.

Am nächsten Tag fuhren wir gen Süden, zu der mexikanischen Stadt Tijuana. Wir waren durchgebrannt. Nur mein Chef wußte Bescheid und zwei Freunde, die als Trauzeugen mitkamen.

Die winzige Hochzeits-Kapelle hatte viele Trauungen wie unsere gesehen, und der dunkelhäutige Friedensrichter, der in den Raum schlurfte, um die Zeremonie zu leiten, sah genauso abgenutzt aus wie die Plastikblumen, die die Kapelle schmückten.

Aber uns kam es nur darauf an, die magischen Worte von ihm zu hören: »Hiermit erkläre ich Sie für Mann und Frau.« Ich küßte Julie und führte sie stolz aus dem Gebäude.

Als wir wieder die Grenze passierten, blickte uns der amerikanische Zollbeamte prüfend an. »Was haben Sie in Mexiko gemacht?«

»Wir sind durchgebrannt und haben heimlich geheiratet«, grinste ich. »Sehen Sie, hier ist der Ring meiner Frau.«

Der Beamte lehnte sich etwas weiter ins Auto hinein und fixierte Julie. »Wie alt ist Ihre Frau?«

»Achtzehn«, antwortete ich.

Er starrte den Ring an, dann uns und sagte: »Junger Mann, Sie sollten sich schämen.«

Ich lächelte. Ich schämte mich nicht im geringsten. Es war ein Grenzübertritt, den ich niemals vergaß.

3. Der erste Schritt

Genau eine Woche nach der Hochzeit waren wir wieder in Torrance, Kalifornien, und richteten uns häuslich ein.

Ich liebte Julie. Und ich freute mich jeden Tag neu, mit ihr verheiratet zu sein.

Julies Eltern akzeptierten sofort unsere Blitzheirat. »Du kannst in den Augen meiner Mutter gar nichts Falsches tun«, sagte meine frischgebackene Ehefrau nach ihrem Anruf, mit dem sie ihre Eltern eingeweiht hatte. »Da du es bist, mit dem ich durchgebrannt bin, ist sie glücklich. Mutter meint, ich sei ein Glückspilz, dich bekommen zu haben«, fügte sie augenzwinkernd hinzu.

»Na, dann sind wir ja gleich zwei Pilze!« antwortete ich und umarmte sie.

Meine Eltern brauchten etwas länger, um sich damit abzufinden. Als wir ihnen erzählten, was wir getan hatten, fielen sie aus allen Wolken und waren wohl auch etwas verletzt. Das war verständlich. Geplatzt waren ihre Pläne für eine schöne Hochzeit mit Hochzeitskutschen und Brautjungfern. Die Einladungen lagen gedruckt und versandfertig auf ihrem Kaffeetisch. Es dauerte etwas, bis sie sich überwinden konnten, die Karten wegzuwerfen.

Innerhalb einiger Wochen gewöhnten sie sich jedoch an den Gedanken und zeigten uns, daß sie uns verziehen hatten.

Mit der Zeit bekamen wir, wie geplant, unsere drei Kinder. Alle drei strotzten unter Julies liebevoller Pflege vor Gesundheit, alle drei waren genau zwanzig Monate nacheinander geboren, und alle drei waren großartig. Wir gaben ihnen die Namen, die wir schon längst ausgesucht hatten: Deanne, Dawn und David – unsere Drei D's.

Als sie größer wurden, machte sich Julie allerdings Gedanken über etwas, was bei ihrer Erziehung fehlte.

»Dave, die Kinder sollten wirklich zur Sonntagsschule gehen.«

Ich schaute sie an. Es war das erste Mal, daß der Glaubensunterschied unseren ehelichen Frieden störte.

»Liebling, du weißt, was ich von der Kirche halte.«

Sie wußte es. Lange Jahre war ich meinem Entschluß weitgehend treu geblieben, nicht mehr zum Gottesdienst zu gehen. Nachdem ich Julie kennengelernt hatte, war ich einige Male mit ihr in die Kirche gegangen – aber nur ihr zuliebe. Ich kam mir dort vor wie ein Fisch auf dem Trockenen. Ich gehörte nicht zu diesem »frommen Volk«, das sich da versammelte. Die Leute wollten mich immer alle retten – wovon, wußte ich nicht genau. Ich wußte nur, daß es mir viel lieber gewesen wäre, wenn sie statt dessen versucht hätten, mich kennenzulernen.

»Aber David, es ist für die Kinder sehr wichtig.«

»Na schön, wenn du unbedingt willst, sollen sie hingehen. Aber ich nicht, Liebling.«

Ich zog an den Wochenenden meine alten Gewohnheiten, die Spieltische, der Kirche vor. Oft fuhren wir samstags nach Las Vegas, um Julies Familie zu besuchen; dann ging ich am Nachmittag und Abend immer zum »Mint«, einem der größten Spielclubs der Stadt.

Julies Geduld war unglaublich. Sie versuchte nie, mich zu verändern oder mich zu überreden, wenigstens sie zur Kirche gehen zu lassen. Statt dessen hörte sie werktags, wenn ich arbeitete, christliche Rundfunksendungen und machte einen Bibelfernkurs mit.

Auch nachdem die Kinder zur Sonntagsschule gingen, änderte sich nichts an unserem Leben. Ich war mehr als zufrieden. Wir waren glücklich. Ich kam gut mit der Arbeit zurecht. Unser Bankkonto sah gut aus. Das Leben war so, wie ich es mir wünschte.

Aber eines Tages ereignete sich eine Tragödie, die mich aus der Ruhe brachte.

An einem Samstagabend hatte ich mit meinem Freund Larry vierzehn volle Stunden lang am Kartentisch gesessen. Wir hatten, was selten vorkam, beide einiges verloren und uns mit dem Versprechen getrennt, am nächsten Abend die Scharte auszuwetzen.

Ich sah ihn nie wieder. Am Sonntagmorgen ging er mit einigen Freunden zum Schwimmen. Er trank einiges. Dann sprang er vom Fenster im zweiten Stock des Clubhauses ins Schwimmbecken. Ein perfekter Kopfsprung. Applaus. Er sprang ein zweites Mal.

Beim dritten Sprung hörte Larry schon nicht mehr die entsetzten Schreie seiner Freunde und der Zuschauer, als er mit einem dumpfen Schlag auf dem heißen Beton aufprallte. Er war sofort tot. Mein erster Gedanke, als ich davon erfuhr, war: »Larry ist ohne Jesus gestorben!«

Jesus! Dieser Name war in meinen Gedanken immer mit Krankheit, Schwachheit und nun Tod verbunden. Larrys Tod brachte mich dazu, zum ersten Mal darüber nachzudenken, daß das Leben ein Ende hat. Welch ein schrecklicher Gedanke!

Zwei Wochen später hatte ich mich wieder gefangen. Ich hatte Larrys Tod erfolgreich verdrängt, als ich ein zweites Mal gezwungen wurde, diese unabänderliche Realität anzuerkennen.

Art Malone war viel älter als ich, aber wir verstanden uns blendend. Ich hatte ihn durch meine Arbeit kennengelernt. Er kam oft nach Feierabend auf einige Drinks und ein paar Späße oder ein Spielchen mit mir und den Jungen vorbei.

An einem Nachmittag hatten wir ein paar Gläser Cola mit Rum im Büro genossen und die üblichen Witze gerissen. Gegen sechs Uhr gingen wir zu unseren Wagen, verabschiedeten uns und fuhren nach Hause. Art fuhr den Normandie Boulevard nach Los Angeles hinunter, während ich die entgegengesetzte Richtung nach Redondo Beach einschlug. Zwanzig Minuten später stieß Art mit einem LKW zusammen. Er starb sofort.

»Jesus!« stöhnte ich, als ich am nächsten Morgen in der Zeitung von dem Unfall las. »Jesus!« es war das erste Mal, daß ich diesen

Namen mit Bewußtsein aussprach. Julie fand mich in Tränen. Sie legte ihre Arme um mich. Ich zitterte. Sie glaubte, ich weinte um Art. Ich wußte es besser – ich weinte und zitterte um meinetwillen.

Zum zweiten Mal in meinem gesunden Leben hatte mir der Tod seine Fratze gezeigt – und ich wußte nicht, wie ich damit fertig werden sollte.

»Dave, ich muß dich mal was fragen.«

»Hm?« Ich war gerade hingebungsvoll mit einem von Julies hervorragenden Steaks beschäftigt.

»Deine Eltern haben heute angerufen.« Julies Hand zitterte etwas, als sie nach Klein Davids Flasche griff.

»Gut. Alles in Ordnung?« Ich blickte sie an und fragte mich, warum sie so herumdruckste.

»Ja. Sie wollten uns eigentlich nur einladen.« Julie atmete tief ein. »Sie fragten, ob wir nicht mit ihnen zu Billy Graham gehen würden.«

Ich legte heftig Messer und Gabel hin. »Sie fragten was? Das ist ja wohl . . .«

Julie schluckte. »Ja, Liebling, sie sagen, er sei sehr gut . . .« Ihre Stimme brach ab, als sich unsere Augen trafen.

»Julie, du weißt, wie ich darüber denke.«

»Ja, ich weiß.« Das arme Mädchen tat sein Bestes. »Ich dachte nur, das könnte – weißt du – anders sein.«

»Nun, tut mir leid. Ich glaube das nicht. Und im übrigen kommt jetzt der Urlaub, und du weißt, daß ich das Haus renovieren will.«

»Dann sage ich ihnen ab?«

»Endgültig.« Das Thema war erledigt, und ich machte mich daran, den beiden Mädchen beim Schneiden ihres Steaks zu helfen.

Aber meine Eltern gaben nicht so leicht auf. Und Julie konnte es auch nicht lassen. Während der folgenden drei Wochen brachten sie die Sprache immer wieder auf die Billy-Graham-Evangelisation in Los Angeles, bis ich in der dritten Woche nachgab.

Ich ging nicht nur einmal hin, sondern sogar zweimal. Als sie mich dann jedoch noch ein drittes Mal hinschleppen wollten, spielte ich nicht mehr mit. Statt dessen wandte ich meine ganze Aufmerksamkeit der Renovierung zu, bis am letzten Tag meines Urlaubs alles fertig war.

Nach dem Mittagessen saß ich draußen und betrachtete mein Werk bei einem Glas meines Lieblingsbiers. Ich war mit mir zufrieden. Ich war auf dem Weg nach oben.

Doch plötzlich, beim vierten Bier, kamen wieder diese störenden

Gedanken an den Sinn des ganzen – und an den Tod. Warum fand ich keine Ruhe? Ich war doch ein anständiger Kerl. Ich hatte sogar in den vergangenen Wochen das große Zugeständnis gemacht, mit Julie und den Kindern zum Gottesdienst zu gehen. In diesem Augenblick fiel mir ein, daß Billy Graham am letzten Abend, an dem wir ihn gehört hatten, etwas über Leute gesagt hatte, die zur Kirche gingen. »Es mag unter Ihnen viele geben, die ihr Leben lang zur Kirche gegangen sind«, sagte er. »Viele von Ihnen nennen sich Christen. Am Mittwochabend werde ich mich speziell an die Christen wenden.«

Mittwoch? Das war heute. Wenn ich noch einen Besuch im Coliseum von Los Angeles aushalten würde, könnte ich mir dann ein für allemal meine Meinung bilden? Ich konnte kaum noch klar denken. Ich warf die sechste leere Bierdose auf die Seite und stand auf.

»Julie!« rief ich. »Ich bin bereit, mir diesen Prediger noch einmal anzuhören, wenn du einen Babysitter findest.« Julie war schneller am Telefon, als ich Billy Graham sagen konnte. In wenigen Minuten hatte sie einen Babysitter besorgt und wartete ungeduldig an der Tür.

Es goß an jenem 4. September 1963 in Strömen, und so war das Coliseum mit 20000 Besuchern nur zu einem Fünftel voll. Billy Graham trat ans Mikrophon. Er war nur ein Punkt in der Ferne, aber ich hörte jedes Wort. »Okay, Billy«, dachte ich, »du hast gesagt, daß du heute zu Christen sprichst. Gut, hier bin ich.«

Der Evangelist schien gleich mit seinen ersten Worten meine Herausforderung anzunehmen. »Viele von Ihnen haben ihr ganzes Leben von Jesus gehört. Vielleicht waren Sie auch hin und wieder in der Kirche. Was ich Sie heute fragen möchte – haben Sie Jesus persönlich getroffen?«

Ich war bereit, diesen Punkt zuzugeben: Ich kannte Jesus nicht so, wie Julie und die auf der Plattform ihn zu kennen schienen.

Seine nächsten Worte trafen mich wie ein Schlag. Er zitierte aus Johannes 4,24: »Gott ist Geist, und die ihn anbeten, müssen ihn im Geist und in der Wahrheit anbeten.«

Wahrheit! Kannte ich Wahrheit? Die unangenehmen Zweifel kamen wieder an die Oberfläche, und irgendwo innen schien eine Stimme das zu unterstreichen. »Du lebst nicht in der Wahrheit, David. Du baust vor allen die Fassade des Erfolgsmannes auf, der es aus eigener Kraft zu etwas gebracht hat. Aber zu was eigentlich? Du kannst mit deiner Definition des Lebens nicht einmal dem Tod standhalten.«

Zum ersten Mal war ich bereit, die Wahrheit zuzugeben. Ich hatte mich an eine Lüge verkauft, und sie hatte mich gesteuert.

Ich schaute Julie an. In ihr hatte ich von Anfang an etwas anderes wahrgenommen – oder war es *jemand* anders? Ich fühlte mich wie von einer magnetischen Kraft zu Gott hingezogen. Der Prediger fuhr fort: »Wenn Sie Jesus Christus begegnen, müssen Sie damit rechnen, daß er an der Sünde Ihres Lebens arbeitet. Er möchte Sie davon befreien.«

»Okay«, dachte ich, »wenn Sünde dasselbe ist wie die Lüge, mit der ich gelebt habe, ich habe sowieso genug davon.«

»Sie müssen Jesus Chef Ihres Lebens sein lassen, den Herrn Ihres Lebens«, fuhr Billy Graham inzwischen fort. »Wenn Sie aufstehen und den ersten Schritt tun, wird Jesus mit Ihnen hier herunterkommen und für den Rest Ihres Lebens bei Ihnen bleiben.«

Inzwischen hatte die Kraft, die ich den ganzen Abend gespürt hatte, mich fest im Griff. Ich war überzeugt. Ich war in die Irre gelaufen und brauchte einen ganz neuen Anfang. Ich stand auf und murmelte Julie im Vorbeigehen zu: »Liebling, ich will heute abend mit Gott ins Reine kommen.« Sie brauchte nichts zu sagen. Ihre Gedanken waren ihr ins Gesicht geschrieben.

Als ich unten angekommen war und der Prediger in unserem Namen betete, wiederholte ich die Worte still und übergab mein Leben Jesus Christus. Als ich den Kopf wieder hob, stand ein freundlicher weißhaariger Mann neben mir, der mir Lesestoff gab und eine ganze Zeit mit mir sprach – oder vielmehr mir zuhörte.

Ein paar Minuten später ging ich den langen Weg zu Julie zurück und wußte, daß mein Leben eine endgültige Verwandlung erlebt hatte. Der Herr, der mich den ganzen Weg nach vorne begleitet hatte, blieb bei mir, als ich die 120 Stufen zu meinem Platz zurückging.

Er hat mich seitdem nie verlassen.

Am nächsten Morgen grüßte ich meine Arbeitskollegen mit solcher Wärme, daß eins der Mädchen meinte: »Da hat wohl jemand eine Glückssträhne in Las Vegas gehabt!«

»Keineswegs. Du liegst ganz falsch! Ich bin Christ geworden. Ich bin gerettet!« Die Sätze, die mich früher so aufgebracht hatten, kamen mir nun ganz natürlich über die Lippen.

»Witzbold! Erzähl doch keine Märchen!« Ich konnte ihr nicht verdenken, daß sie mir nicht glaubte. Dave kommt vom Urlaub zurück und spricht über Gott und Religion? – Unmöglich!

Nach einer Woche glaubten sie mir. Die Kollegen sahen verwirrt zu, wie ich die Playboy-Bilder von der Wand neben meinem Schreibtisch abriß. Meine Kumpel waren betroffen, als sie merkten, daß ich tatsächlich alles Interesse am Spielen verloren hatte.

»Du redest nicht einmal wie früher, Mann«, beklagten sie sich.

Das stimmte. Das Fluchen, das ich mir in der Marinezeit angewöhnt hatte, war plötzlich und für immer verschwunden.

Der Kontrast war so groß, daß ich selbst staunte. Ich wußte, daß es nichts mit meiner eigenen Willenskraft oder Selbstbeherrschung zu tun hatte. Ich war nicht stark genug, die alten Laster zu lassen. Nein, es war, als ob Jesus buchstäblich die alten Interessen von mir genommen hätte. Ich liebte ihn dafür.

Nachdem ich Jesus begegnet war, konnte ich ihn nicht schnell genug kennenlernen. Ich stürzte mich auf die Bibel mit dem Appetit eines Verhungernden und konnte gar nicht genug bekommen.

Innerhalb von sechs Wochen hatte ich den Kurs abgeschlossen, den mir der alte Mr. Roy, mein Seelsorgehelfer, gegeben hatte. Er rief mich treu mehrmals die Woche an und kam oft sonntags zum Mittagessen zu uns. Bald gehörte er regelrecht zu unserer Familie.

In seiner gütigen Art vermittelte er mir die Leitlinien für das Wachsen in meinem neuen Leben.

»Gehörst du zu einer Gemeinde, David? Beteiligst du dich aktiv am Gemeindeleben?« fragte er.

Jesus war das Wichtigste in meinem Leben geworden. – Aber bedeutete das, daß ich mich fest einer Gemeinde anschließen mußte? Ich kämpfte mit mir. Der Abend von Jayne Mansfields Hochzeit war in meiner Erinnerung noch lebendig.

»David, ich weiß, daß die Kirche aus Menschen besteht, die Fehler machen.« Mr. Roy hatte Verständnis für meine Bitterkeit. »Aber du bist auch ein Mensch«, fügte er freundlich hinzu. »Und ich auch. Was glaubst du, warum Jesus für uns starb? Und es gibt eine Möglichkeit, deinen Blick von den menschlichen Fehlern abzuwenden, hin zu dem, für den du da bist.«

»Welche?«

»Dienst, Junge. Überlege dir, wie du anderen dienen kannst.«

Das tat ich. Julie hörte von einer Kirche in der Nähe, die Hilfe beim Drucken benötigte. »Du wärst die ideale Hilfe, David«, sagte sie bittend.

Wir begannen, regelmäßig dorthin zu gehen und uns aktiv an der Arbeit zu beteiligen. Eines Sonntags kehrte ich sehr nachdenklich heim. In der Predigt war der christliche Gebrauch des Geldes angesprochen worden, und ich kämpfte mit mir. Wir kamen augenblicklich finanziell nur knapp über die Runden. Überstunden waren zur Zeit nicht gefragt, und mein Grundgehalt reichte gerade für die Bedürfnisse der Familie. Wie konnten wir da Geld weggeben?

Anderseits – wenn unser Leben Jesus gehörte, gehörte ihm auch das Geld. Und er liebte uns zu sehr, als daß er uns verhungern lassen würde. Davon waren wir überzeugt. Also beschlossen wir, den Zehnten abzugeben – und wenige Tage später wurde ich wegen Überstunden gefragt. Sofort stieg unser Einkommen, so daß wir wieder genug für unsere Bedürfnisse hatten.

Als die Wochen vergingen, wurden wir glücklicher als wir je gewesen waren. Doch etwas bedrückte mich. Zuerst konnte ich nicht den Finger darauf legen, aber es wuchs ein Gefühl der Unruhe in mir. Ich war mir nicht mehr sicher, ob ich an der richtigen Stelle arbeitete.

Am Ende meines Fernkurses bei der Billy-Graham-Gesellschaft schickte ich mein letztes Antwortblatt ein mit der Bitte: »Würden Sie bitte für mich beten? Ich bin mir nicht sicher, was der Herr in beruflicher Hinsicht von mir möchte.«

Schon bald kam ein Antwortschreiben, in dem es dem Sinne nach hieß: »Wir beten für Sie. Warten Sie geduldig. Der Herr wird es Ihnen zur rechten Zeit zeigen. Konzentrieren Sie sich inzwischen auf vier Gebiete: Gebet, Gottes Wort, Gemeinschaft und Zeugnis.«

Der letzte Punkt war meine schwache Stelle. Anderen von Jesus zu erzählen, das fiel mir schwer. Irgendwie wußte ich nicht, wo ich anfangen oder was ich sagen sollte, also sagte ich gar nichts. Aber nicht nur die Leute von der Billy-Graham-Gesellschaft, sondern auch unser Pastor und natürlich Mr. Roy ließen mir keine Ruhe.

»David, du wirst selbst nicht wachsen, wenn du deinen Glauben nicht mit anderen teilst!«

Dann sprachen mich einige Freunde an, denen die Jugendlichen eines benachbarten Stadtbezirkes am Herzen lagen, in dem vorwiegend Schwarze wohnten. »Die Burschen sind noch nicht sehr scharf darauf, über Jesus nachzudenken; aber sie sind ganz wild auf Football. Vielleicht sind sie später bereit, etwas von ihm zu hören. Wärst du interessiert, Dave?«

Ich lachte vor mich hin. Wie typisch für den Herrn, den ich jetzt langsam kennenlernte, daß er mir den Einstieg ins Zeugnisgeben so leicht machte! Für ein gutes Football-Spiel war ich immer zu haben.

Ich hatte nur eine Bedingung. Die Freunde sollten mir erst beibringen, wie ich über meinen Glauben sprechen konnte. Ihre Anweisungen schienen einfach: Ich sollte mit den Jungen Freundschaft schließen. Ich sollte für sie beten. Und gut genug mit Gottes Wort vertraut sein, um Rede und Antwort stehen zu können.

War das alles? »Der Herr wird das Übrige tun«, versicherte mir einer meiner Freunde.

Er hatte recht. Nach dem ersten Spiel waren die Jungen mehr als bereit, von Jesus Christus zu hören. Noch am gleichen Tag zog der Herr fünf von ihnen zu sich.

In der kommenden Woche folgten zwei weitere ihrem Beispiel. Und bald trafen sich nach einem Nachmittag auf dem Football-Feld zwanzig erhitzte und verschwitzte neue Gläubige zu Gebet und Bibelstudium.

Mit Unterstützung unseres Pastors begannen Julie und ich auch in unserer eigenen Kirche eine Teenagergruppe. Aber obwohl wir uns sehr glücklich fühlten, hatte das Gefühl der Ruhelosigkeit nicht aufgehört. Wenn überhaupt, war es stärker geworden. Was wollte der Herr mit meinem Leben und meiner Ausbildung als Lithograph machen?

Die erste leise Ahnung kam einige Wochen später, während meines abendlichen Bibellesens. An diesem Abend traf mich erstmals der Vers Markus 13,10: »Und das Evangelium muß unter allen Völkern verkündet werden.« Ausbreitung des Wortes – das hatte doch etwas mit mir zu tun!

Die ganze Nacht über verfolgte mich der Vers.

Am nächsten Abend sprach mich ein anderer Vers an. Ich las das letzte Kapitel des Matthäus-Evangeliums und kam an die Stelle, wo Jesus seinen Jüngern befiehlt, in alle Welt zu gehen und das Evangelium zu verkünden. Ich las es noch einmal. Irgendwie fühlte ich mich persönlich betroffen.

Unser Pastor hatte ein Herz für die Mission. An jedem Sonntag hielt in einem der drei Gottesdienste ein Missionar die Predigt. Der Pastor selbst war in 26 Missions-Ausschüssen. Aber bis zu diesem Abend hatte ich mir nie überlegt, was der Missionsbefehl mir selbst zu sagen hätte. Was, wenn Gott mich zum Missionar berufen sollte? Wäre ich bereit?

Die Antwort mußte »nein« sein. Ich war ein ganz unerfahrener Christ. Was in aller Welt schlug ich mich überhaupt mit solchen Fragen herum?

Einige Tage später konfrontierte mich meine Bibellese erneut damit. Psalm 68,12: »Der Herr entsendet sein Wort; groß ist der Siegesbotinnen Schar.«

Wieder ein Hinweis auf die Ausbreitung des Wortes. War es denkbar, daß Gott mir einen Fingerzeig geben wollte?

Ich besprach den Gedanken mit Julie. »Liebling, hältst du es für möglich, daß der Herr uns an irgendeinen Ort in der Welt rufen könnte, wo Bibeln gedruckt werden müssen?«

Ihre grau-blauen Augen sahen mich verwundert an. »Nun ich – ich – wie kommst du auf die Frage?«

Ich erzählte von den Bibelversen, und sie nickte verständnisvoll. »Vielleicht kann Pastor Walberg uns am ehesten beraten«, meinte sie. Nach so vielen Monaten des Gebets wollte keiner von uns die Leitung des Herrn verpassen.

Auch der Pastor war sehr verständnisvoll. »In der Bibelstunde wird diese Woche jemand von der Far Eastern Broadcasting Company sprechen. Hört ihn euch doch mal an!«

Von der FEBC, der »Fernöstlichen Rundfunkgesellschaft«, hatte ich schon viel Gutes gehört. Diese christliche Radiogesellschaft strahlte Sendungen nach ganz Süd-Ost-Asien aus – vor allem in Länder mit kommunistischen oder christenfeindlichen Regierungen. China war der Brennpunkt ihrer Arbeit.

Ich hörte gespannt zu, als der Missionar die Arbeit und die Bedürfnisse beschrieb. Im Augenblick suchte man noch einen Mitarbeiter für einen Zweig – die Literatur-Arbeit. Die FEBC druckte nämlich Bibeln zum Verteilen in den Ländern ihrer Sendegebiete.

Konnte das ein Zufall sein? Paßte es nicht genau zu den Versen, die ich in der letzten Woche bekommen hatte?

Dennoch schien es abwegig, ja verrückt, auch nur daran zu denken, als Missionar zu arbeiten. Julie und ich brachten die Sache vor den Herrn. »Vater, du weißt, wie es für uns aussieht – unmöglich! Aber wenn es, irgendwie, deine Führung und dein Plan ist, möchten wir uns nicht dagegen sperren. Zeige uns, Herr . . .«

Die Zweifel blieben. Ich erzählte sie alle Julie. »Du kennst mich, Liebling. Ich habe keine Ausbildung an einer Bibelschule. Und du weißt, wie schwer mir das Lernen fällt.« Die Komplexe, die mich seit meiner Schulzeit geplagt hatten, meldeten sich wieder. »Ich habe nicht das Zeug zum Missionar.«

Sie schaute mich an. »David«, sagte sie ruhig, »wenn der Herr uns draußen haben will, muß er dafür sorgen, nicht du.«

Einige Tage später kamen der Missionar und seine Frau zum Essen zu uns und erzählten uns mehr über die Arbeit. Nach dem Essen zeigten sie uns Dias von ihrer Station auf den Philippinen und erzählten uns gleichzeitig, daß sich schon sechzehn andere für die Literaturarbeit beworben hätten. Alle waren abgewiesen worden. Aber ich sollte mich ruhig bewerben.

Dies tat ich – zweifelnd und fragend. Doch es ließ sich nicht leugnen, daß Gott uns in diese Richtung zu weisen schien. Auch die Ältesten unserer Gemeinde waren überzeugt, daß Gott uns an diesem Platz haben wollte, und beschlossen ohne unser Wissen, uns in der ersten Periode unserer Arbeit bei der FEBC finanziell zu unterstützen.

Nun konnten wir nur noch auf die Antwort der Missionsgesellschaft warten.

Sie kam, als ich noch bei der Arbeit war. Julie rief mich in der Firma an, und ich merkte gleich, daß etwas nicht in Ordnung war.

»Julie?«

»Liebling«, schluchzte sie, »sie wollen uns nicht. Sie haben unsere Bewerbung abgelehnt. Es tut mir so leid . . .«

4. »Wenn China sich öffnet . . .«

Das konnte nicht das letzte Wort sein! An diesem Abend beteten Julie und ich wie nie zuvor. Wir erinnerten uns an die Verse, die Gott uns über die Verbreitung seines Wortes in alle Welt geschenkt hatte. Und so sagte ich: »Herr, wenn wir dich richtig verstanden haben, machst du das dann bitte auch den Leuten der FEBC klar?«

Am nächsten Tag erhielt ich während der Arbeitszeit einen weiteren Anruf von Julie: »Die FEBC hat uns eben mitgeteilt, daß wir angenommen sind!«

Die folgenden Monate vergingen wie im Flug. Wir mußten uns auf den Umzug auf die Philippinen vorbereiten, und es begann eine nicht endenwollende Reihe von Abschieden von unseren Freunden. Es war schwer, sie zu verlassen, Pastor Walberg, den alten Mr. Roy, die farbigen Jugendlichen im Nachbarbezirk, die Teenager in unserer Kirche, die anderen Ehepaare, meine Arbeitskollegen. Die Liste ging weiter. Am härtesten war die Trennung von den Eltern, gingen wir doch einer Zukunft entgegen, die in vielerlei Hinsicht ungewiß war.

Während der letzten Tage machte Gott uns jedoch auf unvergeßliche Weise klar, daß Einer mit uns gehen würde und daß er in der Lage war, für seine Kinder zu sorgen.

Ich hatte bis spät in die Nacht unseren Hausrat in einem riesigen Lager in große Holzverschläge gepackt und war schon vor Sonnenaufgang wieder dort, um weiterzuarbeiten. Um 6 Uhr war ich fertig und wollte schnell zu Pastor Walberg fahren, aber als ich in meine Hosentasche griff, fand ich zu meinem Schrecken statt der Autoschlüssel nur ein großes Loch vor.

Ich schaute hoffnungslos im Lager umher. Irgendwo in diesem riesigen Gebäude mußten die Schlüssel liegen, aber wo? Ich war in Eile, denn ich hatte mich zu einem Arbeitseinsatz in unserer Kirche gemeldet. Eine Stunde lang stapfte ich im Gebäude auf und ab, kroch auf den Knien um Holzkisten herum, aber ohne Erfolg. Und dann hatte ich auf einmal den Eindruck, daß Gott zu mir sprach. »David«, schien er zu sagen, »du bist in der richtigen Stellung, aber du tust das Verkehrte.«

Was meinte er? Welche Stellung? Jetzt erst wurde mir bewußt, daß ich kniete . . . Seine Stimme schien fortzufahren: »Ich hätte dir die ganze Zeit sagen können, wo die Schlüssel sind; aber du hast mich nicht gefragt.«

»Lieber Vater, vergib mir!« sagte ich. »Ich habe nicht einmal daran gedacht, dich zu fragen.« Es schien plötzlich so einfach, daß ich mich wunderte, warum ich ihn nicht schon längst gefragt hatte. »Dann zeig ihn mir doch bitte!«

Ich öffnete die Augen, und einen Meter vor mir glitzerte Metall! »Danke, Vater!« rief ich, während ich voll Freude zu meinem Auto rannte.

Ein paar Minuten später erreichte ich die Kirche. Geistesabwesend hatte ich die Schlüssel wieder in die Tasche mit dem Loch gesteckt, und als ich an der Hecke am Parkplatz vorbeirannte, hörte ich zu meinem Schrecken ein Klirren. Die Schlüssel!

Ich schimpfte über meine Unachtsamkeit und fing zum zweiten Mal mit Suchen an. Aber die Hecke und der Grasstreifen darunter waren sehr dicht, und ich schien die Schlüssel endgültig verloren zu haben. Ich kroch auf der Erde herum, und dann meinte ich, wie beim ersten Mal, wieder die Stimme des Herrn zu hören: »Junge, hast du deine Lektion noch immer nicht gelernt?«

Tatsächlich! Ich war wieder in der richtigen Stellung, aber bei der falschen Tätigkeit. »Lieber Herr, es tut mir leid. Verlier bitte nicht die Geduld mit mir. Bitte zeig mir, wo sie jetzt sind.«

Es war unglaublich, aber als ich anschließend blind in die Hecke griff, hatte ich die Schlüssel in der Hand!

Es schien, als wolle der Herr mir ganz unmißverständlich und wegen meiner Vergeßlichkeit gleich zweimal zeigen, daß er für unsere Familie sorgen konnte, bis ins kleinste Detail, was immer die Zukunft auch brachte.

Als wir schließlich die Philippinen erreichten, hatte Gott eine weitere Überraschung für uns bereit.

An unserem neuen Haus hing ein Plakat, das jedes Mitglied unserer Familie willkommen hieß. Und kurz nachdem wir unsere Koffer abgestellt hatten, wurde uns ein Fotoalbum von allen Mitarbeitern der Station und ihren Familien überreicht. Man hatte es speziell für uns zusammengestellt, »damit Ihr Eure neue philippinische Familie kennenlernt«.

Jesus hatte sich wieder als treu erwiesen. Wir hatten eine Familie hier auf den Philippinen – seine Familie. Wir wußten sofort, daß wir uns bei der FEBC nicht einsam fühlen würden.

Ich hatte noch viele Lektionen zu lernen.

Obwohl ich wußte, daß Gott uns zur FEBC geführt hatte, fühlte ich mich immer noch ungeeignet, die Rolle eines Missionars zu erfüllen. Ich war so jung im Glauben und fragte mich, womit ich anderen denn wohl helfen könnte. Bald wurde mir klar, daß Gott auch das in seiner Hand hatte. Er ließ mich eine Lehrzeit durchmachen, und jede der Lektionen war schmerzhaft.

Zunächst hatte ich es offenbar nötig, mich selbst zu erkennen und meine wirklichen Fähigkeiten zu erfahren.

An meinem ersten Arbeitstag war ich fröhlich zum Büro gegangen. »David, wie schön, dich hier zu haben! Wir haben gedacht, du fängst am besten in der Binderei an. Du wirst Joe helfen«, wurde mir gesagt.

Ich jubilierte innerlich, als ich zu den Maschinen schritt. Aber als ich merkte, welche Arbeit man für mich ausgesucht hatte, verwandelte sich meine Freude schnell in Enttäuschung.

»Du wirst heften, Bruder David«, sagte Joe, der philippinische Vorabeiter.

»Und was noch?« fragte ich.

»Oh, das ist im Moment alles; du brauchst dir keine Gedanken zu machen.«

Das durfte nicht wahr sein! Eine Druckpresse stellte Tausende von Johannes-Evangelien her, die alle von Hand geheftet werden mußten. Sollte das für die nächsten Tage, Wochen oder wer weiß wie lange meine Arbeit sein? War ich dazu aufs Missionsfeld gerufen worden?

»Danke, ich fange gleich an«, sagte ich so höflich ich konnte.

Ich ging zum Tisch und begann zu arbeiten. Stunde um Stunde heftete ich Broschüren. Am nächsten Tag war es dasselbe, am nächsten ebenfalls. Aus den langen Tagen wurden lange Wochen. Warum war ich all die Jahre als Lithograph ausgebildet worden? Für diese Tätigkeit hier brauchte man überhaupt keine Ausbildung. Man brauchte auch keinen Verstand. Nur Zeit. In den Staaten hatte ich eine wesentlich verantwortungsvollere Aufgabe gehabt.

Jeden Tag erlebte ich den Kontrast etwas deutlicher. Der Kampf ging noch mehrere Wochen weiter, bis der Herr mir zuletzt einen Gedanken gab, der mich wie ein Hammer traf.

Was willst du, David? Hinausziehen und reich werden? Oder mir folgen?

An diesem Tag sah ich meine Arbeit mit anderen Augen. Es ging langsam, ja, und weder die Organisation noch ich verdienten viel

Geld. Aber die Bücher, die wir herstellten, waren Werkzeuge, die das Leben der Menschen verwandeln konnten.

In den folgenden Monaten fing ich an, das volle Ausmaß der FEBC-Arbeit zu sehen. Über 23 Sendestationen strahlte sie jeden Tag Programme aus: 10 davon für den Empfang auf den Philippinen, der Rest für andere Länder Süd-Ost-Asiens, speziell für die Volksrepublik China.

Nach meiner »Lehrzeit« an der Heftmaschine wurde ich mit der Installation neuer Maschinen betraut und arbeitete später in der Herstellungsleitung. Julie hatte ebenfalls eine Aufgabe übernommen und bearbeitete in der Rundfunk-Abteilung Bandaufnahmen, bevor sie ausgestrahlt wurden.

Wir hatten nicht viel Freizeit. Aber wir fingen zusätzlich eine Arbeit unter Teenagern in den Straßen von Manila an.

Die Literaturarbeit weitete sich aus, als die FEBC Druckaufträge von anderen Organisationen übernahm. Wir produzierten Tausende von Traktaten für verschiedene Gruppen und verteilten Johannes-Evangelien über die gesamten Philippinen. Nachdem wir jedoch eine Million Evangelien verteilt hatten, meinten wir, Zwischenbilanz ziehen zu müssen. Diese Inseln erhielten massenweise Literatur über Jesus Christus. Aber es gab andere Länder, die weniger oder gar nichts hatten. War es nicht an der Zeit zu prüfen, ob wir auch sie mit der Heiligen Schrift versorgen könnten?

Für mich bedeutete das den Anfang von häufigen Reisen, um die Situation in einigen Nachbarländern zu erforschen. Das vom Krieg zerrissene Vietnam war ein besonderer Brennpunkt. Ich besuchte regelmäßig die Missionare, die auch während der Tet-Offensive im Land geblieben waren. Umgeben von Truppen, Gewehr- und Artilleriefeuer waren diese Männer und Frauen entschlossen zu bleiben, solange sie durften. Einige ihrer Kollegen waren schon getötet worden.

Ich brachte Aufträge von vielen Gruppen von den Reisen mit. Dabei behielten wir unsere reguläre Produktion für die Philippinen in vollem Umfang bei.

Jede Reise vermittelte mir wichtige Lehren. Mein »Lehrer« zeigte mir vor allem, was es heißt, ihm in Situationen zu folgen, die meine eigene Kraft übersteigen.

Da war z.B. die Versorgung meiner Familie. Für mich war Sicherheit immer an den mächtigen Dollar gebunden. Aber nun gab es Perioden, in denen unsere finanzielle Unterstützung durch irgendein Hindernis aufgehalten wurde, speziell durch die unregelmäßige

Postzustellung. Einmal lagen 60 Tage zwischen den Schecks, und die ganze Zeit standen uns 40 Dollar zur Verfügung.

Da gab es dann Abende, an denen wir uns an den Tisch setzten und Gott für leere Teller dankten. Nach dem Gebet unterhielten wir uns und verbrachten so unsere Mahlzeit. Später gingen wir zu Bett, übergaben uns nochmals Gottes Fürsorge und vertrauten ihm für den folgenden Tag.

Der Herr ließ uns nie lange hungern. Obwohl wir grundsätzlich niemandem außer *ihm* von unserem Mangel erzählten, »kamen« irgendwie, gerade zur rechten Zeit, Lebensmittel in unsere Küche. Wenn wir einen Spaziergang machten, fanden wir manchmal bei unserer Rückkehr eine Tasche mit Lebensmitteln am Hintereingang, die eine andere FEBC-Familie dorthin gestellt hatte. Eier, Fleisch, Konserven, Gemüse, Früchte – alles Notwendige war darin. Bis heute haben wir nie erfahren, welche Familien uns so versorgt haben.

Die Aufträge aus dem Ausland und unsere Produktion für die Philippinen lasteten uns voll aus. Unsere Maschinen stießen Berge von christlichen Schriften aus, alle außer einer. Die größte von allen stand unbenutzt in der Ecke. Sie war von einem amerikanischen Geschäftsmann gestiftet worden und konnte in einer einzigen Stunde 20000 Evangelien drucken. Sollte Gott jemanden zu einem solchen Geschenk drängen und dann nicht die Möglichkeit schenken, es einzusetzen?

»Warum hast du uns diese Maschine gegeben?« fragte ich ihn. »Satan lacht, wenn er sie dort so nutzlos sieht.«

Die Antwort bekam ich einige Wochen später – aber in einer Form, die ich zuerst kaum erkannte.

Weil ich total erschöpft war, hatte Julie mich überredet, mir einen Nachmittag freizunehmen und mit der Familie ins Schwimmbad zu gehen. Sobald ich ins blaue Wasser sprang, war ich froh, daß ich auf Julie gehört hatte. Ich wollte einfach einmal einen Nachmittag lang ausspannen und nicht an die Arbeit denken. Aber Peter Jones, ein Freund, der unter Chinesen arbeitete, änderte alles.

»Hallo«, hörte ich, als ich nach einem Kopfsprung auftauchte. Ein braungebrannter Peter Jones strampelte einen Meter neben mir.

Über was unterhalten sich Freunde, wenn sie sich an einem warmen Tag im Wasser tummeln? Ich weiß nicht, warum Peter und ich über unsere Arbeit sprechen mußten. Aber er konnte nicht aufhören, von den Chinesen zu erzählen, unter denen er arbeitete, und ich kam nicht von meiner Druckerei los.

»China und Bibeldruck . . . hmmm«, murmelte er.

»Was ist damit?« fragte ich faul. Ich hatte die Augen geschlossen. Peter trieb irgendwo rechts von mir.

»Seid ihr darauf vorbereitet, Bibeln nach China zu schicken, wenn es sich öffnet?«

Meinte er das ernst? Jeder wußte doch, daß Mao Tse-tung das Land so dicht abgeriegelt hatte wie nie zuvor. Gegenwärtig war der Große Steuermann rastlos dabei, alle Spuren der vorkommunistischen Wirtschaft, Religion und Kultur auszulöschen und das Land nach den Konzepten des Marxismus neu aufzubauen.

Maos Kulturrevolution, angeführt von den jugendlichen »Roten Garden«, hatte 1965 angefangen und zu drei Jahren Chaos und Leiden geführt. Tausende waren in Gefängnissen oder Umerziehungslagern, weitere Tausende tot.

»Du mußt verrückt sein«, sagte ich ihm. »China wird sich nie öffnen. Und überhaupt, wir sind jetzt mit Vietnam beschäftigt.«

Er drehte sich zu mir um. »David, sage nicht ›nie‹! Die Tschechoslowakei wurde auch einmal als geschlossen angesehen. Aber sie öffnete sich für kurze Zeit. Was taten die Missionare, als das geschah? Weißt du es?«

Ich wußte es nicht. Um ehrlich zu sein, ich hatte niemals darüber nachgedacht. Erst viel später erfuhr ich von einem Missionar, der gehandelt hatte. An dem Tag, als die sowjetischen Panzer nach Prag rollten, um das liberale Regime von Alexander Dubcek zu vernichten, kam auch ein schmächtiger Holländer in der Stadt an. Er hatte seinen Kombiwagen mit Traktaten und Bibeln vollgeladen und war mitten zwischen den Panzern nach Prag hineingefahren, die letzte Gelegenheit zu nutzen, das Wort Gottes frei unter Tschechen und Russen zu verteilen. Sein Name war Bruder Andrew.

Peter ließ nicht locker. »David, wir müssen bereit sein. Laß mich die Frage noch einmal stellen. Wenn sich, eines Tages, China wieder öffnet, wirst du bereit sein?«

Natürlich war ich es nicht. Meines Wissens war es niemand. Die letzten Missionare waren in den frühen fünfziger Jahren aus China geflohen. Seitdem hatte ich niemanden getroffen, der an eine neue Öffnung Chinas glaubte.

Aber in den folgenden Tagen ließ mich diese Frage nicht in Ruhe. Bisher hatte ich geglaubt, die einzige Möglichkeit, das Evangelium hinter Chinas Große Mauer zu bringen, seien Radiosendungen. Andererseits kannte ich das Versprechen in den Psalmen, daß ein Mensch mit Gottes Hilfe über Mauern springen kann. Gott mußte mir noch eine ganze Menge beibringen, bevor ich diese Verheißung für das unerreichbare China wirklich glauben konnte.

Die Frage der Öffnung Chinas verfolgte mich weiter, bis ich schließlich entschied, daß sie so oder so beantwortet werden mußte. Ich erzählte einem Kollegen von der FEBC davon, und wir beide beschlossen, auf die Knie zu gehen und auf Gottes Antwort zu warten. So verbrachten wir einen Maiabend des Jahres 1969 zusammen im Gebet.

Wir hatten zwei Fragen an Gott: Würde China sich öffnen? Und wenn ja, sollten wir bereits im voraus Bibeln und Bibelteile drucken?

»Herr, bitte rede zu uns durch dein Wort! Und kannst du uns bitte in den nächsten vierzehn Tagen Antwort geben? Wenn du uns in dieser Zeit nichts sagst, wollen wir die ganze verrückte Idee vergessen«, schloß ich.

Einige Tage später wachte ich um 2.30 Uhr morgens auf und fühlte mich seltsam unruhig. Zuerst versuchte ich, wieder einzuschlafen; aber es schien, als ob ich wachbleiben sollte. Mehr noch, etwas oder jemand schien mir zu sagen, ich solle hinunter zur Druckerei gehen.

Ich hatte allmählich zu erkennen gelernt, wann die leise Stimme des Herrn mir etwas auftrug; und diesmal war ich sicher, sie wieder zu hören. Das letzte, was ich mir wünschte, war ein Besuch meines Arbeitsplatzes zu dieser Stunde. Aber ich konnte protestieren, soviel ich wollte, der Herr ließ mir keine Wahl.

Ob der Herr mir in dieser Nacht eine Antwort wegen China geben würde? »Schön«, dachte ich, »ich werde ein großes rotes Stoplicht bekommen, und dann kann ich wieder ins Bett gehen und ruhig schlafen.«

Ich kroch leise aus dem Bett, um Julie nicht zu wecken, zog mich an, tastete nach meiner Brille und schlich zur Tür hinaus. Als ich im Büro ankam, hatte ich keine Ahnung, was der Herr von mir erwartete. Ich saß an meinem Schreibtisch und beschloß, zunächst einfach in der Bibel zu lesen.

In den letzten Wochen hatte ich täglich in den Psalmen gelesen, und so schlug ich den auf, der als nächster an der Reihe war: Psalm 37.

Ich fing am Anfang an: »*Entrüste dich nicht über die Bösen, sei nicht neidisch auf die Übeltäter. Denn wie das Gras werden sie bald verdorren, und wie das grüne Kraut werden sie verwelken. Hoffe auf den Herrn und tu Gutes; bleibe im Lande und nähre dich redlich. Habe deine Lust am Herrn; der wird dir geben, was dein Herz wünscht. Befiehl dem Herrn deine Wege und hoffe auf ihn; er wird's wohl machen.*«

Als ich das las, traf es mich. »Herr, ich soll mich also nicht über die Übeltäter entrüsten? Weil sie wie das Gras bald verdorren werden? Sagst du mir, daß der Vorsitzende Mao und die anderen ›Übeltäter‹ fallen werden? Lin Piao, Tschu En-lai und all die andern?«

Mit felsenfester Überzeugung nahm ich einen Kugelschreiber und schrieb an den Rand des Psalms: »Mao fällt!« Dann fügte ich das Jahr hinzu, in dem der Herr es mir gesagt hatte, 1969.

Am nächsten Morgen teilte ich meine Entdeckung meinem Gebetspartner mit und dann Rip Carlson, dem Geschäftsführer der Druckerei. »Ich glaube, Gott hat mir seine Antwort auf meine erste Frage gegeben. Ich bin überzeugt, daß sich China auftun wird; allerdings erst nachdem Mao gefallen ist.«

Rip hörte verständnisvoll zu. »Ich stimme dir zu. Das scheint mir auch wie Gottes Stimme. Aber was ist mit der zweiten Frage?«

»Ich weiß nicht. Darin habe ich überhaupt keine Führung.«

»David«, er lehnte sich über den Tisch, »lies Apostelgeschichte 26. Dort bekommst du sie.«

»Warum Apostelgeschichte 26?« fragte ich.

»Der Herr wird dir zeigen warum. Lies nur!«

Ich kannte Rip. Er war ein Mann, der dem Herrn sehr nahe war; ich respektierte ihn zu sehr, um Einwände zu erheben. Ich schlug das Kapitel auf, und Vers 15 und 16 sprangen mir gleich in die Augen:

»Ich will dich erretten von dem Volk und von den Heiden, unter welche ich dich sende, aufzutun ihre Augen, daß sie sich bekehren von der Finsternis zu dem Licht und von der Gewalt des Satans zu Gott, um zu empfangen Vergebung der Sünden und das Erbteil samt denen, die geheiligt sind durch den Glauben an mich.«

Ja, daß die Menschen in China in Finsternis lebten – Maos Finsternis –, das sah ich. Aber was konnte ich tun, um ihnen die Augen zu öffnen? Ich mit meiner mangelhaften Bildung und meinem abgebrochenen Studium?

Von diesen deprimierenden Gedanken wandte ich mich wieder der Gegenwart zu, um mein außergewöhnliches Bibelstudium zu beenden – Vers 19:

»Daher, König Agrippa, war ich der himmlischen Erscheinung nicht ungehorsam . . .«

Das war es. Es war nicht meine Sache, meine eigenen Qualifikationen oder Fähigkeiten in Frage zu stellen. Alles, was ich zu tun hatte war, sicherzustellen, daß ich dem, was Gott mir gezeigt hatte, nicht ungehorsam war.

Gott würde den Rest tun.

5. Holländischer Mut

Julie gab mir ein Buch in die Hand. »Liebling, du mußt das lesen! Es ist die Geschichte eines Burschen, der genau das getan hat, worüber ihr redet.«

Ich war nicht begeistert. Das Lesen bereitete mir immer noch Schwierigkeiten, und es war mühsam, mich mit Schneckengeschwindigkeit durch ein Buch zu arbeiten. Als ich sah, daß das Buch klein gedruckt war und über 200 Seiten hatte, winkte ich ab.

»Dazu brauche ich Jahre. Bist du sicher, daß es mir gefallen wird?«

»Ich bin sicher. Mach dich dran – lies es.«

Der Titel war vielversprechend: »Der Schmuggler Gottes«. Ich überflog den Rückseitentext. Interessant! Ich verschlang das Buch in vier Tagen, was für mich ein absoluter Rekord war. Julie hatte recht. Dieser Mann hatte mit seinem Werk in Europa all das getan, was ich gern für China tun wollte.

Einige Wochen später – ich hatte inzwischen einige Reisen in Länder unternommen, die an China angrenzten, um zu erkunden, wo man chinesische Bibeln eine Zeitlang lagern könnte – erreichte uns ein Brief. Julie rief mich am Arbeitsplatz an: »Liebling, hier ist ein Luftpostbrief, aus Holland. Auf der Rückseite steht kein Name, aber sagt dir P.O. Box 47, Ermelo etwas?«

Mir fiel nichts ein; aber Julie war überzeugt: »Ich weiß nicht, wo ich die Adresse schon einmal gesehen habe, aber ich bin sicher, ich kenne sie. Soll ich den Brief öffnen?«

Natürlich sollte sie. Was konnte schon groß darin stehen?

Aber als Julie mir den Inhalt vorlas, wuchs mein Interesse:

»Lieber Bruder David,
als ich kürzlich durch Saigon und Bangkok kam, hörte ich von Ihrem Wunsch, Bibeln hinter den Bambusvorhang zu schaffen. Sie können sich sicher mein Interesse vorstellen. Ich hätte Sie gerne persönlich kennengelernt . . .«

Sie las weiter bis zum letzten Absatz.

»Bitte fahren Sie fort mit dieser guten Arbeit, und lassen Sie uns beten, daß wir uns bald treffen und über die Aufgabe, Bibeln nach Rot-China zu bringen, sprechen können.«

»Hey, David!« rief Julie aus, »er ist unterzeichnet: Bruder Andrew! Ist das nicht der, dessen Geschichte du gerade gelesen hast?«

Ich konnte es nicht glauben. Ich hatte eben erst das Buch weggelegt, und nun ermutigte mich eben dieser Mann! Ich überlegte, wie

Bruder Andrew nur von meinem Herzen für China hatte hören können. Später erfuhr ich, daß er zusammen mit Corrie ten Boom durch dieselben Länder gereist war wie ich und daß Missionare, mit denen ich Kontakt bekommen hatte, ihm von meinem Verlangen erzählt hatten, Bibeln nach China zu schaffen.

Julie und ich waren der Meinung, daß ich Bruder Andrews Einladung nach Holland annehmen sollte. Aber wir wußten, daß wir nicht die finanziellen Möglichkeiten hatten, die Fahrkarte zu bezahlen.

Die FEBC hatte das Geld auch nicht. Julie und ich waren zu der Überzeugung gelangt, daß unser Heimaturlaub, der im selben Jahr fällig war, die ideale Zeit für die Reise wäre. Aber als ich die Zentrale der FEBC in Kalifornien besuchte, bekam ich von Bob Bowman, unserem Präsidenten, einen abschlägigen Bescheid.

»Es tut mir leid, David, die Idee ist großartig. Aber wir haben einfach nicht das Geld, Sie hinzuschicken.«

Er versuchte, mir über die Enttäuschung wegzuhelfen. »Sie können aber zu der christlichen Literatur-Konferenz in Chicago reisen, wie geplant. Das ist gerade noch in unserem Etat drin.«

Ich bemühte mich, Bob Bowman höflich zu danken, doch der merkte natürlich, wie sehr ich Holland nachtrauerte.

»David, ich sehe auch, daß es Gottes Wille sein könnte«, sagte er. »Ich sage Ihnen etwas. Wenn der Herr Ihnen das Geld gibt, können Sie von mir aus reisen. Aber *er* muß es Ihnen geben. Sie dürfen niemanden darum bitten.«

Ich grinste breit. »Danke! Ich sage Bescheid, was passiert.«

Er schüttelte mir die Hand. »Viel Spaß in Chicago.«

Die Konferenz wurde von Männern und Frauen aus aller Welt besucht. Sie standen an der Spitze der christlichen Literatur-Arbeit in verschiedenen Organisationen. Ich war als Vertreter der Far Eastern Broadcasting Company da, aber ich fühlte mich in dieser erhabenen Schar fehl am Platz. Anderseits sagte ich mir, daß Gott mich hierhergeführt hatte. Und so wollte ich mein Anliegen vortragen.

In meinem Bericht über die Arbeit der FEBC erwähnte ich auch unsere China-Pläne. Bis zu dem Augenblick, als ich China erwähnte, hörte man mir zustimmend zu. Aber als ich erzählte, daß wir uns gedrängt fühlten, Bibeln in China zu verbreiten, merkte ich, wie sich eine Wolke von Zweifel und Unglauben auf die Gesichter der Teilnehmer legte.

Ich konnte es ihnen nicht übelnehmen. Zu dieser Zeit war China auf der Höhe der Kulturrevolution. Mit brutaler Gewalt wurde die

Nation von allen andersdenkenden Elementen »gesäubert«. Maos kleines rotes Buch wurde täglich mit Leidenschaft und Enthusiasmus studiert.

Keiner der Anwesenden schien China noch als Missionsfeld anzusehen; und ich hatte keine harten Fakten vorzuweisen, mit deren Hilfe ich sie von der Möglichkeit der Bibelverbreitung in China hätte überzeugen können. »China ist geschlossen«, wurde mir gesagt. »Was hat es für einen Sinn, im Augenblick Zeit, Mühe und Geld auf China zu verwenden? Eines Tages vielleicht, wenn es sich öffnet, wenn sich das Klima ändert . . .«

Ich stimmte zu. Es schien unmöglich, ja verrückt, in einer solchen Zeit nach China zu schielen. Aber da kam mir eins der von Mr. Roys liebsten Worten in den Sinn: »Wir sind nicht dazu berufen, zu ›sehen‹, Junge. Wir sind gerufen, der Stimme des Herrn zu gehorchen.«

Ob es aus menschlicher Sicht vernünftig war oder nicht, ich konnte nicht daran zweifeln, daß die Arbeit in China eine Aufgabe war, vor die Gott mich gestellt hatte. Und ich hatte damit weiterzumachen.

Dieselbe Überzeugung hatte ich auch in bezug auf meine Reise zu Bruder Andrew. Auch dieser Plan war, logisch betrachtet, sinnlos. Ich hatte gerade genug Geld, um nach New York zu fahren und Freunde zu besuchen, die Olsens. Ich hatte diese Familie vor fünf Jahren kennengelernt, als ich von der FEBC nach New York geschickt worden war, um mich für die Bedienung komplizierter Maschinen ausbilden zu lassen. Damals hatten sie mich beherbergt, und ich freute mich auf das Wiedersehen. Auf mein Klopfen hin öffnete eine der Töchter, Marie, die Tür.

»David!« rief sie. Ich trat einen Schritt vorwärts und erwartete, hereingebeten zu werden, doch da drehte sie sich plötzlich um und ließ mich stehen. Ich zitterte in der Kälte und überlegte, was das wohl zu bedeuten habe. Da erschien sie wieder und überreichte mir einen Umschlag.

»Öffne ihn!« drängte sie mit einem geheimnisvollen Lächeln. Der Umschlag war an mich adressiert und enthielt dreihundert Dollar.

Ich stand an der Türschwelle ohne sprechen oder meine Augen von dem Geld abwenden zu können. Es reichte aus, um über den Atlantik und zurück zu kommen.

»Danke, Herr!« rief ich aus, warf den Kopf zurück und lachte laut los. Aus allen Teilen des Hauses hörte ich die anderen Olsens herbeirennen. Meine ausgelassene Freude hatte meine Ankunft angekündigt.

Später, bei Kaffee und Kuchen erzählte Marie, Gott habe ihr aufs

Herz gelegt, einen Teil ihres Zehnten für mich beiseitezulegen – seit dem Tag, an dem wir nach Manila abgereist waren. Sie war nicht sicher, wieviel sie mir würde aushändigen können. »Aber ich habe gewußt, eines Tages wirst du kommen, und wieviel dann auch im Umschlag sein mag, es wird die richtige Summe für dich sein.« Es war tatsächlich die richtige Summe!

Nun wußte ich ganz klar, daß der Herr mich nach Holland führte und daß seine treue Fürsorge mich auf jedem Meter des Weges begleitete.

Am 2. März 1970 traf ich in Holland ein. Einer von Bruder Andrews Mitarbeitern holte mich am Flughafen ab und brachte mich zum Haus eines Freundes im Süden von Amsterdam. »Wir laden dich zu einem typisch holländischen Essen ein«, kündigte er mir an.

Ich konnte nicht ahnen, was mir da bevorstand!

»Ah! Wir haben dich erwartet, David. Komm herein!« Drei Herren begrüßten mich an der Tür. Der Sprecher der Gruppe fuhr fort: »Ich bin Peter van Dyke, dein Gastgeber für heute. Der mit den lockigen Haaren ist Jan und der mit dem Schnurrbart Johann. Wir sind Bruder Andrews Begrüßungskomitee. Aber du mußt fast verhungert sein. Komm! Das Essen wartet seit dreißig Minuten.«

Peter van Dyke dankte, als wir uns um den schön gedeckten Tisch gesetzt hatten. Erst jetzt entdeckte ich, was da vor uns auf dem Tisch stand. Gerade vor mir befand sich ein großer Glasteller, bis zum Rand gefüllt mit rohen Heringen und Zwiebelringen.

Ach du liebe Zeit! Ich schluckte hörbar und sah zu, wie meine Gastgeber den Hering entgräteten. Dann legten sie die rohen, klebrigen Fische auf Roggenbrot und garnierten alles mit dicken Zwiebelringen. Man reichte mir den Teller herüber, und ich nahm bescheiden einen Hering an und sah zu, wie die anderen Männer hungrig zu essen anfingen. Ich öffnete meinen Mund, um ihrem Beispiel zu folgen – und zu beten. Mit jedem Bissen betete ich intensiver.

Die vier Holländer sahen dann und wann zu mir herüber. Einer von ihnen fing meinen Blick auf und lächelte. Ich selbst brachte nur ein schmerzliches, verkniffenes Grinsen zustande, bis ich ganz vorsichtig den letzten Bissen hinuntergeschluckt hatte. Sofort sprangen die vier Männer auf und klatschten Beifall. »Glückwunsch! Fantastisch!« – »Du bist der erste Ausländer, der es geschafft hat! Ich dachte, ihr Amerikaner verabscheut Matjeshering und rohe Zwiebeln.«

»Und ob! Das Zeug schmeckt abscheulich. Ich hab's euch zuliebe heruntergewürgt. Wenn ihr die Wahrheit wissen wollt, ich habe den Herrn bei jedem Bissen gebeten, mir zu helfen.«

Wir prusteten alle fünf vor Lachen. Es war ein Test, von Anfang bis Ende, gestanden sie. »Nun hat unser amerikanischer Bruder den Rest des Essens verdient«, kündigten sie an, und es wurde eine heiße Suppe und ein saftiger Rostbraten aufgetragen. Es war köstlich.

»Ich habe gehört, du hast schon einen von unseren Heringen genossen«, rief mir Bruder Andrew entgegen, als ich sein Büro betrat. Ich schaute in das Gesicht eines Mannes, dem man ansah, daß er gern lachte.

Dies also war der »Schmuggler Gottes«! Er sah bescheiden und freundlich aus. Dennoch war ich ihm gegenüber gehemmt.

Bruder Andrew mißverstand meine Schüchternheit als Müdigkeit. »Oh, du mußt erschöpft sein. Es war eine lange Reise.« Wir plauderten einige Minuten, und dann, nach einem kurzen Gebet, brachte mich mein holländischer Gastgeber in das gemütliche Gästezimmer.

Schon bald fühlte ich mich wie zu Hause. Ich zeigte Bruder Andrew die Psalmen, die ich in meiner Bibel angestrichen hatte. Er sah »Ruf nach China« an den Rand von Apostelgeschichte 26 geschrieben. Ich erläuterte meine Vision, Bibeln nach China zu bringen. Nach den Zweifeln und der Skepsis, die mir anderswo begegnet waren, war ich überglücklich, als er zustimmend nickte und sein Gesicht Verstehen widerspiegelte.

Ich beschrieb ihm, wie ich die Länder an Chinas Grenzen besucht und Leute gefunden hatte, die bereit waren, Bibeln zu lagern. Ich erwartete, daß er erfreut über diese Nachrichten sei.

»Bruder David, das ist nicht genug«, sagte er ernsthaft. »Du mußt selbst gehen.«

Das konnte er nicht ernst meinen. Wie sollte ich, ein Amerikaner, in ein Land gelangen, dessen Führer uns so haßten und ihre Leute gelehrt hatten, den »Papiertiger« USA zu verachten? Ich wollte gerade etwas sagen, da fiel mir plötzlich ein, daß »Gottes Schmuggler« erzählt hatte, wie Gott das Unmögliche getan und ihn 1965 nach China geführt hatte.

»Ich hatte amerikanische und taiwanesische Visa in meinem Paß und kam trotzdem hinein«, berichtete Bruder Andrew. »Wenn Gott dich dort haben möchte, wird er dir die Tür öffnen. Und, Bruder«, fügte er mit leuchtenden Augen hinzu, »ich glaube, die Tür ist bereits offen.«

Bruder Andrew erzählte mir von seiner Sehnsucht, Kontakte mit dem Rest der chinesischen Kirche zu knüpfen, herauszufinden, ob und wie sie überlebt hatte und was getan werden könnte, um ihr zu helfen und sie zu stärken.

»Als ich in Shanghai war, fand ich tatsächlich eine christliche Buchhandlung, die immer noch versuchte, Bibeln zu verkaufen, aber kaum einen Interessenten fand«, berichtete er mir traurig. »Die Regierung erlaubte diesem seltsamen kleinen Laden, seinen ›alten Plunder‹ zu verkaufen, weil er keine Gefahr darstellte. Keiner kümmerte sich darum.

Ich versuchte, Leuten unterwegs Bibeln zu schenken, aber niemand nahm sie.«

Die eine Kirche, die er in Peking hatte ausfindig machen können, enttäuschte ihn genauso wie die Erlebnisse mit den Bibeln. In dem kahlen kleinen Gebäude hatte er nur eine winzige Gruppe beim Gottesdienst angetroffen, alles sehr alte Leute. Als ihr ebenfalls alter Pfarrer seine Predigt hielt, waren alle eingeschlafen.

»Wenn das typisch war für die Christen in China, dann ist es der Regierung leicht, das Christentum über Nacht restlos auszuradieren!«

War also die Kirche in China tot?

Für die Außenwelt schien es, daß alle religiösen Aktivitäten – christliche, islamische, buddhistische – seit der Kulturrevolution einfach versiegt waren. Kirchen, Moscheen, Klöster, Tempel waren überall geplündert und dann geschlossen worden. Viele wurden zu Fabriken, Warenhäusern, Kinos, Versammlungshallen umfunktioniert, andere wurden einfach geschlossen und verfielen allmählich.

»Bruder David, ich glaube, du sollst die Kirche in China suchen. Finde sie! Hilf ihr! Ermutige sie! Stärke sie! Liebe sie!«

An einem Nachmittag hörte ich Bruder Andrew fasziniert zu, als er seine Sicht des Kommunismus als einer Religion erläuterte.

»Bei meinem Rückflug aus China saß ich neben einer Engländerin. So ziemlich das erste, was sie zu mir sagte, war: ›Wie kann ein Volk ohne Glauben an Gott, ohne ein Objekt der Anbetung, leben?‹

›Aber sie haben jemanden‹, sagte ich ihr. ›Sie haben Mao.‹ Das brachte mich weiter zum Nachdenken. Wieviele religiöse Elemente hat der Kommunismus in der Welt?

In jedem kommunistischen Land, das ich kenne, gibt es ein Objekt der Anbetung. Sogar in Moskau haben sie das Mausoleum auf dem Roten Platz. Ich habe mit eigenen Augen gesehen, mit welcher Hingabe die Menschen Lenin verehren.

Der Kommunismus übernimmt noch andere religiöse Elemente, z.B. ein Feindbild. In einer Religion muß man auch wissen, wogegen man steht – und China benutzt dafür gegenwärtig Amerika, den »Papiertiger«. Wenn es keinen erkennbaren Feind draußen gibt, wird ein innerer erschaffen, und ich glaube, das ist einer der Gründe für die Kulturrevolution. Deshalb gibt es im Kommunismus ständig Säuberungsaktionen, und das kommt dem Grundkonzept vom ständigen Kampf und der permanenten Revolution entgegen.

Ein anderes Element, das kopiert wird, ist das Bedürfnis nach einem Heiligen Buch. In Europa ist es natürlich das Kommunistische Manifest und in China Maos Kleines Rotes Buch.«

Sein Schlußpunkt war, daß der Kommunismus, wie alle Religionen, eine Verheißung für die Zukunft hat.

»Sie proklamieren kein Leben nach dem Tod, aber sie warten auf den ›Himmel auf Erden‹, den ihre Ideologie bringen wird. Darum behauptet kein Land der Welt, kommunistisch zu sein. Sie sagen alle ›wir sind sozialistisch‹, was ein Meilenstein zum Kommunismus ist. Kommunismus kann nur verwirklicht werden, wenn der neue Mensch von der neuen Gesellschaft hervorgebracht wird. Das ist die große Hoffnung für die Zukunft – das Ziel ihrer Anstrengungen.«

Während der Zeit meines Besuches verbrachten wir Stunden damit, zu reden, zu beten und die Bibel zu lesen. Schließlich zeigte ich Bruder Andrew Markus 13,10, die Bibelstelle, durch die ich mich von Gott aufgefordert fühlte, »allen Völkern« Gottes Wort zu bringen.

»David, an wieviel Bibeln denkst du denn?« fragte Bruder Andrew.

Ich machte eine Pause, dann sagte ich: »Ich bete mit meinen Freunden in Manila um 10 Millionen Bibeln für China.«

Jetzt war es heraus!

Ich wartete, wie dieser Mann, der so viel mehr Erfahrung hatte als ich, reagieren würde; oder über diese Idee lachen würde. Ich wäre ihm nicht böse gewesen. Viele andere hatten mir schon versichert, es sei verrückt. Einen Augenblick lang wünschte ich sogar, ich hätte es nicht gesagt.

»Nun, aus unserer Sicht hört sich das nach einer ganzen Menge an«, begann er. »Aber ich bin sicher, in Gottes Augen ist es nicht so viel. Auf jeden Fall ist das nur ein viertel Prozent der chinesischen Bevölkerung!«

Seine Augen strahlten Enthusiasmus aus, als er mich ansah. »Wenn wir Gott nicht einmal für solch einen kleinen Anteil vertrauen können, können wir ihm für nichts vertrauen.

Ich stehe hinter dir, Bruder.«

»Wie können wir zusammenarbeiten?« fragte ich Bruder Andrew. Ich wußte, daß die FEBC den Druck der Bibeln übernehmen konnte.

Bruder Andrew mußte uns an seiner Erfahrung teilhaben lassen, kommunistische Grenzen zu überqueren.

»Du bist derjenige, der uns zeigen kann, wie man in verschlossene Länder kommt«, sagte ich.

»Nein, das ist falsch, David. China ist *nicht* verschlossen. Kein Land ist verschlossen. Die Bibel sagt, ›Ich habe vor dir eine offene Tür gegeben, die niemand verschließen kann.‹ Alles, was wir tun müssen, ist, dem Herrn gehorchen, gehen, und er wird zeigen, wo diese offene Tür ist.«

Ich verließ Holland in Hochstimmung. Irgendwo war ein Weg, Bibeln nach China zu bringen. Es war Zeit für uns, ihn zu finden.

Und je eher, desto besser.

6. Erdnüsse und Wassermelonen

Bei meiner Rückkehr nach Los Angeles erzählte ich begeistert alles, was wir besprochen hatten. Ich wollte gleich mit der China-Arbeit beginnen, mußte aber zu meinem Leidwesen erfahren, daß die FEBC schon über die Aufgabe entschieden hatte, die ich nach meiner Rückkehr übernehmen sollte. Ich hatte eine Jugendevangelisation in unserer Heimatstadt zu organisieren. Das hatte ich ganz und gar nicht erwartet, aber ich versuchte, China für den Augenblick hintanzustellen und mich ganz dieser Arbeit zu widmen.

Wir erlebten, wie Gott segnete. 1500 Menschen fanden zu Jesus. Es war eine gute Zeit – eine großartige Zeit.

Aber es war nicht China. Und dieses Land lag mir weiterhin am Herzen.

»Vielleicht jetzt, Herr?« betete ich, als wir nach der Schlußversammlung nach Hause fuhren. »Kann ich jetzt etwas für China tun?«

Nein! Meine nächste Aufgabe bei der FEBC war, beim Aufbau einer Station in San Matao zu arbeiten. Die Arbeit war dringend und erforderte sofortige Hilfe.

»Ich werde nur eine Woche weg sein, Liebling«, versicherte ich Julie und tat mein Bestes, tapfer zu wirken.

Aber innerlich war ich wütend. Nun waren schon so viele Wochen vergangen, ohne daß ich der China-Arbeit nähergekommen wäre. Ich war enttäuscht und ärgerlich.

Die »Woche« in San Matao wurde zu einem Monat, und nach dem

ersten kam ein zweiter. Nach drei Monaten zogen Julie und die Kinder zu mir. Ein Ende der Arbeit war nicht in Sicht. Die Volksrepublik China auch nicht.

Jetzt hatte mich der Ärger völlig überwältigt. Diese Aufgabe hatte nichts mit China zu tun, und dazu rieten mir viele gutmeinende Freunde, meinen Tagtraum für dieses Land fallenzulassen. Ich wurde verbittert – über die Arbeit und die, die sie mir übertragen hatten.

Sechs weitere Monate vergingen endlos langsam, und ich steigerte mich immer mehr in meine Enttäuschung hinein. Trotz Julies freundlicher Mahnung, Gott die Lösung des Problems zu überlassen, konnte ich es nicht; oder vielmehr, ich wollte es nicht.

Mein geistliches Leben war auf einem Tiefpunkt. Ich hatte keine Freude, kein Ziel, nichts.

Die geistliche Durststrecke ging schließlich unerwartet an einem Sonntagmorgen durch ein christliches Fernsehprogramm zu Ende. Der Redner schien mich direkt anzusprechen.

»Einige von Ihnen nähren Bitterkeit und Enttäuschung in ihrem Herzen. Geben Sie es doch einmal zu! Solange diese Gefühle in Ihrem Leben herrschen, werden sie Sie daran hindern, Gottes vollkommenen Plan auszuleben.

Warum bringen Sie nicht jetzt, zu Hause, alle Bitterkeit vor ihn, bitten um Vergebung und beginnen das Leben neu?«

Als ich etwas später das Gebet sprach, begann ich langsam, mich zu lösen. Zum ersten Mal seit Monaten konnte ich mich entspannen.

Am nächsten Morgen erwachte ich mit einer neuen Ruhe und ging an die Arbeit eines, wie ich dachte, normalen Tages. Im Laufe des Vormittags wurde ich jedoch ins Büro eines der Leiter der FEBC gerufen.

»David«, sagte er mir, »wir haben eine neue Arbeit für dich. Wir möchten dich nach Sacramento schicken, damit du mit einem unserer Männer, Jack Hill, fünf Radiotürme zerlegst, die wir gekauft haben.«

»Und was geschieht dann mit ihnen?« fragte ich.

»Sie werden auf eine südkoreanische Insel verschifft. Dort bauen wir sie wieder auf, um Evangeliums-Programme nach Rot-China auszustrahlen.«

Sobald die Bitterkeit mich verlassen hatte, erlaubte der Herr mir wieder, für China zu arbeiten!

Schritt Nr. 2 auf China zu folgte bald. Er begann damit, daß Bruder Andrew mir eine Fahrkarte sandte, damit ich ihn bei einem eintägigen Aufenthalt am Flughafen in New York treffen könnte. Er hatte sich Sorgen gemacht, weil er so lange nichts von uns gehört hatte. Als ich ihm erzählte, was vorgefallen war, hörte er teilnehmend zu. »Ich hatte keine Ahnung, David. Ich hatte gedacht, du wärst einfach zu beschäftigt zum Schreiben.«

Die nächsten vierundzwanzig Stunden verbrachten wir mit dem Blick in die Zukunft. Wir beteten zusammen, planten, besprachen unsere Ziele, wie China mit Bibeln versorgt werden könnte.

Aber jedesmal stießen wir an eine Mauer: Selbst der Bruder Andrew einige Bibeln mit nach China hatte nehmen können, hatte niemand sie haben wollen. Warum? Das einzige, was zu der Zeit in China gelesen werden durfte, war Maos Kleines Rotes Buch oder eine Auswahl anderer politischer Schriften.

Was konnten wir da machen? Wir beteten, bis der Herr uns schließlich eine Lösung zeigte.

Warum sollten wir unsere Neuen Testamente nicht so drucken, daß sie genauso wie Maos berühmtes Buch aussahen?

Das war's! »Ich besorge mir eins von Maos Büchern – und wir werden es bis ins Detail kopieren.« An diesem Tag verließ ich Bruder Andrew mit dem Auftrag für 25000 der ungewöhnlichsten Neuen Testamente, die wir je bei der FEBC gedruckt hatten.

Unser Heimaturlaub in Amerika war vorüber, wir kehrten zu unserer Arbeit auf der philippinischen Basis der FEBC zurück, und ich wartete gespannt auf die kommenden Monate. Ganz oben auf meiner Liste stand der Auftrag von Bruder Andrew über die 25000 Neuen Testamente. Dafür kam nur eine Maschine in Frage – die große, bisher ungenutzte, die uns der amerikanische Geschäftsmann geschenkt hatte.

Die nächsten Monate waren sehr geschäftig. Wir druckten Bibeln; wir arbeiteten für China. Ich wollte gern noch mehr für China tun, wußte aber nicht, was der nächste Schritt sein könnte. Es schien, als sei ich so weit wie möglich gekommen; und im Augenblick hatte ich mich auf meine anderen Verpflichtungen bei der FEBC zu konzentrieren.

Erst später sah ich noch einen anderen Grund, warum ein zeitweiliger Stop eingetreten war. Der Herr hatte noch eine weitere Lektion für mich. Ohne diese Lektion wäre ich nie in der Lage gewesen, ihm für ein Missionsfeld von der Größe der Volksrepublik China zu vertrauen.

Diese Lektion kam durch ein Projekt, das Pablo, einer meiner Freunde, zusammen mit Todd Martin, unserem Kommunikationsleiter, und meinem alten Kollegen Jack Hill erträumte.

Pablo und Todd hatten untersucht, welche Bevölkerungsschichten Manilas zu den Stammhörern der FEBC gehörten. Dabei hatten sie festgestellt, daß ein großer Teil der Stadtbevölkerung unter 30 Jahre alt war. Sie erfuhren auch, daß diese jungen Leute, wie Millionen anderer auf der ganzen Welt, ein Hauptproblem hatten: Drogen.

Diesem Problem wollten sie nun mit einem Multi-Media-Projekt zu Leibe rücken. Anfang der Siebziger Jahre war so etwas ganz neu, und als sie mir ihre Pläne das erste Mal mitteilten, schien mir die Idee etwas weit hergeholt.

Um die jungen Leute zu erreichen, wollten sie mit einem Radio-Programm anfangen, das über eine kommerzielle Rock-Station ausgestrahlt werden sollte. Dann sollte eine Zeitung verteilt werden, die die Botschaft von Jesus in einer für Teenager verständlichen Form präsentieren sollte. Sie hofften auch, einen christlichen Film von guter Qualität importieren zu können, um ihn in einem kommerziellen Kino zu zeigen, und eine herausragende christliche Musikgruppe für Live-Vorstellungen zu verpflichten. Alle vier Medien sollten den jungen Menschen Jesus Chritus zeigen, und das gerade dort, wo sie waren.

Mit der Zeit ließ ich mich von ihrer Begeisterung anstecken und nahm ihre Einladung zur Mitarbeit an. Mit dem Radioprogramm wollten wir beginnen. Jeden Abend kamen wir vier zusammen, um dafür zu beten, denn wenn dieses Unternehmen nicht vom Herrn war, gab es keine Erfolgsmöglichkeit.

Bereits jetzt begannen viele christliche Freunde, die Weisheit unseres Planes in Frage zu stellen, und mit der Zeit wurde aus den Zweifeln Kritik. Wie konnten wir hoffen, durch eine kommerzielle Rock-Station etwas zu erreichen? Dieser Sender propagierte offen den Drogenkonsum und informierte sogar, wie, wann und wo die Zuhörer »Stoff« bekommen konnten!

Abend um Abend breiteten wir die ganze Sache vor Gott aus und diskutierten auch über unsere Pläne für die Programmgestaltung.

Die Kosten waren enorm – jedenfalls in unseren Augen. Keiner von uns hatte einen Cent übrig, aber das Programm würde 15000 Dollar kosten. Woher sollte dieses Geld kommen?

»Sponsors!« Diesen Einfall hielt ich für die perfekte Lösung. »Wir könnten ein paar multinationale Gesellschaften für unsere Idee gewinnen. Denen tun 15000 Dollar nicht weh.«

»Aber sie werden wissen wollen, was dabei für sie herausspringt. Was haben sie davon, wenn sie ein christliches Programm fördern?« wollte Jack wissen.

So weit hatte ich nicht gedacht. Aber Todd hatte eine Antwort bereit. »Ich schlage vor, wir sagen ihnen, daß sie dadurch helfen, das Drogen-Problem in Manila zu bewältigen.«

Innerhalb weniger Tage hatte ich Gesprächstermine bei zwei großen Gesellschaften und bekamen von beiden den positiven Bescheid: »Soweit es uns betrifft, ist es okay. Wir brauchen nur noch das Einverständnis unserer Zentralen in den Staaten.«

Einige Tage später sollte die Antwort der Zentralen kommen. Sie erreichte mich während der Arbeitszeit.

»David?« Die Stimme schien steif und formell.

»Am Apparat«, antwortete ich. »Wie ist die Antwort?«

»Ich fürchte, sie ist nicht gut. Unsere U.S.-Zentrale hat das Projekt abgelehnt.«

»Ich verstehe«, sagte ich und verstand überhaupt nicht. »Aber hatten Sie nicht gesagt . . .?«

»Ich hatte gesagt, die Antwort ist ›Ja‹, soweit es mich betrifft. Aber die in den Staaten denken anders darüber.«

»Darf ich fragen warum, Sir? Was war der Grund?«

Der Mann zögerte einen Moment. »Nun, um offen zu sein, ihre Worte waren: ›Diese Leute bieten uns Erdnüsse und wollen dafür Wassermelonen.‹«

An diesem Abend herrschte bei uns eine gedrückte Stimmung.

»Machen wir jetzt Schluß?« fragte Pablo.

Als wir beteten, baten wir den Herrn, uns zu zeigen, was denn nun kommen sollte. »Vater, du weißt, wie es um diese jungen Leute steht. Du weißt, daß sie keine Ahnung davon haben, was es bedeutet, dir zu folgen, an dich zu glauben. Sie gehen auf ein Grab ohne Zukunft zu, Herr. Und zumindest für einige ist dieses Grab nicht weit entfernt, so wie sie leben. Bitte, Herr, zeige uns deinen Willen.«

»Ich hab's!« Als die Gebetszeit vorüber war, setzte sich Jack Hill auf einmal kerzengerade hin. »Jetzt weiß ich, was los ist!«

»Dann heraus damit!« sagte Todd. »Spann uns nicht auf die Folter!«

»Wir haben uns selbst hereingelegt. Unser Problem ist, daß unsere Augen auf die Sponsors gerichtet waren. Wir sprechen immer nur davon, was wir tun können, wenn wir nur die Hilfe von Geldgebern haben.« Er schlug mit der Faust auf den Kaffeetisch. »Wir brauchen nicht die Hilfe von industriellen Gönnern, sondern die des Herrn! Ich glaube, er hat dafür gesorgt, daß wir die Hilfe dieser beiden Gesellschaften nicht bekamen, damit wir unsere Augen wieder auf *ihn* richten.«

Wir schauten uns betreten an. Das stimmte! Obwohl wir den Namen des Herrn auf unseren Lippen behalten hatten, hatte unser wirkliches Vertrauen den beiden Gesellschaften gegolten. Wir gingen erneut auf unsere Knie, baten den Herrn um Vergebung – und sagten ihm, daß wir ihm folgen und ihm allein vertrauen wollten, wenn er dieses Unternehmen noch wollte.

Innerhalb weniger Tage hatte uns der Herr tatsächlich zwei neue Sponsors besorgt, und unser Programm »Maranatha« konnte über den Sender DZMB gehen. Die Einschaltquote der Station lag auf dem 6. Platz aller Stationen, als wir anfingen, aber innerhalb von zwei Monaten stieg sie auf Nr. 1. Hunderte von Jugendlichen riefen regelmäßig während der Sendezeit an, weil sie Fragen hatten oder Rat suchten – und wir leiteten sie an ein bald schon überarbeitetes Team der Navigatoren weiter.

Danach kam das Medium Film an die Reihe. Wir holten den Film »Das Kreuz und die Messerhelden« nach Manila, und insgesamt 1/4 Million Menschen kamen, um ihn zu sehen. Nach der Vorführung teilten christliche Teenager die illustrierte Zeitschrift aus, die wir gedruckt hatten und die die Leser einlud, ein Leben mit Jesus zu beginnen. Wir erhielten mehr als 14000 Antworten von Menschen, die ihr Leben Jesus geben wollten.

»Das Ganze übersteigt meinen Verstand«, sagte ich bei einer unserer nächtlichen Gebetszeiten. »Selbst in meinen kühnsten Träumen hatte ich keine solche Reaktion erhofft.«

»Weißt du, wann das alles anfing?« fragte Todd. »Wann der Durchbruch geschah?«

»Wann?«

»In dem Moment, als wir merkten, daß es verrückt ist, unsere Hoffnung auf irgend jemand anderen als Gott zu setzen. Das war der Wendepunkt.«

Er hatte recht.

»Wißt ihr, wie das ist?« fragte ich mit einem Grinsen. »Es ist, als ob wir dem Herrn eine ›Erdnuß‹ Glauben gegeben hätten, und er gab uns ein ganzes *Feld* voll Wassermelonen zurück.«

Es kam aber noch besser. Die bekannte Gospelgruppe »Love Song« hatte unsere Einladung nach Manila angenommen, zusammen mit ihrem Manager, Mike MacIntosh, einem ehemaligen Drogensüchtigen. Sie sollten ein großes Open-Air-Konzert für junge Leute aus der ganzen Stadt geben. Um die vierzehn Mitglieder der Gruppe unterzubringen, brauchten wir Hotelzimmer, und wie immer hatten wir nicht genug Geld.

Ich beschloß, mit Billy Wee, einem chinesischen Geschäftsmann, den ich bei der FEBC getroffen hatte, einige Hotels aufzusuchen. Zunächst gingen wir zu einem der Hotels in der Stadtmitte Manilas und baten, mit der PR-Chefin sprechen zu können. Ihr Name war Beng Tuazon, und nach allem, was wir gehört hatten, gehörte sie nicht zu den Menschen, die ohne weiteres mit sich über Preisnachlässe verhandeln lassen.

Nach 20 Minuten Wartezeit tönte eine Baritonstimme durch den Raum: »Was kann ich für Sie tun?« Die Stimme gehörte zu der Erscheinung, die gerade eingetreten war. Nach der Stimme, der Zigarette und dem Drink zu urteilen, mußte es ein Mann sein. Minikleid, schwarze Kniestrümpfe, Ohrringe und lange rote Fingernägel hingegen ließen auf eine Frau schließen. Wir standen auf. Es war *Miss* Beng Tuazon.

»Wir ... wir möchten ein Tauschgeschäft mit Ihrem Hotel machen«, brachte ich in meiner Verwirrung heraus.

»Ein Tauschgeschäft ... Sprechen Sie weiter!« Sie war ungeduldig.

Billy sprach, von mir unterstützt, weiter. Es war nicht einfach, mit einer Person zu reden, deren Gestalt hinter einer undurchdringlichen Schicht Make-up und deren Augen hinter langen falschen Wimpern versteckt waren.

»Wann und wo tritt die Gruppe auf?« fragte sie schließlich. Ihr Bariton unterstrich ihre Persönlichkeit – viel zu stark für behütete Missionare wie uns.

»Am Valentins-Tag im Rizal-Stadion«, sagte ich.

»Das können Sie nicht machen!« Was meinte sie damit? »Es tut mir leid, Gentleman. Am Valentins-Tag plane ich eine Show im Abendclub des Hotels. Sie können doch nicht erwarten, daß ich die Konkurrenten meiner Show in meinem Hotel unterbringe!« Sie drückte die Zigarette aus und zündete schnell eine neue an. Ich widersprach verschüchtert: »Oh, sie sind keine wirkliche Konkurrenz ...« Sie ignorierte mich.

»Es sei denn ...«, sie nippte an ihrem Cocktail, »Sie stimmen zu, daß die Gruppe auch in unserem Hotel auftritt. Ist das fair?«

Fair! Sie gab uns mehr, als wir zu hoffen wagten. Wir trauten unseren Ohren kaum.

Die Hauptkonzerte im Stadion überraschten uns alle. Präsident Marcos hatte das Kriegsrecht ausgerufen, und in Manila waren keine Versammlungen erlaubt. Aber für das »Love Song«-Konzert wurde eine Ausnahme genehmigt. Junge Menschen strömten in hellen Scharen ins Stadion; einige rauchten Pot, andere tranken Bier, und alle bezahlten für ihre Karten, um christliche Musik zu hören. 85

Prozent der Zuhörer waren Nichtchristen, und die Veranstaltung sah ganz und gar nicht nach einer Evangelisation aus. Aber als Mike MacIntosh am dritten Abend zwischen den liedern erzählte, wie Jesus ihn von den Drogen befreit und seine Ehe gerettet hatte, kamen 5000 von den 15 000 Anwesenden nach vorne, um Christus anzunehmen.

Als das Unternehmen vorbei war, fragte mich Robert Foster, der während der ganzen Jahre bei der FEBC mein Gebetspartner gewesen war: »Sag mal, David, nachdem diese Sache abgeschlossen ist, was wirst du als nächstes tun? Wo gehst du von hier aus hin?«

»China«, kam meine Antwort. »China ist der nächste Schritt.« Ich wußte selbst nicht, wieso ich in diesem Augenblick darauf kam. Was meinte ich damit?

Einige Tage lang dachte ich über meine Antwort nach.

Mein Auftrag für Bruder Andrew war ausgeführt. 25 000 Neue Testamente waren gedruckt und an Chinas Grenzen gebracht worden. Unsere Bücher für die FEBC waren für das nächste halbe Jahr gedruckt, so daß ich weniger als sonst zu tun hatte.

War jetzt die Zeit, mich mehr für dieses »unzugängliche« Land zu engagieren? Hatte mich der Herr darum so eindrucksvoll gelehrt, daß nach einem Glaubensschritt, im Gehorsam getan, Gott das Unmögliche tun konnte? Hatte er mich vorbereitet, damit ich ihm nun für etwas viel Größeres vertrauen konnte? Für China?

Schließlich, ein paar Nächte später, konnte ich die Fragerei nicht länger ertragen.

»Liebling«, sagte ich zu Julie, »geh du schon allein zu Bett! Ich will noch aufbleiben und mich durch diese Ungewißheit hindurchbeten, bis ich sicher weiß, was Gott will.«

Ich war bei meiner täglichen Bibellese bei Jesaja, und so las ich zwischen den Zeiten intensiven Gebetes mehrere Kapitel dieses biblischen Buches durch.

»Herr, was willst du, das ich tun soll?« fragte ich Gott immer wieder. Irgendwie fühlte ich mich an einer Kreuzung angelangt, ohne zu wissen, welcher Weg richtig war.

»Ich will dir folgen, aber zeige mir bitte, wie.«

Als ich dann wieder las, sprangen mir auf einmal die Worte in Jesaja 42 entgegen:

»Ich, der Herr, habe dich gerufen in Gerechtigkeit und halte dich bei der Hand und behüte dich und mache dich zum Bund für das Volk, zum Licht der Heiden, daß du die Augen der Blinden öffnen sollst und die Gefangenen aus dem Gefängnis führen und, die da sitzen in der Finsternis, aus dem Kerker.«

Ich wußte, im wesentlichen war dies ein prophetischer Abschnitt, der auf den kommenden Messias hinwies. Aber im Zusammenhang mit diesem Abend und der Entscheidung, die ich dem Herrn vorgelegt hatte, wurde für mich auch ein zweiter Sinn lebendig. Diese Verse hätten genau die Arbeit für China beschreiben können. Konnte das sein? War es das, was Gott mir zu sagen hatte?

»Bitte, Herr«, flüsterte ich, »ich möchte es sicher wissen.« Ich war gern bei der FEBC. Wir hatten sehr gute Freunde hier, und ich hatte nicht den Wunsch, aus der Wärme dieser Sicherheit in die Kälte des Unbekannten zu gehen.

Außerdem würde vollzeitliche Arbeit für China hart werden. »Herr, du weißt, ich habe nicht die Ausbildung und die Fähigkeiten, um mit der Vielfalt einer solchen Arbeit fertig zu werden. Wenn du möchtest, daß ich es anfange, dann mußt du es für mich tun. Willst du? Willst du, daß ich die FEBC verlasse?«

Ich betete noch weiter, dann las ich weiter in Jesaja. Und plötzlich nahm ich die Worte von Vers 9 auf:

»Siehe, was ich früher verkündigt habe, ist gekommen; so verkündige ich auch Neues; ehe denn es aufgeht, lasse ich's euch hören.«
Die Botschaft kam an. Ich hatte mich nicht an Früheres zu klammern, sondern bereit zu sein, »Neues« zu akzeptieren.

Der Kampf war vorüber. Ich wußte, was der Herr mir zu tun auftrug, und mit diesem Wissen kam Frieden.

Julie wartete auf mich, als ich ins Wohnzimmer trat. Sie hatte auch nicht geschlafen, sondern war aufgeblieben, um für mich zu beten, während ich mich durch die Entscheidung kämpfte.

»Nun?« fragte sie, »was hat er dir gesagt?«

»Die FEBC zu verlassen und vollzeitlich in die Arbeit für China zu gehen.«

Am nächsten Tag schrieb ich einen Brief nach Holland an Bruder Andrew. Der Inhalt war einfach:

»Darf ich dich bitten, den Herrn zu fragen, ob es sein Wille für Julie und mich ist, in dieser Arbeit für China mitzumachen . . .«

Es dauerte nur ein paar Wochen, bis die Antwort kam. Julie brachte mir einen Luftpostbrief mit holländischer Marke, und wir setzten uns zusammen hin, um ihn zu öffnen.

Darin war ein warmer Brief mit der Überzeugung, daß dies der richtige Weg sei. Bruder Andrew beschrieb die Schritte, die wir unternehmen sollten, um die Arbeit anzufangen.

Und am Ende, fast als Postskriptum, fügte er hinzu: »Willkommen bei uns!«

7. Am Ende der Welt

Wo sollten wir anfangen? Ich hatte kein Personal, keine Sekretärin, kein Büro, nichts. Es gab nur Julie und mich – und den Herrn.

Aber das war genug. Er hatte den Rest in der Hand.

»David?« Julie rief mich an einem Morgen im April, etwa 4 Wochen später. »Beng ist am Telefon.«

»Beng – wie geht's so?« rief ich. Wir waren Freunde geworden. Beng Tuazon, so hatte sich herausgestellt, war eine sehr einsame junge Frau, die sich selbst suchte und verzweifelt wahre Freunde brauchte.

»Erzähl mir erst, was mit euch ist«, bohrte sie.

Ich erzählte es.

»Wunderbar. Nun hör zu! Ich habe eine Auseinandersetzung mit einem Mädchen im Hotel gehabt. Nein, es ist alles in Ordnung. Es war das Beste, was mir je geschehen ist. Es war das alte Ich, das für mein altes Leben kämpfte. Jetzt bin ich neu. David . . . ich habe Jesus Christus angenommen.« Erst nachdem sie das gesagt hatte, bemerkte ich die Veränderung in ihrer Stimme. Ihre Freude hatte ihre Baritonstimme gehoben, und sie hörte sich nun tatsächlich wie eine Frau an.

»Beng! Das ist ja toll! Wie kam das?«

»Love Song hat das angestoßen. Weißt du, eine Menge junger Filippinos sind durch Love Song verändert worden. Ich habe sie gesehen. Erst letzte Woche habe ich eine christliche Jugendkonferenz in den Bergen besucht.« Sie machte eine Atempause. »Nun – hör mir zu. Ich weiß von Bruder Andrew. Sie zeigten Dias von seiner Arbeit bei der Konferenz, und ich habe sogar sein Buch gelesen. Weißt du, David, ich habe eine großartige Idee.«

Sie sprach immer schneller. »Ich denke, ich sollte bei euch mitmachen. Du wirst Hilfe bei all der Büroarbeit brauchen, nicht wahr? Ich bin sicher, es war Gottes Zeitplan, daß ich genau jetzt anrief.«

Ich war nicht so sicher wie sie. Wie konnte ich Beng mitarbeiten lassen? Ich brauchte doch nur eine Sekretärin! Ich hatte kein Geld, sie zu bezahlen. Aber sie ließ nicht locker. Sie war bereit, aus dem Glauben zu leben, und »wage es nicht, Gottes Gnade zurückzuweisen«! Das tat ich nicht.

Die Veränderung in dieser Frau war dramatisch. Die neue Beng Tuazon, die ohne Murren viele Stunden ohne Überstundenzuschlag arbeitete, hatte nichts mit dem zigarettenrauchenden, cocktailschlürfenden Mädchen gemeinsam, das Billy und ich vor 4 Monaten das erste Mal getroffen hatten.

Bald schenkte der Herr uns auch ein Büro und die nötige Einrichtung. Während dieser ganzen Zeit jedoch gab es ein Problem, für das wir keine Antwort hatten. Wir mußten einen Weg finden, jemanden nach China zu senden, um direkten Kontakt mit den Kirchen im Inneren aufzunehmen, ihre Bedürfnisse herauszufinden und einige Exemplare von Gottes Wort hinzubringen.

Ich flog nach Hongkong, um meine Suche unter den Christen dort anzufangen. Viele von ihnen waren vom Festland gekommen und hatten noch Verwandte in Rotchina. Da die FEBC einen Zweig in Hongkong hatte, beschloß ich gleich, auch damit Kontakt aufzunehmen.

Voller Erwartung kam ich in ihrem Büro an, nur um festzustellen, daß sie nicht mehr dort waren. Statt dessen stand ich in den Räumen einer anderen christlichen Organisation mit einer weltweiten Evangelisationsarbeit.

Die Sekretärin sah mich überrascht an, und ich erklärte mein Versehen. Wir plauderten kurze Zeit, und da die Organisation auch unter Chinesen arbeitete, führte sie mich in das Büro des Direktors.

Shan Kumar stand auf, um mich zu begrüßen und bot mir einen Platz an. Der gebürtige Asiate hatte mit seiner Organisation in Amerika gearbeitet, bevor sie nach Hongkong zog. Er war offensichtlich ein sehr gebildeter Mann mit einer tiefen Liebe zu Gott.

Ich mochte ihn sofort. Und als es für mich Zeit wurde zu gehen, wußte ich, daß ich jemanden getroffen hatte, an den wir uns in Zukunft wenden konnten, wenn wir Rat brauchten.

Die Zeit des Umschauens in Hongkong war sinnvoll, aber wir mußten unbedingt einige chinesische Christen finden, mit denen wir zusammenarbeiten konnten. Nur wenn Ost und West Hand in Hand arbeiteten, konnten wir wirklich erfahren, wie der Kirche in China am besten zu helfen war.

Nach einigen Wochen traf ich die Menschen, für die ich gebetet hatte. Joseph Lee und sein Onkel Liu waren gerade von einer Reise zum Festland zurückgekommen, wo sie versucht hatten, ihren Verwandten Jesus Christus zu bezeugen.

Nach einigen Begegnungen stimmten sie zu, 3 Monate in Hongkong zu verbringen, um Christen nach Kontaktpersonen in China zu fragen, zu denen sie Bibeln bringen konnten. Im vierten Monat sollten sie nach Rotchina selbst reisen (zu dieser Zeit konnten Auslands-Chinesen ohne weiteres ein Visum für ihr Heimatland bekommen, was sich für amerikanische »ausländische Teufel« wie mich bis dahin als unmöglich erwiesen hatte).

Während die beiden nach Möglichkeiten suchten, China durch die Vordertür zu betreten, sah ich mich nach Hinter- und Seiteneingängen um: Ich begann, Chinas Nachbarstaaten zu bereisen.

Meine Ankunft in Kabul, Afghanistan, hätte in keinen ungünstigeren Augenblick fallen können. Es war im September 1973, und das Land war eben unter Kriegsrecht gestellt worden. Sobald wir aus dem Flugzeug stiegen, drängten bewaffnete Soldaten alle Passagiere zum Zoll, wo wir sorgfältig durchsucht wurden. Man wollte sichergehen, daß keine Bomben oder Gewehre ins Land geschmuggelt wurden.

Ich hatte von einer Straße gehört, die von Afghanistan nach Tibet führte. Seit Tibet Teil von China war, konnte dies eine entscheidende Route für Bibellieferungen sein.

Am dritten Tag besuchte ich die kleine Stadt, die dieser Straße am nächsten lag – Qala Panja, 3300m hoch an den Hängen des Hindukusch gelegen.

Die Stadt sah aus wie eine Szene aus biblischer Zeit mit ihren Zelten, Kamelen und Nomaden, die dem Braun der Erde sehr ähnlich waren. In diesem entlegenen Flecken mußte die Zeit während der letzten 2000 Jahre stillgestanden haben.

Mein Führer vom Hotel dachte sicherlich, ich hätte diesen Ausflug nur unternommen, um die Schönheit der Berge und der Stadt zu genießen. Deshalb fragte ich ihn bewußt gleichgültig nach dem kleinen Pfad, den ich bei einer Fahrt außerhalb der Stadt gesehen hatte.

»Das ist der Baroghil-Paß«, informierte mich mein Begleiter. »Er führt in die chinesische Provinz Sinkiang. Mit dem Pferd ist es ein Ritt von 7 Tagen.«

Ich fragte, ob afghanische Händler über diesen Weg nach China gingen oder chinesische nach Afghanistan kämen.

»Nein, sehr weit, sehr schwierig. Nomaden gehen manchmal«, antwortete er.

Nun hatte ich die Hintertür nach China gefunden; alles, was ich brauchte, waren ein Nomade, der Bibeln transportierte, und Kontaktpersonen, zu denen sie gebracht werden konnten.

Ich sollte schon bald die Bestätigung bekommen, daß ich diese Straße benutzen konnte. Es geschah, als ich auf ein Flugzeug nach Pakistan wartete. Der Flug war um mindestens 24 Stunden verschoben worden, und keiner wußte, wann es wirklich losgehen würde.

Ein junger Journalist wartete ungeduldig darauf, seine Geschichte auf den Schreibtisch seines Verlegers zu bekommen.

»Es ist eine sensationelle Meldung, Mann. Es ist unglaublich!« sagte er verzweifelt. »Ich brauche ein Flugzeug hier raus.«

Dann, nach einem prüfenden Blick, um sicherzugehen, daß ich kein rivalisierender Journalist war, erzählte er seine Geschichte.

»Ich war in den Bergen wegen einer Story, als ich Gerüchte über ein Umerziehungslager jenseits der chinesischen Grenze hörte. Die Intellektuellen, die während der Kulturrevolution verhaftet worden sind, sollten angeblich dort sein.«

Um die Wahrheit herauszufinden, verkleideten er, seine Frau und ein Freund sich als Nomaden und reisten mit wirklichen Nomaden sieben Tage lang über den schmalen Weg, eben die Route, die ich von Qala Panja aus gesehen hatte. Es war kein Gerücht! In China angekommen, sahen die drei sie – Hunderte von Intellektuellen, wie Tiere zusammengepfercht und wie Tiere aussehend. Fünfmal am Tag wurden sie einer Gehirnwäsche unterzogen.

Nun wußte ich sicher, daß es für Außenstehende möglich war, den Pfad nach China zu benutzen – aber ich wußte noch viel mehr. In der Vergangenheit hatte ich einiges über die Behandlung von Intellektuellen durch den Vorsitzenden Mao gehört, aber selbst in meinen schlimmsten Vorstellungen hatte ich nicht gedacht, daß sie so entsetzliche Formen annehmen würde.

Ich versuchte mir vorzustellen, wie die Männer und Frauen an diesem Ort lebten. Sie waren wahrscheinlich mehr tot als lebendig unter diesen entsetzlichen Umständen. Nochmals bat ich Gott inständig, uns einen Weg finden zu lassen, um die Botschaft seiner Liebe in dieses gequälte Land zu bringen.

In Lahore erfuhr ich, daß einige der Arbeiter, die mit dem Bau der Karakuramstraße zwischen China und Pakistan beschäftigt waren, Christen waren. Gott schenkte mir die Möglichkeit, mit einem Drukker Kontakt aufzunehmen, der bereit war, ihnen Bibeln zum Weitertransport nach China zu übergeben. Auch anderswo begannen Bibeln nach China einzusickern, von Ländern, die am Ende der Welt zu liegen schienen. Die 25000 Bibeln, die die FEBC für Bruder Andrew gedruckt hatte, gelangten nach und nach über die Grenzen. Nomaden luden sich selbst oder ihren Mulis soviele Bibeln auf wie sie nur tragen konnten und legten dann enorme Strecken zurück, um ihre Bestimmungsorte zu erreichen. Es war eine Arbeit bis zur Erschöpfung durch Urwälder oder über Bergpässe in Burma, Nepal, Afghanistan, Pakistan, über alle Strecken, die nach China führten.

Pastor Ling, ein chinesischer Pfarrer, der aus seinem Heimatland vertrieben worden war, riskierte ebenfalls ständig sein Leben, um seinem Volk Bibeln zu bringen.

Ich hatte ihn zum ersten Mal während einer Konferenz in Vientiane, Laos, getroffen, und dieser Tag war tief in mein Gedächtnis gegraben.

Ich blickte dem alten Mann ins Gesicht, das von einer schrecklichen Narbe entstellt war. Dieser Christ hatte offensichtlich schwer für seinen Glauben gelitten.

Mechanisch streckte ich meinen rechten Arm aus, um ihm die Hand zu schütteln. Er bot mir seine Linke an. Dann verstand ich, warum. Sein rechter Arm endete am Ellbogen in einem Stumpf. Ich umarmte ihn und hätte mich selbst ohrfeigen können, weil ich so unaufmerksam gewesen war.

»Weißt du, wie lange Pastor Ling gebraucht hat, um hierher zu kommen, Bruder David?« fragte einer der anderen.

Ich schüttelte den Kopf.

»20 Tage. Er und drei seiner Freunde haben die ganze Strecke zu Fuß zurückgelegt, nur um bei uns zu sein!«

Ich schaute den alten Mann mit Bewunderung an und merkte, wie seine Augen funkelten.

»Natürlich wollte ich hier sein. Wir werden Bibeln zu meinem Volk bringen! Stimmt's, David?«

Und das tat er. Von diesem ersten Treffen an war er unermüdlich damit beschäftigt, Bibellieferungen über die Grenze zu organisieren.

Shan Kumar hatte mir die Adresse eines anderen chinesischen Christen gegeben, den ich besuchen sollte. Sein Name war Yan Chee, und er arbeitete als Evangelist unter den Himalaja-Bewohnern.

Er stammte aus der Inneren Mongolei, wo sein Vater Evangelist gewesen war, bis die Familie 1949 wegen des Druckes der Kommunisten hatte fliehen müssen. Yan Chee hatte Shan einige Jahre später getroffen, und die beiden hatten zusammen Bibeln nach Tibet geliefert.

Der Evangelist erwartete meinen Besuch nicht, aber als er Shans Namen hörte, lud er mich in sein kleines Haus hoch im Himalaja-Gebirge ein.

Seine freundliche Frau bereitete uns Toast und Darjeeling-Tee, während wir uns herzlich begrüßten. Bevor ich jedoch den Grund meines Besuches nennen konnte, beugte Yan Chee sich vor und sah mich eindringlich an.

»Bruder David, darf ich dir etwas sagen, was mir sehr am Herzen liegt?«

Er erzählte mir von seinen Jahren in China und seinem bisherigen Leben und seiner Arbeit unter den Himalaja-Bewohnern. Eineinhalb

Stunden lang redete er und unterbrach sich nur, um mir Tee und Toast anzubieten.

Dann kam er auf sein Hauptanliegen zu sprechen:

»Bruder, ich möchte wieder unter meinem Volk arbeiten. Und ich kenne einen Weg, es zu tun. Weißt du, wie? Ich glaube, Gott sagt mir, daß ich sein Wort zu den Chinesen über die Grenze bringen soll.«

Mir stand vor Überraschung der Mund offen. Ich hatte Yan Chee den Grund meines Besuches noch nicht erklären können. Doch dieser Mann erzählte mir alles, was ich ihm hatte sagen wollen.

»Wie würdest du die Bibeln hineinbringen?« fragte ich schließlich.

»Oh, ich kenne viele Wege durch die Berge. Die kommunistische Regierung braucht nichts davon zu wissen. Es ist körperlich anstrengend, diese Berge zu überqueren«, er hielt inne und grinste, »und das macht es vor Entdeckung sicher. Ich kenne Menschen, die mir helfen werden.«

Ich konnte immer noch nicht glauben, was hier geschah. Es war, als ob Gott selbst vor mir hier gewesen wäre, um jedes Wort der Unterhaltung vorzubereiten.

»Hast du schon einmal welche hinübergebracht?« fragte ich, als ich meine Sprache wiedergefunden hatte.

»Einmal. Ein Freund gab mir einige Bibeln, die bei ihm deponiert worden waren.« Ich kannte den Freund, den er meinte. Wir hatten einige der 25000 Neuen Testamente zu einem europäischen Missionar hier in der Gegend gebracht. »Sehr schöne«, fuhr er fort, »mit rotem Umschlag. Sie sahen genauso aus wie Maos Buch.«

Jetzt grinste ich breit. »Wenn jemand dir soviel Bibeln bringt, wie du möchtest, kannst du sie nach China befördern?«

»Sicher!«

Ich ergriff seine Hand. »Yan Chee, ich bin überzeugt, daß Gott uns zusammengebracht hat«, sagte ich erfreut.

Wir verbrachten eine Woche zusammen, redend, betend, planend. Ich versprach, ihm einige Bibeln zu schicken, die schon im Land waren. Er sagte mir, er hätte drei Männer, die sofort mit einer Lieferung losziehen könnten.

Das war für ihn und sein Team nur der Anfang von vielen langen Wanderungen.

8. »Geh nicht nach China!«

Die »Star Ferry« legte geräuschvoll den Rückwärtsgang ein und schob sich langsam an ihren Anlegeplatz. Ein Strom von eiligen Passagieren ergoß sich über die Gangway in die Straßen von Hongkong. Mitten in dieser Menge befand sich Joseph.

»He, Joseph! Warte!« Beim Klang seines Namens drehte er sich um und sah einen älteren Freund von einem der Bibelcolleges in Hongkong.

»Was bringt dich nach Hongkong?« fragte der Freund atemlos, als er Joseph erreicht hatte. Die beiden gingen gemeinsam in der Menge weiter.

»Ach«, erwiderte Joseph ruhig, »mein Onkel und ich wollen nach China.«

Der Mann schaute Joseph ungläubig an. Dann ergriff er ihn beim Arm und zog ihn auf die Seite, aus dem Menschenstrom hinaus.

»Ich muß dich warnen«, begann er eindringlich, »hör mir zu, Joseph!« Er rückte seine Brille zurecht und schaute Joseph fest an. »Geh nicht nach China, das ist gefährlich!«

Joseph konnte seine Augen nicht von dem anderen abwenden. Hier war er, ein junger, unerfahrener Bursche, der nach Kontakten in der Volksrepublik suchte und sich der Gefahren, die er einging, mehr als bewußt war. Er hatte gehofft, bei einem Mann wie diesem Bibelschullehrer, der soviel mehr über die Situation wußte als er, Hilfe und Ermutigung zu finden.

Aber im Gesicht dieses Mannes konnte er nichts als Betroffenheit und Furcht lesen.

Noch lange klangen Joseph die Worte des Mannes in den Ohren, und er konnte den Gedanken nicht abschütteln: »Ich muß verrückt sein, nach China zu wollen. Es könnte sein, daß ich nicht einmal mehr zurück kann.« Er dachte an seinen Vater und seine Mutter. War es der Familie gegenüber fair, dieses Risiko einzugehen? War es vernünftig, in ein feindliches Land zu gehen, um Menschen zu suchen, die es offiziell und legal gar nicht mehr gab?

Der Rat des Bibelschullehrers war nicht der erste dieser Art, den Joseph und Onkel Liu bekommen hatten. In den Wochen, die sie bereits in Hongkong verbracht hatten, hatten sie kaum ein mutmachendes Wort gehört. Und sie hatten keine Christen gefunden, die bereit waren, ihnen die Namen von Gläubigen auf dem Festland zu geben, die sie besuchen konnten. Überall trafen sie auf eine Mauer des Schweigens.

Es war immer dieselbe Geschichte. Einer der beiden predigte oder leitete eine Bibelstunde und berichtete von dem Anliegen, die Gläubigen hinter dem Bambus-Vorhang zu unterstützen. Und dann warteten sie sehnsüchtig und hoffnungsvoll auf die Reaktion der Versammlung. Doch stets blickten sie in verständnislose Gesichter. Keiner kannte einen Christen in der Volksrepublik oder war bereit, die Adresse preiszugeben.

Trotz ihrer Enttäuschung konnten Joseph und Onkel Liu die Zurückhaltung der Leute verstehen.

Seit Beginn der Kulturrevolution 1966 hatte der »Große Steuermann«, der Vorsitzende Mao, eine brutale Säuberungsaktion in China begonnen, und zu den Dissidenten wurde auch die christliche Kirche gezählt.

Tatsächlich hatte das Leiden der Gläubigen in China schon mit der Machtübernahme der Kommunisten 1949 begonnen. Die neue kommunistische Regierung hatte sich zunächst von ihrer besten Seite gezeigt. Zwei kurze Jahre lang konnten die Christen ihren Glauben besser als früher ausleben, und viele Missionare waren sogar geblieben, um mit ihrer Arbeit weiterzumachen.

1951 wurde jedoch die »Drei-Selbst-Bewegung« organisiert. Sie hatte sich den Prinzipien der Selbstentfaltung, Selbstgestaltung und Selbstverwaltung verschrieben, ironischerweise denselben Grundsätzen, nach denen die China-Inland-Mission vor der »Befreiung« die Kirche Chinas organisieren wollte. Die Drei-Selbst-Bewegung war 1950 bei einem Treffen zwischen Tschu En-lai und protestantischen Kirchenführern entwickelt worden. Es wurde dann ein »christliches Manifest« verfaßt, in dem »progressive« Christen erklärten, daß die Kirche ein Werkzeug des Imperialismus in China gewesen sei und ihre Treue gegenüber der Volksrepublik und der kommunistischen Partei versicherten.

Nach und nach wurden unabhängige protestantische Kirchen unter das Dach der Drei-Selbst-Bewegung gezwungen. Nur die Kirchen, die mit der Regierung zusammenarbeiteten, durften geöffnet bleiben. Mitte der Fünfziger Jahre begann eine Verfolgungskampagne gegen einige herausragende Christen und ihre Anhänger, und viele wurden in dieser Zeit inhaftiert.

1958, während des »Großen Sprunges nach vorn«, fing die Zerschlagung aller kirchlichen Aktivitäten an. Offenes Bekennen des Glaubens wurde immer schwieriger. Wirtschaftliche Schwierigkeiten und Naturkatastrophen brachten den Lebensstandard aller Chinesen auf einen Tiefpunkt. Die Kirche litt ganz besonders, da sie, wie in fast allen totalitären Staaten in Zeiten eines nationalen Notstandes, als Sündenbock herhalten mußte.

1966 begann der größte Umbruch in der modernen chinesischen Geschichte, die Große Proletarische Kulturrevolution. Sie betraf alles und jeden in der chinesischen Gesellschaft. Christen waren die beliebteste Zielscheibe der radikalen Angriffe auf »das Alte«, »das Bürgerliche« und »die Imperialisten«.

Tausende von Christen, die noch nicht im Gefängnis waren, wurden brutal angegriffen oder verspottet. Diejenigen in Haft wurden weiterem geistigem und physischem Druck ausgesetzt. Hunderte verleugneten ihren Glauben und verrieten andere Gläubige. Es gab nur noch wenig Gemeinschaft und Vertrauen, und die Narben dieser schrecklichen Zeit sind noch heute zu bemerken.

In den Siebziger Jahren ging die harte Unterdrückung aller offenen christlichen Aktivitäten weiter, wenn auch Folter und großangelegte Kampagnen, wie sie während der Blütezeit der Kulturrevolution geherrscht hatten, aufhörten.

Joseph und sein Onkel hatten von vielen Verfolgungen gehört. Sie wußten, daß unter ihren Zuhörern Menschen waren, deren Verwandte in China bis zu 20 Jahre lang in Gefängnissen gesessen hatten.

Wie konnten die Christen in Hongkong riskieren, ihre Lieben noch weiter in Gefahr zu bringen, indem sie ihre Namen total Fremden gaben? Vor allem, da sie nicht sicher sein konnten, wie diese Information genützt würde?

Joseph und Onkel Liu spürten, wie sehr die Christen in Hongkong die Gläubigen auf dem Festland liebten. Sie konnten ihnen zu ihrem Leidwesen nicht genügend klar machen, daß sie diese Liebe teilten. Zudem merkten sie bewegt, daß man sich auch um sie selbst Sorgen machte.

»Ihr wißt, daß sie euch vielleicht nicht mehr aus dem Land herauslassen, wenn ihr einmal dort seid.«

»Ihr habt den Rest eures Lebens noch vor euch. Warum wollt ihr eure Zukunft riskieren?«

»Wir sehen eure Liebe zum Herrn. Warum laßt ihr euch nicht in einer anderen Arbeit gebrauchen?«

Wieder und wieder wurden diese Antworten in den drei Monaten laut, in denen Joseph und Onkel Liu sich in Hongkong aufhielten.

Die erste Ermutigung erlebten sie bei einer Versammlung in einer Bibelschule. Onkel Liu sprach zu den Studenten und bemerkte in der jugendlichen Gruppe eine ältere Frau. Sie schien aufmerksam Onkel

Lius Aufforderung an die Studenten zuzuhören, sich für China zu engagieren.

Nach dem Treffen stellte sich die kleine Frau als Fräulein Woo vor und lud die beiden zum Kaffee in ihr Heim ein.

Sie nahmen die Einladung dankbar an, und sie führte sie zu ihrem nahegelegenen Haus. Als die beiden hinter der zerbrechlichen Gestalt in schwarzer Hose und pastellfarbener Bluse hergingen, konnten sie nicht ahnen, daß diese Frau einmal einer unserer wichtigsten Kontakte mit der Kirche in China werden sollte.

Schwester Woo hieß sie in ihrem großen Haus herzlich willkommen, aber während sie ihnen Kaffee und Kekse anbot, schien sie mit ihren Gedanken ganz woanders zu sein. Plötzlich wandte sie sich an Joseph:

»Ich frage mich, ob Sie und Ihr Onkel für mich beten würden? Ich leide an Blutungen und weiß, daß ich nicht mehr lange leben werde, wenn Gott nicht eingreift.«

Obwohl sie von einer so direkten Bitte überrascht waren, beteten sie sofort mit ihr, in dem Glauben, daß sie von ihrer Krankheit befreit würde.

Am nächsten Tag erhielt Joseph einen Anruf von Fräulein Woo.

»Preist den Herrn, ich bin geheilt!« rief sie aufgeregt. »Als ihr gebetet habt, fühlte ich etwas in mir geschehen, und nun bin ich vollkommen in Ordnung. Bitte, kommt doch zu mir und seid während eures Aufenthalts in Hongkong meine Gäste!«

Bald danach zogen sie zu Schwester Woo, die schnell für sie wie eine Mutter wurde.

Während Joseph und Onkel Liu in Hongkong nach Kontakten suchten, verbrachte ich die meiste Zeit mit Reisen an die verschiedenen Grenzen. Als ich nach Hause zurückkam, entdeckte ich, daß auch die Familie Bedürfnisse hatte, um die ich mich kümmern mußte.

Bei der Rückkehr von einer der ersten Fahrten fand ich Julie und die drei D's inmitten einer Familienkonferenz. Das Haus, das wir gemietet hatten, war vom Eigentümer zum Verkauf angeboten worden. Wir mußten etwas anderes finden.

»Habt ihr euch schon nach etwas umgeschaut?« fragte ich Julie.

»Ja, aber ich habe nichts gefunden«, sie machte eine Pause, »jedenfalls nichts, was wir uns leisten könnten.«

Sie schaute weg.

»Aber du hast etwas gefunden, was dir gut gefällt?«

Sie zuckte mit den Achseln. »Dave, es hat keinen Sinn, auch nur darüber nachzudenken. Die Miete ist viel zu hoch.«

»Wieviel?«

»Das Doppelte von dem, was wir jetzt zahlen.« Das Doppelte . . . und wir waren bisher schon kaum mit unserem Geld ausgekommen! »Außerdem«, fügte sie traurig hinzu, »möchte der Hausbesitzer drei Mieten im voraus.«

Ich überschlug das Ganze schnell im Kopf; es war nicht eben ermutigend.

»Aber es ist wirklich gut, was?« fragte ich Julie.

Ihre Augen glänzten. »Oh, David, es ist wundervoll!«

»Dann denke ich, wir sollten es zumindest zusammen ansehen«, sagte ich. »Was meint ihr, Kinder?«

»Nur zu, Daddy!« Deanne brauchte keine zweite Einladung. Auch die beiden anderen sprangen begeistert auf.

»Aber, David . . .« begann Julie und legte ihre Hand zurückhaltend auf meinen Arm.

Ich grinste. »Komm schon, Liebling, ansehen kostet nichts.«

Das Haus war nicht weit entfernt, und wir fünf zogen Hand in Hand los, um es anzuschauen.

Genau wie Julie, verliebten sich die Kinder sofort in dieses Haus. Es war geräumiger als das, in dem wir wohnten, und hatte eine freundliche Atmosphäre. Ich beobachtete die Kinder, wie sie jeden Raum durchstöberten und aufgeregt über ihre Entdeckungen schwatzten. Der Glanz ihrer Augen wurde nur noch von dem in Julies Gesicht übertroffen, und ich sehnte mich danach, ihnen ihren Wunsch zu erfüllen.

Die Familie hatte sich ohne Murren mit all meinen Reisen abgefunden. Da verdiente sie, dachte ich, wenigstens ein Heim, in dem sie sich während meiner Abwesenheit wirklich wohlfühlen konnte.

»Julie? Was hält dich davon ab, dieses Haus zu nehmen?« fragte ich zuletzt.

»Nun – die Kosten natürlich. Wir haben kein Geld«, erwiderte sie.

»Ich weiß. Aber wenn Jesus will, daß wir es nehmen, wird er uns das Geld geben, nicht wahr?« fuhr ich fort. Wir hatten bereits erlebt, wie er für unser Büro gesorgt hatte – konnten wir ihn nun um dasselbe für unser Heim bitten?

Zusammen suchten wir den Besitzer auf, der uns zu unserer Freude das Haus mit nur einer Miete Vorauszahlung überließ.

Dann zogen wir um. Ich wußte immer noch nicht, woher das zusätzliche Geld kommen sollte; aber ich war sicher, die Familie wohnte in dem Haus, das Gott ausgewählt hatte.

Nach dem Umzug erlebten wir staunend, wie die Unterstützung, die wir aus den Staaten erhielten, plötzlich stieg – auf das Doppelte, Dreifache. Dabei hatten unsere Freunde keine Ahnung von der neuen Miete – wir hatten unsere Praxis beibehalten, niemandem davon zu erzählen, wenn wir persönlich Geld brauchten.

Wir wurden Zeugen der liebenden Fürsorge unseres himmlischen Vaters, der, auf seine Weise, seinen Kindern in verschiedenen Teilen der Welt die Bedürfnisse der anderen mitteilen konnte.

Während dieser ganzen Zeit hatten Joseph und Onkel Liu unter den Christen in Hongkong keinen Durchbruch erlebt. Die beiden verbrachten viele Stunden damit, über ihr Anliegen zu reden und zu beten. Wie konnte Gott dahinter stehen? Sie hatten noch keine Kontaktleute gefunden, und die drei Monate gingen dem Ende entgegen. Bald würden sie die Grenze überqueren und hatten noch niemanden, den sie besuchen konnten.

Im Stillen hoffte Joseph, daß die Fahrt nicht zustandekommen würde. Er erinnerte sich nur zu gut an die erste China-Reise, die er vor einem Jahr mit seinem Onkel unternommen hatte.

Die beiden wußten, daß sie auffallen würden, weil zu dieser Zeit normalerweise nur alte Auslands-Chinesen nach Rotchina reisten, um Verwandte zu besuchen. So waren sie nicht überrascht, als ihr Gepäck sorgfältig durchsucht wurde. Sie hatten keine Bibeln mitgenommen, trotzdem waren die Durchsuchungen qualvoll. Wenn sie auch nur einmal unangenehm auffielen, riskierten sie immer Gefangennahme und Haft.

Sie erinnerten sich auch an die Schwierigkeiten bei der einzigen Gelegenheit, ihren Verwandten ihren Glauben zu bezeugen. Die Unterhaltung fand in einem großen Haus statt, das die Familie mit vielen anderen teilte und das kaum eine Privatsphäre bot. Josephs Verwandte bewohnten ein Schlafzimmer und ein angrenzendes »Wohnzimmer«, das zusätzlich als Durchgang für andere Familien im Haus diente. Ein privates Gespräch war unmöglich.

Joseph sprach auch nicht denselben Dialekt wie seine Verwandten, so war er gezwungen, seinen Glauben schriftlich mitzuteilen (die verschiedenen chinesischen Dialekte sind in der Aussprache grundverschieden, in der Schreibweise jedoch gleich).

Während sie um den Tisch herum saßen, schrieb Joseph sein Zeugnis auf ein Stück Papier und gab es seinem Nachbarn. Der letzte in der Reihe zerknüllte das Papier und warf es ins Feuer. Einer stellte eine schriftliche Frage, und die Antwort kam auf demselben Weg.

Und so ging die »Unterhaltung« weiter, wobei jedes Stück Papier sorgfältig vernichtet wurde, nachdem jeder es gelesen hatte. Die schriftliche Unterhaltung hatte den zusätzlichen Vorteil der absoluten Geheimhaltung, die nötig war, da keiner der anderen im Haus Christ war.

Wann immer ein Hausbewohner an der kleinen Gruppe vorbeiging, bemerkten Joseph und Onkel Liu, wie ihre Verwandten erstarrten. Die Zettel verschwanden sofort, und sie gaben vor, weltliche Themen zu besprechen. Zu dieser Zeit war es in China illegal, den eigenen Glauben zu propagieren. Sie kannten nur zu gut die schrecklichen Konsequenzen, wenn die Behörden entdeckten, was hier geschah.

Joseph und sein Onkel erinnerten sich noch an die damaligen Ängste und rissen sich deshalb nicht darum, ähnliches noch einmal zu erleben.

Außer Josephs und Onkel Lius Ängsten vor China selbst gab es noch ein anderes Problem, das sie unruhig machte.

Ich.

Sie waren nicht ganz sicher, was sie mit ihrem ausländischen Freund anfangen sollten. Wenn sie sich mit einem Amerikaner sehen ließen, war wenig Hoffnung, das Vertrauen der Christen von Hongkong zu gewinnen.

China betrachtete zu dieser Zeit Amerika als Feind Nr. 1. Überall in den Straßen der Hauptstädte verkündeten riesige Spruchbänder ihre Botschaft vom Haß.

»Völker der Welt, vereinigt euch und bekämpft die U.S.-Aggressoren und all ihre Schurken!« war besonders beliebt.

Kein Wunder, daß Joseph und sein Onkel nichts von einem Amerikaner verlauten ließen. Die beiden waren sich selbst über meine Motive nicht ganz klar.

Sie gaben vor allem acht, daß Fräulein Woo nichts von mir erfuhr. Doch die energische alte Dame bekam bald heraus, daß es mich gab, und wollte von den beiden unbedingt nähere Einzelheiten wissen.

Erst viel später fand ich das volle Ausmaß der Schwierigkeiten heraus, vor denen Joseph und sein Onkel standen. Aber schon von Anfang an konnte ich ihre Zurückhaltung und Zweifel spüren. Dabei wollte ich diese Menschen lieben. Ich lernte, daß viel Zeit nötig war, um das Vertrauen der Chinesen zu erwerben; und ich brauchte dieses Vertrauen, wenn ich ihnen dienen wollte.

Ich lief stundenlang betend in der Feuchtigkeit der tropischen Abende durch die Straßen Manilas und redete mit Gott über China und seine Menschen.

»Vater, ich finde es schlimm, was China unter dem Kommunismus erlebt. Ich fühle mich ganz elend bei dem Gedanken an die Tausende im Gefängnis, die Tausende, die in Arbeitslagern gequält werden, ganz zu schweigen von denen, die getötet worden sind«, sagte ich.

»Vater, es gibt dort 800 Millionen Chinesen. Ich weiß, du sorgst dich um sie, denn du bist für jeden einzelnen von ihnen gestorben. Zeige uns den Weg, sie zu erreichen. Kannst du uns nicht wenigstens *eine* Kontaktperson anvertrauen, Herr?«

Es war ein Kampf, ihm für diesen einen Kontakt zu vertrauen. Joseph und Liu waren in Hongkong und hatten in all den Wochen keinen Hinweis bekommen. Ich fragte mich schon, ob es richtig gewesen war, ihnen das zuzumuten. Wollte Gott überhaupt die Reise und den Versuch, die leidende Kirche zu erreichen?

Noch während ich diese Fragen stellte, wußte ich, irgendwo tief innen, daß die Antwort »ja« war. Es war, als ob Gott mich drängte, die Umstände zu ignorieren und ihm zu glauben, daß er den Kontakt mit der Kirche Chinas zustandebringen würde. Wieder einmal kam mir die Lehre des alten Mr. Roy in den Sinn: »Willst du im Glauben leben, Junge? Oder im Schauen? Du weißt, welchen Weg Paulus wählte . . .«

Zu unserer Überraschung kam die erste Antwort auf unsere Gebete in einem Traum. In der Nacht, noch bevor er nach Hongkong gegangen war, hatte Joseph im Traum eine Landkarte gesehen. Sie stellte zwei südliche Provinzen Chinas dar – Kwangtung und Fukien. Als er aufwachte, versuchte er zu verstehen, was er gesehen hatte. Warum wurde ihm eine Karte gezeigt? Warum nicht das Land selbst – die blauen Berge, die Reisfelder mit Bauern bei ihrer harten Arbeit?

Später verstand er die Botschaft. Gott schien ihm damit zu sagen, daß sie nach China gehen sollten – in diese beiden Gebiete, Fukien und Kwangtung.

Joseph und Onkel Liu besuchten einen Gottesdienst im CVJM in Kowloon. Anschließend stellte ein Ältester sie einem Gläubigen vor, der gerade aus China kam und schwerer Verfolgung ausgesetzt gewesen war.

Dieser Christ ging von Anfang an herzlich auf das Paar zu. »Warum kommen Sie nicht zu einem Gebetstreffen in mein Haus?«

Sie wanderten durch die engen Straßen von Kowloon zu seiner winzigen Wohnung. Das Trio hatte über eine Stunde lang intensiv für China gebetet, als der Gläubige plötzlich innehielt und sagte: »Wenn ihr nach China geht, werde ich euch die Namen von drei Leuten in Fukien geben, die euch helfen werden. Sie gehören zu den führenden Christen der Provinz.«

Endlich! Joseph und Onkel Liu waren den Freudentränen nahe. Nach sechs langen Monaten war das ein Durchbruch. Und – dies war eine der Provinzen aus dem Traum.

Aber als Joseph heimkam, hatte ihn die Freude verlassen. Er wußte, er sollte sich freuen, daß Gott ihnen, nur einige Tage vor Beginn der Reise, endlich Kontaktpersonen geschenkt hatte. Aber er war bedrückt, weil nun die Reise mit ihren Gefahren feststand.

Furcht erfüllte Josephs Herz, und er fing an, in seiner Bibel zu lesen, Offenbarung und Daniel.

»Diese beiden Bücher befassen sich mit der Endzeit«, sagte er mir, »und wenn sie mich fangen oder ins Gefängnis werfen, dann kenne ich wenigstens Gottes Wort.«

Joseph überlegte sogar, ob er seinen Eltern einen letzten Abschiedsbrief schreiben sollte, in dem er ihnen für alles dankte, was sie für ihn getan hatten.

Die Tage vergingen, und trotz ihrer Furcht besorgten sie sich die Fahrkarten in dem Bewußtsein, daß Gott ihnen gezeigt hatte, daß er die Reise wollte.

Anstatt nach weiteren Kontakten zu suchen, verbrachten sie jeden Tag im Gebet, manchmal auch mit Fasten. Drei Tage bevor sie fahren sollten, besuchten sie eine Versammlung. Anschließend schlug ein Freund vor, eine Gläubige zu besuchen, die aus Shanghai stammte.

Als Frau Ho ihnen die Tür öffnete, begrüßte sie sie mit einer Herzlichkeit, die der traditionellen chinesischen Zurückhaltung gänzlich widersprach. Sie behandelte sie wie liebe Verwandte.

Joseph war verwirrt. Obwohl sie nicht wußte, daß sie kamen, schien sie auf sie gewartet zu haben.

»Kommt bitte herein und laßt uns die Güte des Herrn zusammen preisen«, lud sie sie mit leuchtenden Augen ein.

Frau Ho sprach Mandarin mit Shanghai-Akzent, so daß es schwierig war, alles zu verstehen. Aber sie bekamen während ihres Gebets mit, daß Gott ihr zwei Männer gezeigt hatte, die sie besuchen würden.

»Ich hatte eine Vision, daß ihr kommen würdet, und nun seid ihr hier«, erklärte sie. »Ihr seid von Gott zu mir gesandt worden, und ich möchte euch mit jemandem bekanntmachen.«

Damit rief sie eine Freundin herein, eine christliche Frau, die ihnen Namen und Adresse eines Gläubigen gab, mit dem sie in einer anderen Provinz Verbindung aufnehmen konnten. Diese Provinz war die zweite der Karte – Kwangtung.

Ich flog nach Hongkong, um mich von den beiden Männern zu verabschieden, bevor sie abreisten. Wir wußten, es wäre unklug, sie zur Bahnstation zu begleiten, so mußte ich ihnen am Abend vor der Abreise auf Wiedersehen sagen.

Ein Abschnitt, den ich einige Monate vorher gelesen hatte, schien das Beste, was ich ihnen mitgeben konnte:

»So spricht der Herr zu seinem Gesalbten, dem Kores, den ich bei seiner rechten Hand ergreife, daß ich die Heiden vor ihm unterwerfe und den Königen das Schwert abgürte, auf daß vor ihm die Türen geöffnet werden und die Tore nicht verschlossen bleiben: Ich will vor dir hergehen und die Höcker eben machen; ich will die ehernen Türen zerschlagen und die eisernen Riegel zerbrechen und will dir geben die heimlichen Schätze und die verborgenen Kleinode, auf daß du erkennest, daß ich der Herr, der Gott Israels, dich bei deinem Namen genannt habe« (Jesaja 45,1–3).

Wir wußten nicht, welche »Schätze« sie in der geistlichen Finsternis Chinas finden würden. Noch wußten wir, welche Art Berge vor ihnen entfernt werden müßten.

Aber wir wußten, daß der mächtige Gott von Kores auch vor Joseph und Onkel Liu hergehen würde. Die Art, in der sie die Adressen erhalten hatten, war eine Bestätigung, daß die Hand Gottes sie auf diese Reise führte.

Nun mußten sie einfach die Hand ergreifen, als sie hingingen, um die Gläubigen zu treffen, die in der Volksrepublik China ihr Leben für Jesus aufs Spiel gesetzt hatten.

9. Äpfel unterwegs

Der finster aussehende Zollbeamte in seiner grau-braunen Uniform mit schwarzem Gürtel begann Josephs Koffer zu öffnen.

Joseph fühlte kalten Schweiß an seinen Händen. Seine Augen flogen von einem riesigen Bild Maos zu den politischen Parolen, die die Zollhalle dekorierten. »Lang lebe die Volksrepublik China« – »Lang lebe die Große Einheit der Völker der Welt«.

Das Paar war am Grenzübergang von Macao, einer kleinen portugiesischen Kolonie an der Südküste Chinas, 40 Meilen von Hongkong entfernt.

Joseph stand nervös in einer Schlange mit seinem Onkel und einigen anderen Auslands-Chinesen, die auch ihre Verwandten in der Volksrepublik besuchen wollten.

Nun kam der kritische Augenblick. Joseph hatte neun Bibeln im Koffer. Seine Augen kehrten zu den politischen Plakaten zurück, und er versuchte, so gleichmütig wie möglich zu schauen. Aber dabei rief er den Herrn zum hundertstenmal an diesem Morgen an.

»Sie können das nicht mit nach China nehmen.« Joseph wurde jäh in die Gegenwart zurückgebracht. Aha, nun waren also die Bibeln entdeckt! Aber nein. Der Zollbeamte fischte einen Teil einer Hongkonger Zeitung heraus, in die Joseph seine Schuhe eingewickelt hatte.

Als der Beamte weiter Josephs persönliche Dinge durchwühlte, stießen seine Finger auf ein Buch – die Bibel. Er schlug die Kleidung zurück und legte die restlichen acht Bücher frei.

»Das sind Bibeln. Die können Sie nicht in die Volksrepublik China bringen.« Der Beamte sah ihn streng an. »Sind Sie Christ?«

Joseph mußte über die Antwort nicht zweimal nachdenken. Vor der Abfahrt hatten er und sein Onkel überlegt, wie sie auf solch eine Frage reagieren würden. Sie wußten, daß das Bekennen ihres Glaubens zu einer Diskussion über den Herrn führen konnte – dies könnte als Propaganda für den christlichen Glauben ausgelegt werden, und das war illegal. Würde man sie dann festhalten? Ihnen die Einreise verweigern? Was immer geschah, sie wollten ihren Herrn nicht verleugnen.

»Ja«, antwortete er mit fester Stimme. »Ich bin Christ. Ich möchte diese Bücher zu meinen Verwandten mitnehmen.«

Der Zollbeamte war unbeirrbar. »Die können Sie nicht mitnehmen!«

»Aber unsere Verfassung«, Joseph identifizierte sich mit seinem ›Heimatland‹, »unsere Verfassung sagt, daß wir Glaubensfreiheit haben. Und ich bin Christ.«

Das konnte der Zollbeamte nicht widerlegen. »Ich muß meinen Vorgesetzten fragen«, sagte er und nahm die neun Bibeln mit. Während er ging, schaute Joseph im Raum umher und bemerkte die wachsamen Augen des bewaffneten Soldaten in grüner Hose und blauer Mao-Jacke.

Als der Mann zurückkam, zuckte er mit den Achseln. »Na schön, Sie können eine mitnehmen. Der Rest bleibt hier; Sie können sie auf dem Rückweg mitnehmen.«

Joseph machte einen letzten Versuch. »Aber eine genügt nicht.«

Dennoch dankte er, noch während er sprach, Gott im Stillen, daß er wenigstens eine Bibel über die Grenze gebracht hatte.

Als der Beamte den Kopf schüttelte, schloß Joseph seinen Koffer und ging weiter, ohne sich nach Onkel Liu umzusehen. Sie wollten nicht zu offen zeigen, daß sie zusammengehörten, weil sie übereingekommen waren, daß einer weitermachen sollte, falls der andere festgehalten wurde.

Onkel Liu war von drei Zollbeamten umringt, die in ein intensives Gespräch vertieft waren. Die Gruppe beugte sich über einen Tisch, um etwas genauestens zu untersuchen. Joseph wußte, das konnte nur einen Grund haben.

Er wollte seinen Onkel unterstützen und fing sofort an zu beten. Es beruhigte ihn zu wissen, daß genau in diesem Augenblick Freunde auf der ganzen Welt dasselbe taten. Wir hatten am Morgen ihrer Abreise eine Anzahl Telegramme aufgegeben, alle mit derselben rätselhaften Botschaft: »Äpfel unterwegs.«

Die Empfänger, Bruder Andrew in Holland, das amerikanische Hauptquartier von Open Doors in Orange, Kalifornien, und Freunde in anderen Teilen der Welt, würden sie sofort entschlüsseln. Sie sagte ihnen, daß das Team auf dem Weg war und alle Gebetspartner zur Gebetsunterstützung aufgerufen waren.

Onkel Liu bekam ebenfalls die Auskunft, daß er eine Bibel behalten dürfe, die chinesische Version, aber er bestand darauf, daß er auch die englische Ausgabe brauchte.

»Ich kann nicht sehr gut Chinesisch, deshalb brauche ich auch die englische Bibel.«

Die Beamten schauten unsicher. »Warum ist Ihnen die Bibel überhaupt so wichtig?« fragte einer.

Onkel Liu unterdrückte ein Lächeln, als er insgeheim für ein solche Gelegenheit zum Zeugnis dankte. Während Joseph auf der anderen Seite des großen Raumes für ihn betete, fing Liu an, den Fragenden zu erklären, wie man Jesus durch sein Wort kennenlernen könne. Es war offenbar das erste Mal, daß sie solch ein Zeugnis hörten.

Bald wurden aus den Dreien vier, als Onkel Liu erklärte, wie Jesus sein Leben verändert hatte. »Mein Leben war leer, bevor ich Jesus kannte. Ich war enttäuscht und verletzt worden und wollte sterben.

Aber dann«, fuhr er fort, »sagte meine Mutter, ich könnte Jesus kennenlernen. Ich öffnete ihm mein Herz – und welche Freude kam dann!« Freude – Onkel Liu wußte, daß diese Männer unter dem Kommunismus nicht viel Freude erlebt hatten.

»Die Krankheit meines Herzens wurde zur Freude, zur Liebe für alle Menschen. Ich wollte Jesus mit all meinen chinesischen Brüdern und Schwestern teilen.« Eine Träne lief seine Wange hinunter. »Dies kann für viele Jahre meine einzige Gelegenheit sein, meine Verwandten zu sehen.«

Ein Beamter schien von seinen Worten besonders bewegt. Er lehnte sich herüber, um Liu die englische Bibel auszuhändigen. »Sie können diese mitnehmen.«

Onkel Liu begann, seine Sachen zusammenzupacken. Aber in diesem Moment kam einem anderen Beamten noch ein Verdacht. »Haben Sie noch weitere Bibeln bei sich?« Liu hatte vor der Grenze drei Bibeln in seine Taschen gesteckt. Nun gab er dem Zollbeamten ein davon. »Ja, hier.« Der Mann nahm sie und dachte nicht daran, nach weiteren zu fragen.

Als Liu beim Geldwechseln zu Joseph stieß, tauschten sie flüsternd ihre Geschichten aus. »Danke, Herr«, sagten sie fast gleichzeitig, und Liu fügte hinzu: »Nun können wir mit Bibeln in unseren Händen zu unseren Brüdern gehen.« Dann fuhr er strahlend fort: »Es ist Zeit, unser Fasten zu brechen. Das muß gefeiert werden.«

Joseph und sein Onkel hatten 24 Stunden lang gebetet und gefastet, aber jetzt, im Gasthaus hinter der Grenze, langten die beiden kräftig in die Schüsseln vor ihnen. Das war ein Dankfest.

Nach dem Mahl stieg das Paar in einen uralten Bus. Er sollte sie die 90 Meilen nach Kanton bringen.

Der Bus bewegte sich langsam durch die ländliche Szene. Bauern waren bei der Arbeit auf den angrenzenden Reisfeldern; einige bückten sich, um Sämlinge zu pflanzen, andere hantierten mit schweren hölzernen Werkzeugen.

Es lag eine Stille über allem, ein Charme, der den Männern das Gefühl gab, sie seien aus einer Welt in eine andere gereist. Am Rand der scharf abgegrenzten Reisfelder schmiegten sich Häusergruppen eng aneinander, in gedämpften Ocker-, Creme- und Brauntönen. Die Gebäude waren seit vielen Jahren Wind und Regen ausgesetzt. Die Farbe blätterte ab. Wände wellten sich. Und die mit Ziegeln gedeckten Dächer brachen an den Ecken ab. Trotzdem gaben die dezenten Farben der Gebäude vor den verschiedenen Grüntönen der Felder und Berge der Szene eine eigene Schönheit.

Die beiden kamen am späten Nachmittag desselben Tages in Kanton an und nahmen ein Zimmer in einem Hotel für Auslandschinesen. In dem sparsam möblierten Raum gab es nur ein paar verblaßte Sessel, einen Schreibtisch mit einer altmodischen Lampe und zwei riesige hölzerne Betten. Und um die drückende Hitze des Sommers zu bekämpfen, stand ein verrosteter Ventilator auf einem Tisch in der Ecke.

Die beiden beschlossen, sich vom Reisestaub zu befreien; aber den Luxus von heißem Wasser gab es nicht. Die einzige Heißwasserquelle war eine kleine Thermosflasche, die den Ehrenplatz bei der Lampe hatte.

Am nächsten Morgen stärkten sich Joseph und Liu mit einem Frühstück aus Reisbrei mit Huhn und Frühlingszwiebeln. Beide waren unsicher, wie sie ihren ersten Kontakt knüpfen sollten. Würde diese Christin ihnen vertrauen? Und konnten sie ihr trauen? Es war nicht ungewöhnlich, daß sich Gläubige dem Druck der Regierung beugten und Informationen über ihre christlichen Geschwister weitergaben.

Am meisten waren Joseph und Onkel Liu ungewiß über die Zeit für den Besuch. Sie wußten, sie würden ihrer Kontaktperson Schwierigkeiten bereiten und sie möglicherweise verraten, wenn sie zur falschen Zeit kamen.

Nach dem Frühstück legten sie ihre Ängste vor den Herrn und baten ihn, ihnen zu zeigen, wann sie losgehen sollten. Danach waren beide sicher, daß es Spätnachmittag sein sollte.

Es dämmerte, als sie ein Taxi anhielten. Liu sagte dem Fahrer die Adresse ihrer Kontaktperson, der Christin, von der ihnen Frau Hos Freundin in Hongkong erzählt hatte.

Der Taxifahrer bugsierte sein Fahrzeug vorsichtig durch das Meer von Fahrrädern. Der knatternde Motor stand in starkem Kontrast zu der Symphonie der Fahrrad-Klingeln.

Joseph und Liu spürten, daß ihre ausländische Kleidung sie zum Blickfang in den Straßen machte. Aber wenn sie den Menschen um sie herum ins Gesicht sahen, wurden die Augen schnell abgewendet; oder wenn ihr Blick erwidert wurde, sahen sie nur Mißtrauen.

Das Taxi bahnte sich den Weg zu dem Stadtteil, in dem ihre »Schwester« wohnte, vorbei an Häuserreihen mit abbröckelnden Stein- oder Zementgebäuden und Anschlagflächen mit maoistischen Slogans in großer roter Schrift.

»Seid selbstbewußt, und arbeitet hart!«

»Lang lebe die glorreiche große kommunistische Partei Chinas!«

Der Fahrer wollte seinen ausländischen Besuchern Eindruck machen und versuchte verzweifelt, die Adresse zu finden. Aber bald wurde offensichtlich, daß er keine Ahnung hatte, wo das Haus sein mochte. Oft hielt er an, um Passanten zu fragen, aber ohne Erfolg. Während Onkel Liu versuchte, den Fahrer davon abzuhalten, noch mehr Aufmerksamkeit zu erregen, betete Joseph ängstlich.

Schließlich fühlten die beiden, daß sie dringend etwas unternehmen mußten. »Hier ist Ihr Geld. Vielen Dank! Wir steigen hier aus.«

Es war Nacht, als sie zu Fuß die Suche begannen. Die Aufgabe wurde noch schwieriger dadurch, daß die Straßenbeleuchtung äußerst spärlich war. Oft wurde die Dunkelheit nur vom Licht einer nackten Glühbirne hinter einem Fenster durchdrungen.

Sie fragten einen Mann nach der Adresse, doch er konnte ihnen nur eine vage Auskunft geben. Zu ängstlich, noch weiter zu fragen, liefen sie in die Richtung, die er gewiesen hatte. Zuletzt hielten sie verzweifelt an und sahen auf den Zettel mit der Adresse. Als sie wieder aufschauten, bemerkten sie zu ihrem Erstaunen, daß sie genau vor dem Haus standen, das sie suchten.

Die Freude darüber machte jedoch schnell neuer Enttäuschung Platz, als sie sahen, daß ihre »Schwester« in einem riesigen Gebäude mit vielen Wohnungen lebte. Wie konnten sie sie finden, ohne an jede Tür zu klopfen und das ganze Haus auf ihren Besuch aufmerksam zu machen?

In diesem Augenblick bemerkten sie ein junges Mädchen mit einem Fahrrad auf das Gebäude zukommen. Auf unerklärliche Weise schien zwischen ihnen eine unausgesprochene Verbindung zu bestehen, als sie näherkam. Joseph und Onkel Liu waren sicher, daß sie eine Gläubige war, und sie schien dasselbe bei ihnen zu spüren. Denn sobald sie ihr Fahrrad gegen die Mauer gelehnt hatte, kam sie direkt auf die Männer zu.

»Wen suchen Sie?« fragte sie ruhig.

Sie nannten ihr den Namen, und die Augen des Mädchens leuchteten auf. »Das ist meine Mutter. Kommen Sie mit!« Die Zeitplanung hätte nicht vollkommener sein können. Die drei konnten zusammen das Haus betreten, als ob sie alte Freunde seien und sich verabredet hätten. Es war, wie Gottes Wort versprach: Er war vor ihnen hergegangen.

Die »Wohnung« war ein winziger Raum mit einem Fenster. Das gemeinsame Bett von Mutter und Tochter stand beim Fenster, durch einen Vorhang vom Rest des Zimmers abgeschirmt.

Als Joseph und Onkel Liu eintraten, verbeugten sie sich grüßend vor der Mutter. »Wie geht es Ihnen? Wir sind chinesische Christen aus dem Ausland. Wir sind gekommen, Sie im Namen Jesu zu grüßen.«

Die Mutter blieb unbeweglich. »Es tut mir leid, ich weiß nicht, wovon Sie reden«, sagte sie.

Joseph öffnete seinen Handkoffer und nahm eine Schachtel Schokolade heraus. Er erklärte, daß er sie von ihrer Freundin in Hongkong abgeben sollte. Da taute sie auf und fügte, fast entschuldigend, hinzu: »Oh, danke. Wie geht es ihr? Die Zeiten sind sehr schwierig. Wir müssen sehr vorsichtig sein.«

Onkel Liu fragte, ob sie eine Bibel hätte. »Ja«, sagte sie, »ich hatte großes Glück. Ich habe nie wissen lassen, daß ich Christ bin, und die Behörden dachten nicht daran, meine Wohnung zu durchsuchen.«

Sie ging hinter den Vorhang des »Schlafzimmers« und brachte ein zerlesenes Neues Testament heraus. Es war offensichtlich jahrelang häufig benutzt worden.

Joseph nahm die eine Bibel, die er nach China gebracht hatte, aus seinem Koffer und legte sie in die Hände der Mutter. Sie betastete sie vorsichtig, besonders die Seiten des Alten Testaments. Dann sah sie ihre Besucher mit feuchten Augen an. »Ich habe seit 1949 keine ganze Bibel mehr gesehen.«

»Hat auch keiner Ihrer Freunde eine ganze Bibel?« fragte Joseph. »Nicht einmal Ihre Gemeinde?«

Aus ihrer Antwort konnten sie ihre Einsamkeit erkennen. »Ich habe nur mit einem Gläubigen Kontakt. Ich habe gehört, daß Versammlungen gehalten werden, habe aber nie eine besucht.«

»Was tun Sie denn, um Gemeinschaft zu haben?« fragte Onkel Liu.

»Ich habe meine Tochter und mein Radio.«

»Radio?«

»Wir können Programme aus Ihrem Land empfangen. Von der Far Eastern Broadcasting Company.

Ich höre jeden Abend die Sendungen«, fuhr sie fort. »Damit es niemand merkt, halte ich mein Ohr an den Lautsprecher und decke mich mit einer Decke zu.«

Joseph lächelte seinem Onkel zu, denn er wußte, wieviel mir diese Entdeckung bedeuten würde.

»Ich bin gespannt, ob die FEBC noch weitere Gläubige erreicht!«

Die Frau schaute alarmiert auf. »Sie werden doch wohl keine anderen Gläubigen besuchen?« Die beiden nickten, und sie wurde noch besorgter. »Aber das ist gefährlich. Man könnte Sie verhaften. Erst kürzlich habe ich Nachricht von Freunden aus dem Norden bekommen, die wegen ihres Glaubens ins Gefängnis geworfen wurden.«

Joseph fühlte wieder Verzweiflung in sich aufsteigen. Er war den ganzen Tag über nervös gewesen. Diese Frau wußte offensichtlich, worüber sie sprach, und sie warnte sie davor, weiterzumachen.

Ihre Stimme durchbrach seine Gedanken. »Sind Sie sicher, daß Sie das durchstehen wollen?« Joseph zögerte, aber Onkel Liu antwortete für sie beide. »Ja, Schwester.« Seine Stimme war ruhig. »Wir wissen, daß der Herr uns vorangeht.«

Sie begleitete die beiden zur Tür. »Dann, meine Brüder, werde ich für euch beten – daß der allmächtige Gott auf euch achtet . . .«, sie senkte ihre Stimme und schloß flüsternd, »und euch bewahrt . . .«

Am nächsten Morgen stiegen sie mit ihrer Reisegruppe wieder in den Bus und fuhren zur Provinz Fukien. Während das Fahrzeug dahinholperte, nutzte Liu jede Gelegenheit zum Photographieren. Neben ihm preßte Joseph sein Transistorradio ans Ohr und veränderte ständig die Einstellung, um zu sehen, ob er weitere Sendungen der FEBC empfangen könnte, aber ohne Erfolg.

Mit der Zeit wurde Joseph bewußt, daß der Reiseleiter sie mit großem Interesse beobachtete. Er stieß seinen Onkel an. »Ich glaube, sie wundern sich, was wir tun«, flüsterte er. Sie bliesen ihre Aktivitäten für den Rest der Reise ab.

Die Kontaktpersonen, die man ihnen in Hongkong genannt hatte, waren leitende Christen in der Stadt Foochow. Die wenigen kostbaren Bibeln waren bald verteilt, und jedesmal entstand dieselbe Unterhaltung:

»Braucht ihr mehr Bibeln?«

»Unser Volk hungert nach dem Wort Gottes. Wir können alle gebrauchen, die ihr bringt.«

Dennoch gab es jedesmal ein »Aber«, oft durch ein trauriges Kopfschütteln ausgedrückt. »Ich fürchte, es ist unmöglich, viele herzubringen. Ich wüßte nicht, wie das getan werden könnte.«

Als sie bei Pastor Henry Chai, ihrem letzten Kontakt in Fukien ankamen, hatten sie keine Bibel mehr für ihn. Dennoch empfing sie der Pastor sehr herzlich.

»Pastor, wir haben Ihren Namen von einem Freund in Hongkong bekommen«, begann Joseph ruhig. »Wir sind auch Gläubige.«

Er öffnete die Tür weit und bat sie, hereinzukommen. »Ich freue mich so, daß Sie gerade jetzt kommen – weil unsere Versammlung gleich anfängt.«

Etwas überrascht setzten sie sich. In dem Raum waren keine »Gemeindeglieder« außer dem Pastor und seiner jungen Tochter. Eine alte Uhr tickte geräuschvoll, während sie höflich dasaßen und sich gelegentlich anlächelten.

Nach kurzer Zeit kamen zwei Leute und wurden ihnen von Pastor Chai vorgestellt. Etwas später »schneite« wie zufällig ein weiterer herein. So ging es etwa zwanzig Minuten weiter, bis sich fünfzehn Menschen in dem kleinen Raum drängten. Dann wurden einige Lieder ohne Begleitung und in gedämpfter Lautstärke auswendig gesungen. Der Pastor bat Onkel Liu und Joseph, ein Grußwort zu sagen, bevor sie beteten.

Danach kam der Höhepunkt der Versammlung – die Predigt des Wortes Gottes. Obwohl Pastor Chai eine Bibel besaß, brachte er sie nie zum Gottesdienst mit. Denn wenn ein Außenstehender sie überraschen sollte, würde die Bibel sie und ihre Tätigkeit sofort verraten. Statt dessen lernte der Pastor, während er die Predigt vorbereitete, die Schriftverse für den Gottesdienst sorgfältig auswendig.

Joseph und Onkel Liu beobachteten die Gesichter der Versammelten, die die Worte begierig aufnahmen. Sie erfuhren später, daß dies praktisch der einzige Kontakt der Gemeinde mit Gottes Wort war.

Die beiden waren von der Predigt des Pastors betroffen. Er predigte gegen die Sünde, betonte, daß die Sünde eines einzelnen die ganze Gemeinde anstecken könnte. Er rief zu größerer Reinigung und Heiligkeit des Lebens auf. Sie wurden von dieser Botschaft tief bewegt, denn sie wußten, welchen Preis diese Gläubigen schon für ihren Glauben bezahlt haben mußten.

Wenn sie sich umsahen, bemerkten sie, wie ruhig jeder einzelne war; alle hörten intensiv zu und nahmen jedes Wort begierig auf. Für einen Außenstehenden mußte es aussehen, als seien hier einfach Freunde zusammen, die sich ruhig unterhielten. Dennoch riskierten die Gläubigen ihre Freiheit für das Vorrecht, sich zum Gottesdienst zu treffen.

Nach der Versammlung gingen die Gläubigen, wie sie gekommen waren: einzeln oder in Zweiergruppen mit großen Zwischenräumen. Als alle fort waren, fragte Liu den Pastor, ob die Behörden je etwas von seinen Aktivitäten gemerkt hätten.

Da erzählte der Mann, was ihm während der Kulturrevolution zugestoßen war, als die Verfolgungen am stärksten waren.

Pastor Chai hatte viel durchgemacht. Einmal war er verhaftet und mit vorgehaltenem Gewehr aufgefordert worden, Christus zu verleugnen. Die Roten Garden versicherten ihm, wenn er einfach Christus verleugnete, wäre er wieder frei. Aber er tat es nicht.

Mehrere Stunden lang heizten sie ihm ein, ohne Erfolg. Schließlich änderten sie die Taktik. Die Fanatiker stellten ein großes Farbposter des Vorsitzenden Mao auf und riefen immer wieder: »Knie vor unserem großen und weisen Führer nieder!« Als er nicht nachgab, packten sie ihn rauh an den Schultern und wollten ihn auf die Knie zwingen. Als das nicht gelang, beschlossen sie, ihn zu »ermutigen«, indem sie wütend mit Knüppeln auf seine Beine einschlugen. Dieser Angriff war so brutal, daß er auf dem Boden zusammenbrach.

»Brüder«, Pastor Chais Gesicht zeigte tiefe Spuren der Trauer,

»nicht nur ich, auch meine Tochter hat gelitten. Wegen ihres Glaubens darf sie an der Schule keine Prüfungen ablegen. Und weil die Behörden wissen, daß wir Christen sind, darf sie nicht zur Universität. Es ist bei unseren Freunden dasselbe. Jedes ihrer Kinder muß um des Glaubens willen auf eine gute Ausbildung verzichten.

Können Sie mir helfen, meine Tochter aus China zu bringen?«

Die beiden versprachen, zu tun, was sie konnten, um zu helfen.

Onkel Liu fragte weiter: »Was ist mit Ihnen, Pastor? Möchten Sie selbst China verlassen?«

»Ich hätte die Möglichkeit, nach Hongkong zu gehen, aber ich möchte nicht.« Sein Gesicht war voll Frieden, als er schloß: »Mein Platz ist hier, wo ich der Herde dienen kann, die der Herr mir anvertraut hat.«

Obwohl dies der letzte Name war, den sie in Hongkong erhalten hatten, konnten die beiden noch mehr Gemeindeleiter besuchen. Diejenigen, bei denen sie gewesen waren, hatten ihnen weitere Adressen gegeben, und bald wurde offenbar, daß es sogar zu dieser Zeit ein Netz von geheimen Gläubigen in einer Anzahl von Provinzen gab. Es erstreckte sich zumindest durch den zentralen Teil Chinas, einschließlich der Städte Kanton, Shanghai, Peking, Foochow und Amoy. Aber die Gläubigen außerhalb der Provinz Fukien zu treffen, das mußten Joseph und Onkel Liu auf einen späteren Besuch verschieben.

So führte ein Kontakt zum anderen, und zeitweise fanden sie sich an den ungewöhnlichsten Treffpunkten wieder. Dazu gehörte eine Zahnklinik in einer kleinen Stadt bei Amoy. Die beiden hatten Schwierigkeiten, sie in dem Labyrinth von engen Straßen zu finden.

Die Leute schienen sie heimlich bei ihrer Suche zu beobachten, und sie wurden daran erinnert, daß die kommunistische Regierung alle Bewohner des Landes aufgerufen hatte, jeden genau zu beobachten und jeden zu melden, der nicht der Parteilinie folgte.

Sie kamen rechtzeitig und unbemerkt bei der Praxis an, und als sie durch die Hintertür eintraten, fanden sie sich im Wartezimmer des Zahnarztes wieder. Eine Anzahl von Christen war bereits versammelt, darunter eine Frau mittleren Alters, der ihr Glaube deutlich ins Gesicht geschrieben war.

Onkel Liu wurde gebeten, ein Wort zu sagen, und er drückte sein Mitgefühl für die Leiden aus, die sie erfahren hatten. Dann berichtete er, auf welchem Weg Gott sie nach China geführt hatte.

In diesem Augenblick bemerkte Joseph, daß die Frau neben ihm zu weinen anfing. Joseph war tief betroffen. Nie zuvor hatte er jemanden gesehen, der von der bloßen Tatsache der Gemeinschaft so bewegt war. Er hatte kein Geschenk für sie. Aber das kümmerte die Frau nicht. Für diese Gläubigen war es genug, daß sie gekommen waren.

Schließlich verließen die beiden die Provinz Fukien und wollten mit dem Zug nach Kanton fahren. Man feierte gerade das chinesische Neujahrsfest, und das bedeutete zwei Feiertage.

Joseph und Onkel Liu fanden den Bahnhof von Menschen überschwemmt. Als der Zug einlief, drängten sich die Menschen durch jede verfügbare Tür hinein. Die beiden sahen, daß sie auf diesem Weg wenig Erfolg haben würden, so taten sie das zweitbeste: Sie kletterten durch das nächste Fenster und ließen sich auf die Sitze fallen.

Die Reise dauerte die ganze Nacht, und Joseph und Onkel Liu konnten sich die ganze Zeit kaum rühren. Am nächsten Morgen kamen sie in einer Stadt an, wo sie nach Kanton umsteigen mußten. Der Anschlußzug fuhr erst später, und so nahmen sie die Gelegenheit wahr, sich die Beine zu vertreten.

Während sie durch ein Warenhaus schlenderten, wurden sie auf die Radioabteilung in einer Ecke aufmerksam. »Können wir eins von diesen anhören?« rief Onkel Liu dem Verkäufer zu, in der Hoffnung, etwas Interessantes zu hören, um die Zeit bis zur Abfahrt des Zuges zu füllen.

»Kommen Sie von weit her?« Der Verkäufer war nur zu glücklich, seinen ausländischen Gästen einen Gefallen zu tun. Nachdem sie einige Freundlichkeiten ausgetauscht hatten, brachte er das größte Modell und stellte es vorsichtig auf die Glasplatte des Ladentisches. Er schaltete es ein und ging, um einen anderen Kunden zu bedienen. Die beiden warteten, daß das Gerät warm würde. Plötzlich hörten sie laut und deutlich die Botschaft von der Liebe Christi. Der Prediger sprach Mandarin mit starkem philippinischem Akzent.

»Hier ist die Stimme der Freundschaft, ein Programm der FEBC.« Onkel Liu lehnte sich auf die Theke und legte sein Ohr dichter an den Empfänger. Plötzlich gab das Glas nach und zerbrach unter dem Gewicht. Die beiden sprangen erschrocken zurück.

Im darauffolgenden Hin und Her achtete niemand auf die Art der Sendung. Das Radio wurde abgestellt, und Joseph und Liu halfen, die Scherben zusammenzukehren.

Während sie zum Bahnhof zurückgingen, verband Onkel Liu seine verletzte rechte Hand. Trotz der Schmerzen und der Verlegenheit waren die beiden voll Freude. Zum ersten Mal hatten sie die FEBC selbst hören können. Das war die Bestätigung, daß die Arbeit tief nach China hineinreichte.

In Kanton angekommen, besuchten Joseph und Liu wieder die Verwandten, denen sie im vergangenen Jahr per Zettel ihren Glauben bezeugt hatten. Inzwischen hatten sie ihr Mandarin verbessert, und obwohl sie es nicht flüssig sprachen, konnten sie die Grundbotschaft des Evangeliums mitteilen.

Ihre Verwandten hörten ruhig zu, aber Joseph war sicher, mehr aus Höflichkeit als aus wirklichem Interesse. Bevor sie gingen, schrieb er für jeden der Familie die Worte aus Johannes 3,16 auf schmale Zettel.

»*Also hat Gott die Welt geliebt, daß er seinen eingeborenen Sohn gab, auf daß alle, die an ihn glauben, nicht verloren gehen, sondern ewiges Leben haben.*«

Als er die Zettel verteilte, fühlte sich Joseph etwas entmutigt. Ihre Verwandten hatten zu gute Manieren, um sie zurückzuweisen, aber er fragte sich, wie lange sie sie wohl behalten würden.

Es sollte vier Jahre dauern, bevor er die Antwort erhielt.

Als der Tag kam, an dem sie Kanton verlassen mußten, stiegen die zwei in einen Bus zur Grenze nach Macao. Wie allen Besuchern Chinas war ihnen erzählt worden, wie Maos Gedanken dieses Land verändert hätten, in ein Paradies auf Erden. Der Vorsitzende Mao habe eine edle Gesellschaft erschaffen, in der die Menschen besser geworden seien, weniger egoistisch. Die Kriminalität sei mit diesem neuen Zeitalter verschwunden.

Doch auf dieser letzten Fahrt wandte sich Onkel Liu auf einmal mit verstörtem Gesichtsausdruck an Joseph.

»Was gibt's, Onkel? Du siehst besorgt aus.«

Liu suchte indessen verzweifelt in seinen Taschen nach seiner Brieftasche, in der all sein Geld und seine Papiere waren.

»Joseph«, sagte er schließlich, »du weißt, daß wir gehört haben, wie die Gedanken Maos die menschliche Natur geändert haben sollen. Offensichtlich haben sie in Kanton nicht so gute Arbeit geleistet.«

»Warum?«

»Nun, mir ist die Brieftasche gestohlen worden . . .«

10. China, laß mich dich lieben

Ich lag auf meinem knarrenden Bett in einem Hotel in Hongkong und las zum xten Mal das Telegramm, das ich 24 Stunden vorher bekommen hatte.

»kommen heim 20. februar. vater war wundervoll zu uns. joseph liu.«

Dies war der Tag, auf den ich fünf lange Wochen gewartet hatte. Jeden Tag hatte ich mich tausendmal gefragt, was wohl jetzt in China passierte. Ging es den beiden gut? Konnten sie in irgendeiner Gefahr sein? Sie waren einer feindlichen Regierung ausgesetzt, von der sie keine Garantie zur Rückkehr hatten.

Oft fragte ich mich auch, ob sie wohl Kontakt mit den Gläubigen im Land bekommen hatten. Wie wurden die Christen mit dem Druck der Regierung fertig? Brauchten sie unsere Hilfe? Und dann kam mir eine grundsätzlichere Frage in den Sinn: Gab es überhaupt noch eine geheime Kirche in der Volksrepublik?

Jedesmal, wenn eine Frage aufkam, sprach ich sie mit dem Herrn durch. Viele Male am Tag hielten Julie und ich in unserer Arbeit inne, um für die beiden treuen Boten zu beten.

Ich konnte nicht still liegenbleiben. In einem Augenblick lag ich auf dem Rücken, im nächsten stapfte ich durch den winzigen Raum. Die beiden wußten, daß ich hier auf sie wartete, und jeden Augenblick konnte ein Klopfen an der Tür sie ankündigen.

Schließlich kam der Moment. Mit drei Sätzen war ich an der Tür und öffnete sie weit. Ich streckte meine Arme aus, um sie mit einer Umarmung zu begrüßen.

»Preist den Herrn, ihr seid gesund.« Ich fühlte Tränen in mir aufsteigen. Doch noch während ich sie begrüßte, machte mich ihre Reaktion stutzig.

»Ihr seid doch okay, oder?«

Sie lächelten, aber ich hatte den Eindruck, daß dies eine Maske war.

»Wir sind in Ordnung, Bruder David. Wir sind nur müde, aber wir freuen uns, dich wiederzusehen«, versicherte mir Liu.

»Gut, kommt, setzt euch, erzählt!« Ich forderte sie auf, sich auf das verblichene Sofa zu setzen, und hockte mich eifrig auf die Bettkante.

»Wo fangen wir an? Es gibt so viele Fragen, die ich euch unbedingt stellen muß. Wo möchtet ihr anfangen . . .?« Ich brach ab, als ein unsicherer Ausdruck auf ihren Gesichtern erschien.

Etwas *war* nicht in Ordnung, aber die beiden waren, wie immer, überhöflich.

»Wir würden auch gerne wissen, wie es dir geht, Bruder David. Wie geht es deiner Frau? Deinen Kindern?«

»Es geht ihnen wirklich gut. Sie senden euch ihre herzlichsten Grüße. Sie haben alle für euch gebetet.« Ich war verwirrt, als ihre Augen wieder meinen Blick verlegen zu meiden schienen.

»Seid ihr sicher, daß alles in Ordnung ist?«

Mit der schweigenden Zustimmung seines Onkels lehnte sich Joseph vor, um für beide zu sprechen:

»Ja, natürlich, Bruder David. Die Reise war nur sehr lang. Wenn du uns entschuldigen würdest, wir fühlen uns ruhebedürftig. Vielleicht können wir uns später treffen und über alles reden.«

Ich half ihnen mit ihren Koffern die Treppen hinunter und rief ein Taxi, das sie zu Schwester Woo bringen sollte.

Wieder im Zimmer, sank ich langsam aufs Bett. Nach all meinen Erwartungen war ich auf diese Reaktion nicht gefaßt gewesen. Ich sah verwirrt aus dem ungeputzten Fenster auf die rostende Feuerleiter des Nachbarhauses. Vielleicht *waren* sie müde. Vielleicht *waren* sei beim nächsten Mal mitteilsamer. Oder nicht?

Am nächsten Morgen lud ich sie zum Mittagessen ins Juno Revolving Restaurant ein, von wo man einen wundervollen Blick auf die Silhouette von Hongkong hat. Wieder waren sie höflich, erzählten aber noch immer fast nichts von der Reise.

Vielleicht mußten sie erst zu sich kommen. Zwei oder drei Tage lang konzentrierte ich mich darauf, sie an Orte zu führen, wo sie sich ausruhen und entspannen konnten. Sobald ich jedoch wieder nach den Erlebnissen der Reise fragte, waren sie, wie vorher, seltsam still. Langsam begann ich, das Problem zu erfassen. Offenbar hatten sie gefunden, wonach sie gesucht hatten. Ihre Schwierigkeit bestand darin, daß sie sich nicht wohlfühlten bei dem Gedanken, mich einzuweihen.

Mir fiel ein, wie zögernd die Christen in Hongkong Informationen über ihre Verwandten an Joseph und Liu weitergegeben hatten. Ich erkannte, daß die beiden jetzt genauso zurückhaltend mir gegenüber waren wie diese Leute ihnen gegenüber.

Die Informationen, die sie gesammelt hatten, waren so wertvoll, daß sie sie unbedingt schützen wollten. Sie hatten so viel gehört, oft geflüsterte Berichte von Menschen, die noch immer die Narben des Preises für ihren Glauben trugen. Konnten sie das Gehörte wirklich einem Amerikaner anvertrauen?

»Herr«, betete ich, als sich das Problem herauskristallisierte. »Ich muß noch unheimlich viel über die Chinesen lernen. Und ich möchte lernen. Der einzige Weg dazu ist, daß du mir Geduld und Verständnis für diese Menschen gibst. Nicht nur für diese zwei, sondern für ihr ganzes Volk.«

Ich lehnte mich auf dem Bett zurück und schloß die Augen. »China«, dachte ich, die Worte fast laut aussprechend, »laß mich dich lieben . . .«

Mit der Zeit beantwortete der Herr mein Gebet. Stückchenweise schmolz das Eis zwischen uns, und die alte Herzlichkeit bestimmte wieder unser Verhältnis. Ganz allmählich bekam ich ein zusammenhängendes Bild.

Ich sah eine Kirche, die durch Feuer geläutert worden war. Eine Kirche, die dieselben Schmerzen durchlitten hatte wie Jesus. Diese Kirche verstand Golgatha. Sie wußte, was es hieß, in Angst und Verfolgung Blut zu schwitzen und zum Vater zu schreien. So etwas hatte ich noch nie erlebt.

»Und können wir ihnen beistehen?« wollte ich wissen. »Wollen sie unsere Hilfe?«

Als Antwort erzählte mir Joseph eine Geschichte, die er und Liu von einem Pastor in Amoy gehört hatten.

»1969 stürmten die Roten Garden die kleine Gemeinde. Sie konfiszierten die Bibel des Pastors und die Bibeln aller Gemeindeglieder.

Sie wurden auf die Straße geworfen und in einem schrecklichen Freudenfeuer verbrannt. Dann wurde der Pastor verhaftet.

Dies war übrigens nicht das erste Mal. Davor hatte er neun Jahre im Gefängnis gesessen. Sein Bruder war schon im 14. Jahr inhaftiert. Er hatte so lange in Einzel-Dunkelhaft gesessen, daß er nicht mehr sehen konnte. Und er konnte wegen Folter und Unterernährung auch nicht mehr laufen.

Dieser Bruder ist immer noch im Gefängnis. Er müßte nur Jesus als Herrn aufgeben und öffentlich erklären, daß der Vorsitzende Mao Gott ist – dann wäre er frei.

Nachdem man dem Pastor die Bibel abgenommen hatte, begann er zum Herrn zu beten. Ich werde nie die Worte vergessen, die er uns sagte, Bruder David. Er sagte: ›Herr, du weißt, daß die Kommunisten uns jedes Exemplar deines Wortes genommen haben. Du hast die Bücher brennen sehen. Ich bitte dich, sprich bitte zu jemandem *außerhalb* Chinas, und trage ihm bitte auf, Bibeln für unser Volk vorzubereiten! Und, Herr, würdest du dann bitte diese Bibeln in unser Land bringen?‹

Dem Pastor kamen die Tränen, als er uns erzählte, daß er an diesem Tag die Antwort auf seine Gebete gesehen hatte.«

Nicht nur dem Pastor kamen die Tränen. Als ich die Geschichte hörte, konnte ich meine eigenen Tränen kaum zurückhalten. Wir drei hielten inne, um Gott für die Treue seiner Führung zu danken.

Dann erzählte Onkel Liu weiter: »In Kanton haben wir tatsächlich eine Bibelschule angetroffen, wo junge Christen unterrichtet werden, um andere das Wort Gottes zu lehren.«

»Aber wie können sie zum Unterricht zusammenkommen?« unterbrach ich ihn.

»Das ist es ja gerade, sie kommen nicht zusammen«, erwiderte Onkel Liu.

Ich verstand gar nichts mehr, und er fuhr fort: »Ihr System ist sehr einfach. Statt daß die Schüler zu den Lehrern kommen, gehen die Lehrer zu ihnen. Ein Fachlehrer besucht jeweils einen Studenten.

Die Lehrer gehen von Haus zu Haus, wie zu privaten Besuchen. Aber tatsächlich nehmen sie jede Gelegenheit wahr, den Hunger ihrer zwanzig Studenten nach Gottes Wort zu stillen.

Und mit jeder Stunde stellen beide, Lehrer und Schüler, ihre Freiheit aufs Spiel . . .«

»Wie groß ist ihr Bedarf an Bibeln?« fragte ich mit der Zeit.

»Überall, wo wir hinkamen, hörten wir dasselbe«, erwiderte Onkel Liu. »In vielen Städten erzählten uns die Leiter, daß 1966, am Anfang der Kulturrevolution, alle Bibeln öffentlich verbrannt wurden.

Einige, die wir besuchten, hatten überhaupt keine Bibeln. Andere hatten nur eine oder zwei, die sie für die Gottesdienste benutzen und zwischendurch verstecken. Viele hatten ihre Bibel geteilt, so daß die Gemeindeglieder die Teile mit nach Hause nehmen konnten, bis zum nächsten Mal – fast wie eine kleine Bücherei.

Jede Gruppe, jeder einzelne Christ, den wir trafen, bat uns, mit Bibeln zurückzukommen. Bruder David, wir haben ihnen versprochen, alles mögliche zu tun, um ihren Wunsch zu erfüllen.«

»Ich bin dabei!« versprach ich. »Haben sie irgendeine Möglichkeit, im Land selbst Bibeln zu vervielfältigen?«

»Nur per Hand«, erklärte Joseph. »Wir trafen eine Gruppe junger Leute, die jeden Morgen zwei bis drei Stunden vor der Arbeit aufstanden, um die Bibel abzuschreiben. Das ist eine mühsame Arbeit, Bruder David. Und das Ganze dauert schrecklich lange.«

Wir sprachen bis spät in die Nacht, und gegen Ende spürte ich stärker denn je den Auftrag, Bibeln nach China zu schaffen – auch persönlich, wenn ich nur ins Land kommen könnte.

»Nun, Bruder David, obwohl du bisher kein Visum bekommen konntest, können wir doch das Nächstbeste für dich tun«, sagte Onkel Liu.

»Nämlich?«

»Wir haben während der Wochen dort viel fotografiert. Wir können dir die Bilder an einem Abend zeigen.«

Am nächsten Tag telefonierte ich mit Shan Kumar.

»Shan, möchtest du eine Dia-Vorstellung sehen, die es sonst nirgends auf der Welt gibt?« begann ich.

»Kann sein«, klang sein östlicher Akzent durch den Hörer. »Worüber denn?«

»Über die Volksrepublik China.«

»Oh, dann bin ich natürlich interessiert. Wo wird sie gezeigt?«

»In deinem Haus, hoffe ich. Möglichst vorgestern.«

Er lachte. »Okay, was hast du vor?«

Als ich es ihm erklärte, war Shan genauso begeistert wie ich. Am erstmöglichen Abend klopften Joseph, Onkel Liu und ich an seine Tür.

Als die Freunde uns ihre Dias zeigten, sahen wir, was sie gemeint hatten, als sie vom ärmlichen Zustand des Landes sprachen. Wir sahen die reparaturbedürftigen Häuser und die altmodischen Transportmittel. Auch die Propaganda wurde lebendig, als sie uns die Spruchbänder und Poster des »Großen Steuermannes« Mao zeigten, die überall das Bild beherrschten.

Besonders waren wir von der Einförmigkeit der Menschen betroffen. Es war schwer, Frauen von Männern zu unterscheiden, da sie sich nicht schminkten und alle kurze Haare hatten. Noch außergewöhnlicher war die Kleidung der Leute: Fast alle trugen dieselben eintönigen, schlecht-sitzenden blauen Overalls.

Aber als Onkel Liu uns seine Nahaufnahmen zeigte, sahen wir, wie verschieden die Menschen waren. Eine alte Frau mit tiefen Falten im Gesicht saß ruhig auf einem Bambusstuhl vor ihrem winzigen Haus. Kinder lachten glücklich, während sie die Enten in einem Kantoner Park beobachteten. Ein alter Mann mit weißen Stoppeln am Kinn starrte mit bestürztem Gesichtsausdruck in die Kamera. Eltern mittleren Alters fuhren mit ihren Fahrrädern von der Arbeit nach Hause.

Jeder war ein Individuum. Jeder lebte sein eigenes Leben. Und jeder brauchte die Liebe Jesu.

Schließlich beendeten Joseph und Onkel Liu ihre Vorführung mit

Dias aus unserer »Familie« in China. Wir reckten unsere Hälse, als wir auf der Leinwand die Bilder unserer Brüder und Schwestern in Christus sahen; Männer und Frauen, die alles riskierten, um sich inmitten von Verfolgungen für ihn einzusetzen.

Als das Licht anging, wandte sich Shan an die beiden: »Können die Gläubigen dem Druck standhalten? Oder ist die Gemeinde fast ausgelöscht?«

Wieder einmal überraschte uns ihre Antwort.

»Wir haben es vorher nicht erwähnt, aber viele Gläubige in China haben uns erzählt, daß eine Erweckung in diesem Land in Gang gekommen ist.«

»Du willst doch wohl nicht sagen«, protestierte Shan, »daß sie in einem Land, in dem es illegal ist, über den Glauben zu reden, ernsthaft mit einer Erweckung rechnen! Sie können es sich ja nicht einmal leisten, für den Herrn den Mund zu öffnen, ohne ihre Verhaftung zu riskieren.«

»Ich weiß«, erwiderte Joseph, »zuerst konnten wir es auch nicht glauben. Aber sie hat schon angefangen.«

Joseph berichtete, daß zwölf Monate vor ihrer Reise nach Foochow zwei alte Damen fest mit einer Erweckung gerechnet und entsprechend gehandelt hätten. Sie beteten intensiv und anhaltend, daß Gott in ihrem Gebiet wirken möge.

Sie bekamen ihre Antwort, als sie von einem jungen Mädchen aufgesucht wurden, das besessen war. Sie war obendrein taubstumm. Als die zwei Frauen versuchten, ihr ihre Liebe zu zeigen, wich sie zurück und kauerte sich in eine Ecke des Raumes. Die Frauen knieten neben ihr nieder, umarmten sie und beteten für ihre Heilung. Plötzlich stieß das Mädchen einen unmenschlichen Schrei aus, obwohl sie nicht sprechen konnte. Dann wurde sie ruhig und schaute mit Interesse auf, als die Frauen zu ihr sprachen. Von diesem Tag an konnte sie nicht nur hören, sondern sie begann auch sprechen zu lernen.

Die Nachricht von der Heilung verbreitete sich in der ganzen Gegend, und bald kamen andere zum Haus der beiden Frauen und baten sie, für sie zu beten. Gott erhörte diese Gebete auf überwältigende Weise, und ständig kamen mehr Menschen.

An einem Abend hatten sich 200 Leute in ihrem kleinen Haus zu einem Dankgottesdienst versammelt. Plötzlich wurde ihr Singen durch lautes Klopfen unterbrochen. Vor der Haustür stand ein Offizier der Befreiungsarmee mit zwei Soldaten.

»Was geht hier vor?« fragte er.

Die Antwort kam ruhig. »Wir haben eine Gebetsversammlung.«

»Und zu wem beten Sie?« grinste er höhnisch.

»Wir beten zu Gott«, erklärten sie.

Der Ton des Offiziers war herablassend. »Oh, wer ist Ihr Gott, und was tut er?«

Eine der alten Damen belehrte ihn: »Unser Gott ist der Gott, der Himmel und Erde gemacht hat. Er ist ein Gott, der sich um Sie und uns kümmert. Er wurde wie wir, um an unserer Stelle zu sterben. Und er erstand aus dem Grab.«

Er unterbrach sie nicht, so redete sie weiter.

»Als Jesus auf der Erde war, tat er viele Wunder, und er berührte die Menschen mit seinem Erbarmen und seiner Liebe. Wir sind hier, weil er dieselben Wunder auch in unserer Mitte getan hat.«

Das Selbstvertrauen des Offiziers war etwas erschüttert. »Was hat er getan?« fragte er.

»Sehen Sie den Mann dort drüben?« erwiderte sie. »Er war magenkrank, und der Herr hat ihn angerührt. Und der dort drüben? Er hatte nicht genug zu essen. Wir beteten zum Herrn, und er versorgte ihn mit Lebensmitteln. Dieser Mann hier hatte ein böse Entzündung am Bein; wir beteten für ihn und der Herr heilte ihn.«

Der Offizier war noch nicht überzeugt. »Schauen Sie meine Nase an«, spottete er, »sie ist verunstaltet, nicht wahr? Man hat mir gesagt, ich hätte Krebs. Was kann Ihr Gott dafür tun?« Trotz seines Spottes entdeckte die alte Frau die Not in seinen Augen.

Sie öffneten die Tür weiter und luden ihn ein, sich zu ihnen zu setzen. Als sie zu beten begannen, legte er sein Gewehr auf den Boden und neigte den Kopf. Nach dem Gebet verließen die drei Männer das Haus, ohne die Versammlung zu sprengen.

In dieser Nacht spürte der Offizier ein seltsames Gefühl im Gesicht, und als er am Morgen aufstand, sah er, daß er geheilt war. Der Mann war so aufgeregt, daß er in voller Uniform zu dem Haus lief.

»Erzählen Sie mir mehr über diesen Gott. Ich möchte alles über ihn wissen!« drängte er.

Die beiden Damen erklärten, daß Jesus ihn liebe und an seiner Stelle gestorben sei, damit er mit Gott versöhnt werden könne. Und Jesus sei bereit, ihm zu vergeben.

»Glauben Sie?« fragten sie. »Wollen Sie Jesus annehmen und das Leben neu anfangen?«

Er nickte: »Ich möchte mein Leben ihm geben und ihm nachfolgen.«

Die Neuigkeit von der Bekehrung des Offiziers ging wie ein Lauffeuer durch die Stadt. Und die Gemeinde wuchs von 200 auf 500 Glieder an.

Der Offizier erhielt eine Bibel, und als er anfing, seinen neugefundenen Glauben anderen mitzuteilen, wuchs die Gemeinde noch einmal. Zu der Zeit, als Joseph und Onkel Liu in der Stadt ankamen, trafen sich 1200 Leute in einem großen Haus in Foochow.
Wir sollten in China übrigens immer wieder auf die Tatsache stoßen, daß Gott Zeichen und Wunder benutzte, wie in biblischen Tagen, um die Menschen zu sich zu ziehen.

Die Vergeltungsmaßnahmen der Behörden waren jedoch genauso energisch wie das Wachstum der Bewegung. Man stellte sofort Nachforschungen an und hatte bald die fünf Leiter der Erweckung identifiziert. Am Tag von Josephs und Onkel Lius Ankunft waren die Männer verhaftet und, als abschreckendes Beispiel, der ganzen Stadt als Zirkus-Clowns vorgeführt worden. Man hatte ihnen die Köpfe rasiert, die Gesichter bemalt, und sie mußten kleine Narrenkappen tragen. Dann wurden sie durch die Straßen der Stadt geführt, bevor sie ins Gefängnis kamen. Unseres Wissens sind zwei der fünf noch heute (1980) in Haft.

Als Joseph seine Geschichte beendet hatte, waren Shan und ich überzeugt, daß sich eine Erweckung in China anbahnte. Wir hatten eine schwindende Schar von Gläubigen erwartet. Doch hier war eine Kirche, die Jesus so treu folgte, daß er durch sie wirken konnte, mächtiger als durch viele Gemeinden in unserer sogenannten Freien Welt!

»Wie können wir ihnen helfen?« fragte ich. »Was erwarten sie von uns?«

»Nun, natürlich fragen sie ständig nach Bibeln«, erwiderte Liu. »Aber was noch wichtiger ist, sie bitten um unser Gebet. Sie sehnen sich nach dem Wissen, daß ihre Brüder und Schwestern draußen sie täglich unterstützen. Es ist nicht einfach, mutig für Christus Stellung zu beziehen. Es kostet sie alles.«

»Und weißt du, was das Beschämendste ist, Bruder David?« Joseph machte eine Pause, um das folgende zu betonen. »Daß sie täglich für uns in der Welt beten.«

Shan und ich schauten überrascht auf. »Wofür beten sie, Joseph?« fragte Shan.

Seine Antwort ließ uns verstummen.

»Sie beten, daß wir in unserem Überfluß nicht zu bequem werden, damit unser Zeugnis nicht geschwächt wird.

Sie beten, daß die Macht des Materialismus das Feuer für den Herrn nicht auslöschen möge.«

11. Das wahre China?

Ein paar Tage später brachte uns Shan zum Internationalen Flughafen Kai Tak. Als Joseph, Onkel Liu und ich die Gurte anlegten, freuten wir uns auf den Flug über das südliche Chinesische Meer zu unseren Familien in Manila.

Joseph und Onkel Liu trugen schwer an ihrem Auftrag für China. Vor allem wollten sie vorsichtig sein. Auf ihren Knien warteten sie, daß Gott ihnen die Freunde zeigte, mit denen sie ihr Anliegen teilen konnten. Es gab viel, was sie nicht erzählen durften. Aber wo sie konnten, ließen sie andere teilhaben, in der Hoffnung, daß diese sich genauso mit der unterdrückten Kirche identifizieren würden.

Es gab einige, die mit Begeisterung antworteten und sie ermutigten, nach China zurückzugehen, um mehr über die Volksrepublik zu erfahren. Aber viel häufiger waren die Warnungen, die sie so gut kannten: »Könnt ihr sicher sein, daß ihr einem Amerikaner vertrauen könnt?« – »China ist noch zu gefährlich. Wir müssen warten, bis es sich wieder geöffnet hat.« – »Es ist in Ordnung, für China zu beten, aber mehr ist unmöglich.« Und dann kam wieder der beunruhigende Kommentar: »Joseph, du bist so jung. Du hast dein ganzes Leben vor dir. Warum es an dieses Land verschwenden? Du könntest anderswo so viel tun.«

Ja, warum? Joseph, Onkel Liu und ich trafen uns, um die Reaktionen zu vergleichen. Es war meist eine Wiederholung dessen, was sie vor ihrer Reise in Hongkong gehört hatten. Wir schienen wieder am Ausgangspunkt angelangt zu sein.

Natürlich verstanden wir diese Einwände. Mao hatte das Steuer fest in der Hand. Es war, menschlich gesprochen, lächerlich, von China zu träumen in einer Zeit, in der das Land sich hinter der Großen Mauer verschanzt hatte.

Und dennoch – hatte uns der Herr nicht fortwährend aufgefordert, im Glauben zu wandeln, nicht im Schauen?

»Vater, es muß einen Weg geben, Ost und West zusammenzubringen.« Ich hatte die Gespräche mit dem Herrn in den Straßen Manilas wieder aufgenommen. Oft saß ich um Mitternacht am Rande eines abgelegenen Kinderspielplatzes. Nicht um zu spielen, sondern um mit dem Herrn zu reden.

»Es muß doch für dein Volk in der Welt eine Möglichkeit geben, dein Volk in China zu unterstützen! Wir sind alle Glieder eines Leibes – deines Leibes, Herr. Und du rufst alle Glieder des Leibes auf, zusammenzuarbeiten.«

Ich erinnerte mich an ein Gespräch, das ich, lange bevor ich vollzeitlich diese Arbeit übernahm, im Hotel am JFK-Flughafen in New York mit Bruder Andrew geführt hatte.

»David«, hatte Bruder Andrew ernst gesagt, »wir müssen unbedingt alle Personen und Gruppen zusammenbringen, die ein Interesse am Reich Gottes in China haben.

Wir müssen einander ermutigen, die Arbeit hinter dem Bambus-Vorhang in Angriff zu nehmen. Stell dir vor, alle Denominationen oder Missionsgesellschaften kämen zu einer Konferenz zusammen – wieviel mehr könnten wir erreichen, nachdem wir unser Wissen und unsere Einsichten miteinander geteilt hätten . . .«

Er hatte recht. Es war schon so lange her, daß irgend jemand China ernsthaft als Missionsfeld betrachtet hatte – zu lange. Die Kirche dort brauchte unsere Hilfe: für ihr geistliches Wohlergehen und für ihre Aufgabe, die Volksrepublik zu evangelisieren – sie zu Gottes Republik zu machen.

Als ob er meine Gedanken gelesen hätte, fuhr mein holländischer Freund fort: »Die Aufgabe ist viel zu groß, als daß sie einer allein tun könnte. – Und«, fügte er hinzu, »ich möchte, daß unsere eigene Organisation allen dient, die Gottes Wort nach China bringen möchten. Es ist egal, welche Organisation Bibeln hinbringt – solange sie in Übereinstimmung mit Gottes Wort handelt.«

Das Thema für die Konferenz sollte sich schon bald herauskristallisieren. Ich sprach in Hongkong mit David Wang von Asian Outreach über unsere Pläne, und auf einmal stießen wir beide auf dasselbe Motto. Die Zusammenkunft sollte unter der Überschrift »Liebe China!« laufen – denn wenn wir keine Liebe für die Chinesen hatten, konnten wir nicht anfangen, ihnen zu dienen.

Für Joseph, Onkel Liu und mich schien dies der nächste Schritt zu sein, den Gott mit uns vorhatte. Wir steckten alle unsere Energie in die Mammutaufgabe, die Tagung zu ermöglichen.

In der Zwischenzeit begannen zu unserer Freude Briefe von den Kontaktleuten durchzusickern, die Joseph und sein Onkel in China getroffen hatten.

> »Ich weiß von Eurer Sorge für mich . . . danke vielmals für das Geld, das Ihr gesandt habt . . . ich will Eure Liebe als ein wohlriechendes Opfer vor den Herrn bringen, Gott wird Euch sicherlich segnen . . .«

Und ein anderer:

> »Dankt Gott, daß wir unter Seiner wunderbaren Führung nun eine regelmäßige Zusammenkunft haben. Bittet Gott, jeder Familie Gelegenheit zu geben, die Gnade Gottes anzunehmen, daß ihr Glaube

gestärkt wird . . . Betet, daß Gott Seine mächtige Rettung und Wunder kundmacht, und *daß die ganze Nation religiöse Freiheit erhalten möge . . .*«

Einer kam von einer Witwe:

». . . in diesen Tagen erinnere ich mich, daß mein Mann seit sieben Jahren tot ist, und ich habe nicht für den Herrn gearbeitet. Ich fühle mich so beschämt. Heute gab mir eine Schwester 100 RMB, eine Gabe von den Philippinen . . . Der Glaube meiner Tochter ist erschüttert worden. Mein Sohn und seine Frau möchten, wegen Mangel an Vertrauen zum Herrn, nicht beten und werden vom Satan angegriffen. Leiden treibt uns nahe zum Herrn – sie hingegen sehen von ihrem Glauben weg und leiden psychisch und geistlich. Bitte betet ernsthaft!«

Und schließlich:

»Obwohl wir Christen auf dem Festland nicht in die Kirche gehen konnten, um Gott anzubeten, können wir mit etwa 10 Personen zusammenkommen, um im Haus Gottesdienst zu halten und zu beten. Bitte betet für uns. Möge Gott Sein Volk aufrufen, für Ihn zu arbeiten und bekanntzumachen, daß Gott die Welt so liebt . . . Emmanuel.«

Ständig hörten wir von mehr Gläubigen, die Unterstützung brauchten.

Eine, die besonders Hilfe benötigte, war eine Evangelistin aus dem südlichen Teil Chinas. Schwester Woo hörte zuerst von ihr. Und während einer von Josephs häufigen Reisen nach Hongkong erwähnte sie sie.

»Gott vollbringt viele, viele Wunder durch diese Frau, obwohl sie so viel leiden mußte«, erzählte sie ihm. »Ihre Mutter lebt hier in Hongkong. Ich meine, du solltest sie mit mir besuchen.«

Sie blickte Joseph fest an, der etwas unglücklich dreinschaute.

»Weißt du«, erklärte er mir später, »es ist nicht, daß ich nicht an Wunder glaube. Ich habe mit meinen eigenen Augen gesehen, wie Gott welche vollbrachte. Aber manchmal hört man von Leuten, die ständig nur von Wundern reden – eine Austreibung hier, eine Heilung dort. Doch wenn du ihr Leben ansiehst, stimmt da überhaupt nichts mit ihren Worten überein.

Manchmal«, fügte er in seiner höflichen Art hinzu, »frage ich mich, ob diese Leute wirklich ganz bei Verstand sind. Und ich bin nicht sehr daran interessiert, ihnen weiter zuzuhören.«

So sagte er Schwester Woo, daß er die alte Dame lieber nicht besuchen wolle.

Seine Antwort machte überhaupt keinen Eindruck auf sie. »Unsinn, Joseph, wir werden morgen gehen.«

Er versuchte es nochmals. »Aber wenn sie aus dem Süden kommt, werde ich ihren Dialekt nicht verstehen können.«

Fräulein Woo ließ sich nicht abschrecken. »Dann«, strahlte sie, »werde ich gern für dich übersetzen. Wir werden gehen, Joseph.«

Eine ältere Chinesin öffnete die Tür und bat sie in den spärlich beleuchteten Raum. Ihr lächelndes Gesicht bildete einen auffallenden Kontrast zu den Schatten des Zimmers, und trotz all seiner Zweifel erkannte Joseph sofort den Glanz einer Frau, die sehr nah bei ihrem Gott lebte.

Sie setzten sich, und als die Großmutter zu erzählen anfing, unterbrach Schwester Woo alle paar Sekunden, um für Joseph zu übersetzen. Das Gespräch drehte sich um die Tochter der alten Frau in Südchina und um die große Anzahl derer, die durch ihre Arbeit Jesus kennengelernt hatten.

Schwester Woo hörte aufmerksam, mit wachsender Begeisterung zu. Aber als die Großmutter von den Wundern erzählte, die Gott gewirkt hatte, übersetzte sie immer weniger. Schließlich saß sie nur noch in atemloser Spannung da und dachte überhaupt nicht mehr ans Übersetzen.

Von der anderen Seite des Raums aus beobachtete Joseph die beiden alten Heiligen, wie sie sich angeregt unterhielten. Zuerst versuchte er, höflich zuzuhören, auch wenn er nichts verstand. Aber schließlich fielen ihm die Augen zu.

»Außerdem«, gab er später zu, »kam ich mir vor wie ein Pfosten, der nur der Dekoration diente. Ich wußte, daß sie mich sowieso nicht mehr beachteten.«

Langsam sank sein Kopf aufs Sofa, und er streckte sich aus, um zu schlafen. Zwei Stunden später fuhr er hoch und wollte sich für seine Unhöflichkeit entschuldigen. Doch die beiden hatten nicht einmal bemerkt, daß er eingeschlafen war.

Er richtete sich wieder auf, und schließlich erhob sich auch Schwester Woo. Joseph ging auf die Großmutter zu, um ihr für ihre Gastfreundschaft zu danken.

Als sich die Tür hinter ihnen schloß, wandte sich Fräulein Woo Joseph zu, hielt seinen Arm fest und schaute ihm mit glänzenden Augen ins Gesicht.

»Siehst du«, erklärte sie im Brustton der Überzeugung, »ich habe recht gehabt, nicht wahr? Ich habe dir doch gesagt, daß du froh sein würdest, daß ich dich hingeschleppt habe . . .«

In den folgenden Wochen und Monaten stellte Joseph fest, daß Fräulein Woo tatsächlich recht gehabt hatte. Hätte irgend jemand mit weniger Ausdauer als sie ihn eingeladen, Joseph wäre nicht zum Haus der Großmutter mitgekommen. Aber dieser eine Kontakt sollte uns ein weiteres Arbeitsfeld erschließen.

Joseph erfuhr nach und nach doch noch die Geschichte der Tochter, Frau Kwang, und ihrer außergewöhnlichen Arbeit im südlichen Teil Chinas. Diese Frau hatte wohl eine evangelistische Arbeit angefangen, die der Herr in einem unglaublichen Ausmaß gesegnet hatte. Hunderte, ja Tausende nahmen Jesus Christus an.

Die Behörden waren natürlich wütend. Sie ließen viele der christlichen Mitarbeiter verhaften und verfolgten jeden, der sich unerschrocken zu Jesus bekannte. Frau Kwang selbst hatte dreimal im Gefängnis gesessen, und ihr Mann hatte viele Jahre im Arbeitslager zugebracht. Doch trotz aller Versuche der Regierung, die Bewegung zu stoppen, breitete sich die Erweckung immer weiter aus. Und Frau Kwang und ihre Mitarbeiter predigten weiterhin das Evangelium.

Selbst im Gefängnis führte Frau Kwang viele zum Herrn, Wächter und Gefangene. Und sofort nach ihrer Entlassung ging sie an ihre Arbeit zurück. Die Evangelistin unternahm »Missionsreisen« von 10 Tagen bis 3 Wochen, zog von Stadt zu Stadt und predigte oft dreimal in einer Nacht: Versammlungen wurden im Schutz der Dunkelheit abgehalten, oft in den frühen Morgenstunden – und in einigen der großen alten chinesischen Häuser, die früher von Reichen für ihre vielköpfigen Familien gebaut worden waren. Die Gottesdienste waren immer überfüllt, und wenn die Zuhörerzahl für Frau Kwang allein zu groß wurde, teilte man die Versammlung. Die Untergruppen gingen in die verschiedenen Flügel des Hauses, wo dann Mitarbeiter predigten. Frau Kwang schaute kurz bei allen Gruppen herein. Es war nicht ungewöhnlich, daß viele sich bekehrten und daß viele geheilt wurden. Die Blinden, die Tauben und die Lahmen wurden von Gott angerührt. Frau Kwang benutzte diese Wunder, um auf die lebende Realität Jesu Christi hinzuweisen, und so wurden viele für Christus gewonnen.

Zuerst konnte Joseph diese Erzählungen kaum glauben. Er wußte, wie brutal und unermüdlich das Christentum in China verfolgt wurde, und er fragte sich, wie solch ein Wachstum stattfinden konnte. Erst einige Jahre später erfuhr er, wie oft Gott wunderbar eingegriffen hatte, um seine Kinder vor Entdeckung zu schützen.

Doch trotz all seiner Zweifel besuchte Joseph weiterhin Großmutter Kwang. Denn wenn hier wirklich Gott am Werk war, wollte er dabeisein. Und als er mir immer mehr davon erzählte, fing ich Feuer.

Sooft ich Geld für Gläubige in Rotchina nach Hongkong schickte, bat ich Joseph, einiges davon für die Familie Kwang zu bestimmen. Ich wußte nicht, daß er immer noch zu unsicher war, um das zu tun. Die Geschichte der Kwangs war so schwer zu glauben – obwohl er sie gern glauben wollte. Seine Lösung war, ihnen nur einen ganz kleinen Teil unserer Gelder zu schicken, die Summe aber aus der eigenen Tasche zu erhöhen. Sollte sich dann herausstellen, daß die Berichte übertrieben oder unwahr waren, dann wäre nur sein Geld verloren, nicht unseres.

Zusätzlich zu den finanziellen Mitteln, die in die Volksrepublik flossen, schickten wir weiterhin Bibeln, hauptsächlich durch die Kanäle an den verschiedenen Grenzen. Gerade war eine Lieferung von 50000 Johannes-Evangelien auf einem dieser Wege transportiert worden. Und 5000 von den Neuen Testamenten, die wir bei unseren Kontaktleuten in Afghanistan, Burma, Laos und dem Himalaja-Gebiet deponiert hatten, waren nach China geschafft worden.

Oft ging das per Esel; die Bücher wurden in Kartoffelsäcke geladen, hundert in jeden Sack und zwei Säcke pro Esel. Bei anderen Gelegenheiten wurden sie von Boten zu Fuß transportiert und von Hand zu Hand gegeben, bis sie den Empfänger im Land erreichten. Wir erfuhren, daß die Bibeln, die über die Burma-Straße gingen, durch die Hände von 36 Leuten gingen, von den Philippinen bis zum Bestimmungsort in der Volksrepublik.

Von einem Mann, der regelmäßig einen Teil der Wege durchs Himalaja-Gebirge machte, kam ein Bericht zu uns:

»Die Schriften, die ihr mir gegeben habt, sind in den Südosten transportiert worden. Sie haben die Grenzen zur Volksrepublik überquert. Hier gab sie mein Bruder einem anderen Bruder weiter und er wieder einem anderen. Sie wurden weiter und weiter gegeben, bis sie in die Hände von Gottes Volk gelangten.

Die Reise ist sehr ermüdend, sehr schwierig. Die Berge zu überqueren, dauert nicht ein paar Stunden, sondern viele Tage, alles zu Fuß. Wir suchen Schutz in der Wildnis unter großen Felsbrocken. In den Dörfern nehmen wir Zuflucht bei den Bewohnern. Diese Menschen sind sehr arm.«

Der Vers, der seinen Bericht begleitete, war Jesaja 52,7: »Wie lieblich sind auf den Bergen die Füße der Boten, die da Frieden verkündigen, Gutes predigen, Heil verkündigen, die da sagen . . . Gott ist König.«

Zur gleichen Zeit hatten wir einen zweiten Boten darauf vorbereitet,

China durch die Vordertür, die Grenze Hongkongs zu besuchen: Ana-Marie Chung war Auslandschinesin, und ihr Volk lag ihr sehr am Herzen. Sie sollte Bibeln zu einigen der Kontaktpersonen bringen, die Joseph und Onkel Liu bei ihrer Reise kennengelernt hatten.

Unter anderem suchte sie den Evangelisten auf, der so für seinen Glauben gelitten hatte. Auch sie war tief beeindruckt, weil er trotz der Verfolgungen weiter predigte und Seelsorge trieb.

Ana-Marie gab ihm ihre eigene Bibel, da sie die wenigen, die sie hatte mitbringen können, schon verteilt hatte.

Der Pastor war sehr bewegt. Zum Dank sang er ihr in seinem vollen Bariton das Lied »Welch ein Freund ist unser Jesus« vor.

Aber danach kam der Schock ihrer Reise. Die Polizei hatte Wind von ihren Tätigkeiten in anderen Städten bekommen – jemand hatte sie verraten. In der nächsten Stadt ihrer Reise stellte die Polizei sie in ihrem Hotel.

Die Geheimpolizisten waren sehr höflich. »Wir möchten Sie zu einem Verhör einladen«, sagten sie. Sie willigte ein. »Ich wußte, der Herr war mit mir«, erinnerte sie sich.

Gleich am ersten Nachmittag erfuhr sie, was man in China unter einem Verhör verstand. »Es war Gehirnwäsche. Sie stellten mir immer wieder dieselben Fragen, auch nachdem ich geantwortet hatte. ›Wie heißen Sie?‹ ›Welche Gesellschaft vertreten Sie?‹ ›Wer ist bei Ihnen?‹ ›Mit wem haben Sie hier Verbindung gehabt?‹ Sie fragten vier Stunden lang.«

Man sagte ihr, man könne sie nicht an diesem Tag freilassen. Sie solle sich keine Sorgen machen, sie sei in guten Händen. Ana-Marie würde mit den Offizieren zusammen essen, und in der Nacht würde ein weiblicher Offizier ihr Gesellschaft leisten. Sie beschloß, nichts zu essen, bis man sie entließe. »Ich folge nur einer alten chinesischen Tradition«, erklärte sie ihnen. »Ich esse nur mit meinen Freunden, nicht mit meinen Feinden.«

»Wir sind Freunde!« beharrten sie.

»Nein. Sie trauen mir nicht. Sie behandeln mich wie einen Feind Ihres Landes. Ich bin ein Besucher. Ich bin bereit gewesen, Ihnen Ihre Fragen zu beantworten. Auch wenn Sie mich weitere 100 Tage befragen, werden sich meine Antworten nicht ändern. Nein, ich kann nicht mit Ihnen essen.«

Sie zuckten mit den Achseln. Das Verhör ging die nächsten drei Tage weiter. Ana-Marie blieb standhaft.

Zuletzt gaben sie auf. Da sie in ihrem Ausweis sahen, daß das Visum bald ablief, mußten sie sie freilassen – um nichts klüger, trotz aller Verhöre.

»Wissen Sie, Sie sollten für die kommunistische Partei arbeiten. Wir brauchen Mädchen wie Sie«, wurde ihr gesagt. Ana-Marie lächelte, mit einem stillen Gebet im Herzen. Sie wußte, wen sie wirklich brauchten.

Die Offiziere versammelten sich, um sie zu verabschieden. »Was werden Sie Ihren Freunden über unser Land erzählen? Was denken Sie von China?«

»Was ich von *meinem* Land denke? Ich liebe es, Jesus liebt es auch . . .« Dann war sie fort.

Ana-Marie, Joseph und Onkel Liu hatten alle China aus der Perspektive von Auslandschinesen gesehen, die Verwandte besuchen. Die andere Seite der Medaille, das China des Touristen, lernten wir kennen, als wir von einem *qwailo,* einem »ausländischen Teufel«, hörten, der eine Reise hatte unternehmen können.

Todd Martin von der FEBC hatte 1973 als Mitglied einer »Gruppe von besonderem Interesse« auf offizielle Einladung der chinesischen Regierung einreisen können. Die bis ins letzte Detail festgelegte Reise führte ihn nach Kanton, Peking und Shanghai.

Das erste, was ihm auffiel, war der fast »missionarische Eifer« der kommunistischen Reiseführer. Jede Minute jedes Tages wurde genutzt, um die Besucher vom Fortschritt zu überzeugen, den das Land unter dem Kommunismus gemacht hatte. Ihnen wurden Fabriken, Schulen, Bauprojekte gezeigt, alles, was die Leistungen der Regierung bewies.

Vor jedem Besuch versammelten die Führer die Reisegruppe zu einer »Orientierungs-Sitzung«. Dazu gehörte eine Belehrung über das Besuchsgebiet: Fakten und Zahlen, mindestens eine halbe Stunde lang. Damit die Besucher auch völlig überzeugt würden, wurden Zigaretten verteilt, Kekse, Bonbons, Erdnüsse, Bier, Tee oder Chinas berühmter »Perl-Fluß-Orangensaft«.

Todd fühlte sich als Tourist sehr ungeschickt behandelt. Die Führer beobachteten die Gruppe so genau, daß die Teilnehmer nur wenig Bewegungsfreiheit hatten. In Shanghai stand er eines Morgens um 5.30 Uhr, lange vor dem Frühstück, auf, um die Menschen beim Schattenboxen an den Ufern des Hwang Pu zu fotografieren. Er machte so viele Bilder, daß er den Film wechseln mußte. Dabei versammelte sich eine enorme Menge um ihn, die ihm interessiert zuschaute. Zu dieser frühen Zeit bemerkte er viele Menschen, Tausende schätzte er, die bereits auf dem Weg zur Arbeit waren.

Als Todd um 7.30 Uhr zum Frühstück ging, grüßte ihn einer der

Führer höflich. »Guten Morgen, Sir. Hat es Ihnen gefallen, heute morgen die Schattenboxer zu beobachten?«

»Ja, sehr«, erwiderte Todd. »Aber woher wissen Sie, daß ich auf war, um sie zu sehen?« – Wieder lächelte der Führer. »Ich sah Sie dort, Sir . . .«

Todd und einige andere Christen der Gruppe waren gespannt, ob die Kirche unter Maos Regime überhaupt überlebt hatte. In der westlichen Presse waren keine Fotos von Kirchen aufgetaucht. Sie fragte sich sogar, ob die Kirchengebäude noch standen. Informationen zufolge hatte Mao nach und nach die Kirchen geschlossen, seit er 1949 die Macht übernahm. Vor der Revolution sollte es etwa 2 Millionen getaufte Mitglieder Protestantischer Kirchen in China gegeben haben. Über 6000 Missionare hatten im Land gearbeitet.

Nach der Gründung der Drei-Selbst-Bewegung (1951) hatte die Regierung die folgenden Jahre genutzt, immer mehr Kirchen zu schließen, bis nur noch ein Bruchteil übrigblieb. Zur Zeit der Kulturrevolution 1966 waren nur noch sehr wenige Kirchen für den Gottesdienst geöffnet. Und unter dem fanatischen Eifer der Roten Garden wurde diese Handvoll auch bald geschlossen – oft von sinnloser Zerstörung und Gewalt begleitet.

Die schlimmsten Auswüchse der Kulturrevolution waren 1970 zu Ende, so daß Todd und die anderen Christen sich jetzt, drei Jahre später, fragten, ob es irgendwelche sichtbaren Zeichen dafür gab, daß das Christentum wieder erstarkte. Sie wußten nur von einer offiziell registrierten Kirche. Die war in Peking und 1972 geöffnet worden, hauptsächlich für ausländische Diplomaten.

Die anderen Christen gingen als erste auf die Suche nach Kirchen in Kanton. Während der Busfahrt hatten sie eine Kirche entdeckt, die relativ nahe beim Hotel lag. In einem Augenblick, in dem in der Hotelhalle besonderes Gedränge herrschte, schlüpften sie durch eine Seitentür hinaus. Als sie die Kirche erreichten, stellte sich einer vor das zugemauerte Hauptportal, während der andere über die Straße ging, um zu fotografieren. Er hob die Kamera, stellte sie ein, doch als er gerade auf den Auslöser drückte, stieß ihn ein Passant, so daß das Bild verwackelt sein würde. Der »Saboteur« gestikulierte eifrig, um dem Touristen zu zeigen, daß er keine Bilder von der Kirche machen solle.

Einen Augenblick später fuhr ein Auto neben seinem Freund vor der Kirche vor. Ein Fenster wurde hinten heruntergekurbelt, und eine Stimme sprach ihn höflich auf Englisch an: »Möchten Sie mitfahren?« Der Tourist antwortete ebenso zuvorkommend: »Nein, danke. Mein Freund und ich haben nur einen kleinen Bummel gemacht.« Der Mann auf dem Rücksitz drängte weiter, aber der *qwailo* blieb standhaft, bis das Auto schließlich weiterfuhr.

»Nach allem, was wir gelesen hatten«, erzählte mir Todd, »bekamen wir bei diesem Zwischenfall eine Gänsehaut. Die Atmosphäre war zum Zerreißen gespannt.«

Später versuchten sie noch einmal, eine Kirche in Peking zu fotografieren, aber wieder ohne Erfolg. In Kanton schließlich bekam Todd das gewünschte Foto. Er hatte auf einer ihrer Fahrten die beiden Türme der katholischen Kathedrale entdeckt und ging an einem Morgen früh fort, um sie zu finden. Auf dem Weg verlief er sich und wanderte durch die kleinen Hinterstraßen der Stadt. Er war überrascht von der Sauberkeit des Gebiets. Obwohl die Häuser sehr alt und reparaturbedürftig waren, wurden sie doch sehr sorgfältig gepflegt, gerade so wie die auf der vorgeschriebenen Touristen-Route. Todd fand diese Sauberkeit bemerkenswert, vor allem da sie offenkundig nicht nur »Kosmetik« für ausländische Reisende war.

Inzwischen war er total aus dem »Touristengetto« ausgebrochen, hatte aber die Kathedrale noch immer nicht gefunden. Plötzlich stieß er auf eine kleine Kirche inmitten des Häuserblocks. Auf der anderen Seite der Straße hackte ein Mann eifrig Holz. Todd ging zu ihm hin und fotografierte ihn mit großem Aufwand beim Holzaufschichten.

»Natürlich«, erklärte mir Todd. »peilte ich die Kirche dahinter an. Tatsächlich eine gefunden zu haben, die ich fotografieren konnte, war, als wäre ich auf Gold gestoßen.«

Später, im Hotel, gesellte sich ein anderer Tourist zu ihm. »Sie hatten Glück, daß Sie heute morgen ihr Foto bekommen haben«, sagte er. Todd war überrascht. »Nun«, erklärte der andere, »ich ging etwas hinter Ihnen, und als ich dort ankam, versuchte ich auch, den alten Mann beim Holzhacken zu fotografieren. Aber als ich gerade die Entfernung einstellte, kam jemand von hinten auf mich zu, tippte mir auf die Schulter und sagte, ich dürfte kein Foto machen.«

Todd und den anderen Christen wurde klar, daß der Druck, der in China ausgeübt wurde, nicht nur von den Parteifunktionären und Behörden ausging. Die Menschen selbst waren der »Sache« so ergeben, daß einer den anderen überwachte.

»Kein Wunder«, fügte Todd hinzu, »bei der umfassenden Propaganda-Maschinerie des Regimes!«

Wohin sie auch gingen, überall begegneten sie dem Befreiungs-»Evangelium« in verschiedenen Formen. Spruchbänder über den Straßen, Poster an den Wänden, riesige Bilder von Mao Tse-tung, alles verkündete im Grunde dieselbe Glaubensbotschaft des Neuen China. Die Propaganda war nicht nur aufs Visuelle beschränkt, sondern wurde auch per Lautsprecher hinausposaunt. Daß die Leistungen des Regimes auf dem Tien Ab Men Platz in Peking per Lautsprecher verkündet wurden, mochte noch zu erwarten sein. Aber Todd bekam dasselbe in den Straßen von Peking, Shanghai und Kanton zu hören – überall.

Einmal besuchte die Gruppe eine ländliche Kommune vier Zugstunden südlich von Peking. Als sie das landwirtschaftliche Zentrum besichtigten, merkten sie, daß sie unaufhörlich einer »Stimme aus der Höhe« ausgesetzt waren. Durch das Lautsprechersystem wurde ein Radio-Programm gesendet, und mit durchdringender Stimme pries der Kommentator »den Großen Steuermann« und seine Erfolge.

Auch während sie von Haus zu Haus gingen, um die verschiedenen Tier-Experimente zu beobachten, fuhr die gleiche Stimme ständig mit ihrer Botschaft fort.

In den geschäftigen Docks von Shanghai ertönte Militärmusik, während die riesigen Schiffe be- und entladen wurden. Die Sendungen waren gespickt mit chinesischen Slogans, die die Massen aufriefen, »dem Land zu dienen« und »ihr Bestes zu geben für die Ehre des Landes«.

Der lange Arm der Propagandisten reichte überallhin. Es gab nicht einmal Theatervorstellungen, in denen nicht auch die kommunistische Botschaft laut und deutlich verkündet wurde.

Die Botschaft wurde so überzeugend gebracht, daß sogar die Touristen manchmal das Gefühl hatten, sie seien in einem Land, in dem Milch und Honig flössen.

Ich erinnerte mich an das, was Bruder Andrew über den Kommunismus als Religion gesagt hatte. Es wurde immer deutlicher, daß Mao sich nicht nur aufgemacht hatte, den Verstand der Menschen zu gewinnen, sondern auch ihre Herzen und Seelen.

Ich saß an meinem Schreibtisch. Die Berichte von Joseph und Liu, Ana-Marie und Todd lagen vor mir.

Ich hatte einen Eindruck von der Kraft des kommunistischen Götzen, dem wir gegenüberstanden. Seine Macht war offensichtlich enorm; nicht nur da, wo er sich von seiner blutigen Seite zeigte, sondern auch da, wo er raffiniert um die Herzen der Menschen warb. Die Große Mauer war real – und ich fragte mich, wie wir sie jemals überwinden könnten. Wie konnten wir unseren Geschwistern im Land irgendeine wirksame Hilfe bringen?

Die Dias, die Joseph und Liu uns gezeigt hatten, blitzten in mir auf. »Ich liebe diese Menschen, Herr«, flüsterte ich, »und wenn ich das tue, wieviel mehr mußt *du* sie lieben. Du bist für jeden einzelnen von ihnen gestorben.«

Und sie wissen es nicht einmal, dachte ich. Sie haben vielleicht niemals die Gelegenheit, von Jesus zu hören, da sie ihr ganzes Leben in der kommunistischen Ideologie gefangen sind.

Ich lehnte mich in meinem Stuhl zurück. Die Unmöglichkeit der Aufgabe überwältigte mich.

»He, nun mal langsam!« wies ich mich selbst zurecht. »Das stimmt nicht. Wer hat die letzte Kontrolle, sogar über das kommunistische Regime?« Die Worte des Missionsbefehls kamen mir in den Sinn. »*Mir* ist gegeben alle Gewalt im Himmel und auf Erden.« Die letzte Gewalt ist *ihm* gegeben, Jesus, nicht einer noch so mächtigen menschlichen Regierung. Ich setzte mich gerade hin, voll Zuversicht.

Die weiteren Worte Jesu klangen mir vertraut in den Ohren. »*Darum gehet hin* und macht zu Jüngern alle Völker . . .« Das war es. Wie schlimm eine Regierung auch aussehen mochte, wir sollten trotzdem gehen.

»Jawohl!« sagte ich zum Herrn. Ich rückte meinen Stuhl zurück und gab Beng den Auftrag, mich mit dem örtlichen Reisebüro zu verbinden.

12. »Keine verschlossene Tür«

»Du gibst nie auf, was David?« Beng lächelte, während sie den Telefonhörer von der Gabel nahm. Wir hatten dieses Ritual viele Male durchgespielt – wohl über hundertmal. Seit Monaten hatte ich jeden möglichen Weg versucht, nach China zu kommen, und das Reisebüro war nur einer davon. »Es tut ihnen sehr leid, David. Es gibt noch immer keine Möglichkeit für dich, nach China einzureisen. Du könntest ja in ein paar Wochen noch einmal anrufen . . .«, teilte Beng mir kurz darauf mit.

Das war dieselbe Antwort, die ich in Hongkong erhalten hatte, sooft ich zum China-Reisedienst gepilgert war. Wenn ich die Kronkolonie besuchte, versuchte ich es jedesmal in beiden Büros, dem in Kowloon und dem Hauptbüro auf der Insel.

»Es tut uns leid, aber im Moment ist es unmöglich, China zu besuchen«, wurde mir jedesmal von höflichen Büroangestellten gesagt.

»Wir notieren Ihren Namen und Ihre Adresse und setzen uns mit Ihnen in Verbindung, wenn sich eine Änderung ergibt.«

Aber der Anruf kam nie. Bald war ich in den Agenturen gut bekannt. Manchmal brachte ich auch Julie und die Kinder mit, und die ganze Familie plauderte mit den Angestellten. Jedesmal, wenn ich das Büro betrat, betete ich, daß diese Menschen durch mich und meine Hartnäckigkeit die Liebe Jesu sehen könnten.

Als ich meinen vielleicht dreißigsten Besuch tätigte, merkte ich, daß das Eis zu schmilzen begann. Der Leiter rief mich zu sich. »Sir, warum kommen Sie immer wieder? Warum möchten Sie nach China?« Ich konnte mir vorstellen, was ihm durch den Sinn ging: »Kann ich diesen Dickkopf nicht zur Vernunft bringen? Ich habe es einmal gesagt, ich habe es 30mal gesagt. Und er kommt immer wieder.«

»Ich bin Ihr Freund«, erwiderte ich mit einem Lächeln. Er wußte, es war mir sehr ernst damit. Schließlich war ich doch zu Hause viele Stunden um den Block spaziert, um mit dem Herrn über China zu reden.

Während ich im Reisebüro eine Absage nach der anderen erhielt, hatte ich auch alle anderen Möglichkeiten versucht, von denen ich wußte. Immer wenn ich in ein anderes Land kam, das diplomatische Beziehungen zu China hatte, versuchte ich es und besuchte die Botschaft, um mein ersehntes Visum zu bekommen. Aber ohne Erfolg. Ich kam nirgends weiter.

Obwohl ich nicht selbst nach China konnte, reiste ich oft herum – zu oft, dachte ich manchmal. Es fiel mir immer schwerer, die Familie so oft zu verlassen. Julie und die Kinder sprachen mir jedoch immer wieder Mut zu, so daß ich weiterhin gehen konnte.

Einmal fuhr ich über Hongkong zu unserer jährlichen Konferenz in Holland mit Bruder Andrew. Ich war eben in Hongkong angelangt, als Julie mich anrief.

»David?« Etwas in ihrer Stimme zeigte, daß nicht alles in Ordnung war.

»Was ist los? Stimmt etwas nicht?«

»Es ist Dawn, Liebling. Sie hatte heute in der Schule einen Unfall.« Julie biß sich offenbar auf die Lippen, um die Tränen zurückzuhalten. »Sie hat sich beide Arme gebrochen.«

»Sie hat was?«

Julie beschrieb die Einzelheiten des Unfalls. Als sie geendet hatte, wollte ich mit dem nächsten Flugzeug nach Hause fliegen.

»Das sollst du nicht, Liebling. Deshalb habe ich nicht angerufen.« Julie war sehr bestimmt.

»Ich kann nicht zulassen, daß ihr das alleine durchstehen müßt«, protestierte ich.

»Aber wir sind nicht allein. Der Herr ist bei uns. Liebling, ich wollte es dir nur sagen, damit du für uns beten kannst.«

Ich dachte an den Schock, den Dawn erlitten haben mußte, und die zusätzliche Belastung für Julie.

»Ich will nach Hause kommen«, beharrte ich. »Es ist nicht fair, dir gegenüber.«

»Dave, die Kinder und ich glauben, daß der Herr auf der Konferenz wichtige Aufgaben für dich hat. Komm nicht zurück.«

Ich hatte den Hörer nie widerwilliger aufgelegt. Lange saß ich nach dem Anruf da und dachte nach. Meine Familie hatte in letzter Zeit so viel durchstehen müssen. Gerade vor ein paar Monaten, als ich wieder einmal die Länder an den Grenzen Chinas besuchte, war unser Auto auf einer dicht befahrenen Schnellstraße stehengeblieben. Julie hatte keine andere Wahl, als es dort zu lassen und zu Fuß nach Hause zu gehen. Als sie am nächsten Morgen wieder hinkam, fand sie nur noch ein Wrack vor. Diebe hatten die Räder abmontiert, die Batterie und sogar Teile des Motors ausgebaut.

Die Liebe zu China hatte einen hohen Preis. Doch während ich nach Holland flog, klangen Julies Worte in mir nach: »Der Herr ist bei uns. Wir wollen, daß du gehst . . .«

Die Konferenz in Holland entpuppte sich als ein Meilenstein für Bruder Andrews Arbeit. In seiner Heimatstadt waren Vertreter aus verschiedenen Teilen der Welt versammelt: Er und sein Team aus Europa, Sven, unser U.S.-Direktor, und der Rest des Teams aus Nordamerika sowie andere Mitarbeiter aus afrikanischen und asiatischen Regionen.

Obwohl jede Gruppe regelmäßigen Kontakt mit den anderen hatte, gab es bis dahin keine offizielle organisatorische Verbindung zwischen den verschiedenen Teilen. Bruder Andrew war immer vor einer großen Organisation zurückgeschreckt.

In diesem Jahr jedoch wurde uns unter viel Gebet klar, daß wir eine Organisation brauchten, die Zweige in jedem Teil der Welt unterhalten konnte, wo die Kirche verfolgt wurde. Afrika, Asien und Europa waren vertreten, also blieben noch der Mittlere Osten und Lateinamerika.

Der Name »Open Doors with Brother Andrew« existierte schon und hatte sich aus einer Aussage entwickelt, die wir oft von Bruder Andrew gehört hatten:

»Wir sollten nie sagen, daß irgendein Land für das Evangelium von

Jesus Christus verschlossen ist. Jesus hat uns aufgetragen, in *alle* Welt zu gehen, und wenn wir seinem Befehl gehorchen, kann er die Tür jedes Landes für uns öffnen. In der Offenbarung wird uns gesagt: Ich habe eine offene Tür vor dir gegeben, die niemand schließen kann.«

Open Doors – Offene Türen . . . Es stimmte – Gott versprach sie in seinem Wort. Aber wo war meine offene Tür nach China? Ein paar Wochen später, wieder auf den Philippinen, bekam ich unerwartet einen Anruf von einem Mann, der sicher schien, einen Weg in die Volksrepublik gefunden zu haben.

Harold Whitman, ein Reiseagent aus Großbritannien, hatte extra einen Zwischenaufenthalt in Manila eingelegt, um mich zu besuchen.

»Bruder Andrew meinte, es könnte Sie interessieren«, erklärte er, »da ich nach China gehe – ohne Visum.«

»Ohne Visum? Sie scherzen. Das ist unmöglich.«

»Alle Dinge sind möglich«, war seine freundliche, aber feste Antwort.

Julie und ich luden ihn sofort zum Essen ein, um uns seine Geschichte anzuhören.

»Von hier aus«, erzählte er uns, »fliege ich nach Hongkong, von Hongkong nach Seoul, von Seoul nach Tokio, von Tokio nach Peking, von Peking nach Hanoi, dann nach Bangkok und schließlich wieder zurück nach London.«

Julie und ich schauten uns an. Entweder war dieser Mann übergeschnappt, oder ich konnte von ihm lernen, wie man im Glauben nach China kommt. Ich mußte mehr wissen. »Wie sind Sie denn darauf gekommen?« fragte ich.

»Nun«, begann er, »ich bin von Matthäus 7 ausgegangen: ›Bittet, so wird euch gegeben; suchet, so werdet ihr finden; klopfet an, so wird euch aufgetan.‹«

»Okay«, sagte ich. »Wen haben Sie gebeten?«

»Ich fragte die Behörden in China, ob ich zu Besuch kommen könnte, und sie sagten ›Ja‹. Sie sandten mir ein Telex: ›Wir haben ein Zimmer für Sie in Peking, Sie sind willkommen bei Ihrer Ankunft.‹«

Ich konnte es kaum glauben, aber ich unterdrückte meinen inneren Protest und bat ihn, mir über das »Suchen und Finden« zu berichten, von dem in dem Vers die Rede ist.

»Ich fing an, alle möglichen Wege nach China zu suchen«, erzählte er uns, »und da ich ein Reisebüro habe, habe ich natürlich meine Kataloge und Handbücher gewälzt. Ich entdeckte, daß man von Tokio nach Peking und von Peking nach Hanoi fliegen kann. Wenn man allerdings von Peking nach Hanoi weiterfliegen will, hat man die ›Unannehmlichkeit‹ eines siebentägigen Aufenthalts in Peking.«

Sieben Tage . . . Was hätte ich für einen oder zwei davon gegeben! Wie oft hatte ich versucht, nach China zu gelangen? Auf wieviele Arten?

»Sagen Sie«, bat ich zuletzt, »ich weiß jetzt, wie Sie ›gebeten‹ und ›gesucht‹ haben. Nun sagen Sie mit bitte auch noch, wo Sie angeklopft haben!«

Wieder war es ganz unkompliziert. »Wenn ich nach Tokio komme, steige ich einfach ins Flugzeug, und sie bringen mich nach China. Wenn wir dort sind, klopfe ich an die Tür, und sie wird sich öffnen.«

»Aber das Visum . . .?«

In seiner Stimme war nicht die Spur eines Zweifels. »Oh, sie werden mir das Visum geben, wenn ich erst einmal da bin.«

Ich hatte noch immer Schwierigkeiten, das zu glauben, und er fuhr fort: »Sehen Sie nicht, David, daß das biblisch ist? Das Problem ist, daß wir Christen es so oft nicht praktizieren. Aber wir können nicht einfach herumsitzen und warten, bis uns die Dinge in den Schoß fallen. Das tun sie nicht. Wir müssen uns aufmachen und den Herrn bei seinem Wort nehmen.«

Ich schüttelte ihm zum Abschied lange die Hand. »Mann, wenn das bei Ihnen klappt, senden Sie mir eine Postkarte aus Peking! Das muß ich wissen!« Ich wollte ja glauben, was er sagte; aber konnte die Antwort, nach all meinen Versuchen, so einfach sein?

Drei Wochen später kam Beng mit der Tagespost in mein Büro. »David, hier ist eine Postkarte für dich – aus China . . .«

Danach verlor ich keine Zeit. Shan Kumar und ich folgten zusammen mit einem weiteren Freund, Derek, Harolds Beispiel, und wie er erhielten wir eine offizielle Einladung nach Peking.

Wir drei reisten nach Tokio, um auf unseren Flug nach Peking, Chinas ›verbotener Stadt‹, zu warten.

Am Tag des Abflugs schien alles genauso glatt zu gehen, wie wir es gewünscht hatten. Am Abflugschalter der chinesischen Fluggesellschaft CAAC wurden unsere Pässe überprüft und für gültig befunden. Der chinesische Beamte stellte per Computer fest, daß unsere Namen auf der Flugliste waren. Er riß die Coupons von unseren Tikkets, überreichte uns unsere Bordkarten und nahm unser Gepäck. Ich stand da, beobachtete unsere drei Koffer auf dem Förderband und dankte dem Herrn dafür. In meinem Herzen jubelte es: »Herr, wir sind endlich auf dem Weg!«

Wir sahen, wie die Koffer die schwarzen Gummiklappen passierten und unserem Blick entschwanden.

Und dann geschah es. Ungewollt sprach Derek seine innersten Gedanken aus. »Es ist zu einfach«, murmelte er kopfschüttelnd. Der Mann hinter dem Schalter schaute auf. »Was ist zu einfach?«

Derek tat sein Bestes, unbekümmert zu erscheinen. »Oh, es ist nur, daß wir kein Visum für China haben.«

»Oo-ooh!« Plötzlich waren wir in eine komplizierte Unterhaltung verwickelt, bis schließlich der Beamte anordnete: »Bitte geben Sie mir Ihre Bordkarten zurück. Kommen Sie mit nach oben, ich möchte mit Ihnen sprechen.« Wir konnten an seinem Ausdruck sehen, daß er aus irgendeinem Grund meinte, er hätte durch diesen Vorfall das Gesicht verloren. Er wollte nicht, daß es »einfach« erschien, in sein Land zu kommen.

In seinem Büro versuchten wir zu erklären: »Schauen Sie, wir haben die Bestätigung. Wir haben ein Telex hier. Unsere Hotelzimmer sind reserviert, und unser Visum erhalten wir bei der Ankunft.« Der Beamte schaute uns nur an. »Aber Sie haben kein Visum im Paß. Sie können nicht fliegen.« Er fügte hinzu, indem er eine Augenbraue hochzog: »Wie Sie sagten, es war *zu* einfach . . .«

Während wir auf unsere Koffer warteten, starrte ich niedergeschmettert auf das Flugzeug, in dem wir sitzen sollten, eine Boeing 707 der CAAC. Ich sah, wie die Maschine von der Startbahn abhob – und ein Teil von mir flog mit. Wäre dieser Beamte nicht beleidigt gewesen, wären wir an Bord des Flugzeugs!

Ich lernte an diesem Tag eine Lektion. Wenn Gott etwas zusammensetzt, paßt es immer – in diesem Sinn ist es »einfach«. Wir mußten nur ihm vertrauen und in zuversichtlichem Glauben vorwärtsgehen. Doch schon ein kurzes Zögern konnte der Satan benutzen, alles zu durchkreuzen. Wir konnten uns keine Zweifel erlauben. Wir hatten zu folgen – und Gott zu erlauben, es so einfach zu machen, wie er wollte.

Inzwischen rückte der Termin unserer »Liebe China!«-Konfernz ständig näher. Shan arbeitete als Programm-Direktor. Wir mußten das Werbematerial für die Konferenz vorbereiten und brauchten dazu ein Motto, unter dem die Woche stehen sollte.

»Das Thema sollte ein Gebet sein«, sagte ich zu Shan. – »Na, schön; aber wie soll das Gebet lauten?« fragte er. Zusammen knieten wir neben seinem Hotelbett nieder. Einige Stunden lang beteten und redeten und beteten wir, bis wir eines Sinnes waren.

Einige Wochen später, als die Delegierten in den riesigen Konferenz-Saal eines großen Hotels in Manila strömten, fiel mein Blick auf zwei Dinge. Das erste war ein Foto über die ganze Wandlänge, das kommunistische Soldaten beim Marschieren zeigte; und das zweite war das Gebet darüber: »Herr Jesus, laß durch uns die Menschen deine Liebe spüren.«

Mehr als 430 Delegierte aus 23 Ländern versammelten sich mit uns, um über die besten Möglichkeiten nachzudenken, den Chinesen das Evangelium von Jesus Christus zu bringen. »Liebe China '75« war seit 1949 die erste größere Konferenz, die sich mit dem christlichen Zeugnis in China befaßte.

Nach der Konferenz flog einer der Hauptredner mit Julie und mir nach Hongkong. Ich hatte den weißhaarigen William Willis und seine Frau Fanny das erste Mal bei einer Evangelisation getroffen, die wir während des Heimaturlaubes in den Staaten hielten. Ich erzählte dem Waliser von meinem Anliegen, China, und er hatte sich verpflichtet, täglich für mich zu beten. Wenn William Willis das sagte, bedeutete es wirklich etwas. Ich wußte, daß dieser heilige alte Mann jeden Tag sieben Stunden im Gebet verbrachte. Sein Eifer für den Herrn, sein Auftreten und seine äußere Erscheinung erinnerten mich an einen alttestamentlichen Propheten. Mr. Willis war Gott treu gefolgt, seit er 1904 während der großen walisischen Erweckung Christ geworden war.

Als wir Hongkong erreichten, verbrachte er den ganzen ersten Tag im Gebet. Am nächsten Tag betete er wieder, bis das Mittagessen serviert wurde. Dann gesellte er sich zu uns. Nach dem Essen nahm er mich auf die Seite. »Junger Mann«, sagte er in seinem weichen walisischen Akzent, »der Herr hat mir eine Botschaft für dich gegeben. Aber ich werde sie dir nicht sagen, bevor ich nach China hineingeblickt habe.« Ich war ungeduldig. »Könnten Sie es mir nicht jetzt sagen?« fragte ich. Aber er ließ sich nicht erweichen.

Am nächsten Tag brachten Shan und seine Frau Neta uns vier zum Lok Ma Chao, dem bei Touristen so beliebten hochgelegenen Platz, von wo man direkt nach China sehen kann. Die Brille des Pastors glitzerte in der Sonne, als er auf die Reisfelder schaute und die chinesischen Bauern bei der Arbeit beobachtete. Von unserem Aussichtspunkt schien es, als müßten wir uns nur ausstrecken, um die Menschen in China zu berühren, die von uns durch den schmalen Shum Chun-Fluß getrennt waren.

Zuletzt nahm mich Mr. Willis am Arm und zog mich etwas zur Seite. »David, erinnerst du dich, daß ich gestern sagte, ich hätte eine Botschaft vom Herrn für dich?« Ich nickte. Wie hätte ich das vergessen können? Den ganzen Tag hatte ich versucht, meine Ungeduld zu zügeln.

»Junger Mann, der Herr hat mir gesagt, daß sich die Tür nach China für dich öffnen wird. Und die Tür wird sich für dich und deine Freunde nie mehr schließen. Du wirst hinein- und hinausgehen können, wie du willst.« Er machte eine Pause, um seine Worte wirken zu lassen. »Kannst du das glauben, junger Mann?«

»Ich glaube es«, sagte ich. Und ich meinte es so.

Dennoch dachte ich, als ich auf die fernen blaugrünen Hügel Chinas blickte: »Herr, du weißt, ich bin bereit, es zu glauben. Aber wie wird es möglich werden? Wie, Herr?«

Einige Wochen später stellte ich wieder einmal den Antrag, die Volksrepublik China zu besuchen, diesmal mit der ganzen Familie. Endlich teilten uns die Angestellten des Hongkonger China-Reisebüros mit, es könnte möglich sein, ein Visum zu bekommen. Da ging aus heiterem Himmel in der russischen Botschaft in Peking eine Bombe hoch. Die nächste Auskunft des Reisebüros: »Es tut uns leid, Sir. Es werden jetzt keine Visa mehr ausgestellt, bis der Fall geklärt ist.«

Die Familie wurde mit der Nachricht erstaunlich gut fertig. »Ich nehme an, der Herr hat andere Pläne für uns, Daddy«, sagte Dawn. Die 3 D's, Dawn, Deanne und David, hatten in den letzten Monaten zunehmend auf Gott zu vertrauen gelernt, hatten wir doch erlebt, wie er immer wieder für unsere persönlichen Bedürfnisse sorgte.

Deanne und David hatten mich an einem Samstagmorgen begleitet, als ich beschlossen hatte, mich nach einem neuen Auto umzusehen. Vorher hatte ich Gott gebeten, mir für meine Arbeit einen Wagen zu schenken, da die ständige Benutzung der öffentlichen Verkehrsmittel sehr ins Geld ging und ich ausgerechnet hatte, daß ein Auto billiger sein würde.

»Warum haben wir keines, Herr?« fragte ich.

In die anschließende Stille schien mir seine Stimme zu antworten: »Weil du mich nie gebeten hast. Ich hätte dir ein Auto gegeben, wenn du dich an mich gewandt hättest.«

Ich erzählte den Kindern von meinem Gebet, während ich mit ihnen zum Friseur ging. Deanne kam immer mit, wenn ich mir die Haare schneiden ließ, denn sie war überzeugt, daß der Friseur es ohne sie nicht richtig machen konnte. David kam ebenfalls »für alle Fälle« mit.

»Meint ihr, ihr könnt dem Herrn für ein Auto vertrauen?« fragte ich sie.

»Aber sicher, Dad, wir sind dabei«, versicherte Deanne, während sie einen kritischen Blick auf die Schere des Friseurs warf.

Nach dem Haarschneiden gingen wir zu einem Autohaus und schauten uns um. An einem Fahrzeug blieb mein Blick hängen, einem brandneuen grünen Toyota.

»Das ist ein toller Wagen, Dad.« David grinste begeistert.

»Ja, allerdings!« stimmte ich zu. »Ich sag euch was – warum beten wir drei nicht über dem Auto und fragen Jesus, ob er uns eine Möglichkeit schenkt, es für unsere Arbeit anzuschaffen!«

Die beiden nickten, und wir gingen zusammen zu dem grünen Toyota hinüber. Unter der heißen Sonne legten wir alle unsere Hände auf das kleine Auto und beteten. »Herr, wir bitten dich, uns dieses Auto zu schenken. Und . . . Herr, wir danken dir im voraus dafür«, sagte ich.

»Amen«, pflichteten die beiden bei, und wir gingen zurück nach Hause.

Am nächsten Tag ging ich wieder hin und unterhielt mich mit dem Verkäufer über den Preis des Wagens.

»Sir«, sagte er zum Schluß, »wenn Sie bar zahlen, ziehen wir 3000 Pesos vom Preis ab.«

»Ich würde gern bar zahlen«, erwiderte ich, »aber könnten Sie mir den Wagen bitte bis Ende des Monats reservieren? Ich habe jetzt noch kein Geld dafür.«

»Sicher können wir das. Aber dann schließen wir am besten gleich einen Kaufvertrag ab.«

»Aber ich habe kein Geld.«

»Das ist in Ordnung. Unterschreiben Sie hier.« Während ich den Kaufvertrag ausfüllte, fragte er mich nach meiner Arbeit. Wir plauderten ein paar Minuten, und dann ging er mit dem Vertrag zum Geschäftsführer.

Kurz darauf kam der aus seinem Büro. »Sie möchten den grünen Toyota kaufen?« begann er.

»Sicher, aber ich habe noch nicht das Geld«, antwortete ich.

»Ich weiß.«

»Aber«, fuhr ich fort, »ich glaube, daß ich es in 30 Tagen haben werde.«

»Dann können Sie den Wagen gleich mitnehmen«, sagte er.

Meine Augen wurden groß. »Aber ich habe kein . . .«

Er lächelte. »Nehmen Sie ihn. Wir wissen, wir werden unser Geld bekommen. Wir stehen hinter der Arbeit, die Sie tun.«

So konnte ich, mit einem leeren Bankkonto, aber einem dankbaren Herzen, einer verblüfften Familie unser neues Auto vorführen.

Es dauerte nicht 30, sondern 20 Tage, bis wir von Freunden in Rolling Hills, Kalifornien, die nichts von unserer Anschaffung ahnten, wieder einmal Geld für unsere persönlichen Bedürfnisse geschickt bekamen . . .

Nachdem wir erlebt hatten, wie treu der Herr in solchen Dingen für uns sorgte, sollten wir ihm da nicht auch in Hinblick auf China vertrauen?

»Nun, Daddy?« erklärten die Kinder, nachdem die Pläne für unsere Fahrt durchkreuzt worden waren. »Wohin will Jesus uns wohl schicken?«

Wir diskutierten einige Stunden über die Entscheidung. Als ganze Familie waren wir im Haus unseres Freundes Derek in Hongkong geblieben, während wir auf das Visum warteten. Nun saßen wir in seinem Wohnzimmer, Landkarten und Reiseführer vor uns, und seine Frau und er versuchten, uns aufzumuntern.

Schließlich kamen wir zu einer Einigung. Da nach der China-Reise ohnehin eine Fahrt nach Holland auf dem Programm stand, beschlossen wir, einen gemeinsamen »Urlaub auf den Spuren des Paulus« zu verbringen. Dies war unser erster Urlaub in sechs Jahren, und ich wollte auf diese Weise meiner Familie für ihre Geduld und Unterstützung der Arbeit danken.

Wir flogen nach Istanbul und begannen unsere Reise durch das wunderschöne islamische Land. Ephesus genossen wir besonders. Wir sahen das Gefängnis, in dem Paulus gesessen hatte; wir standen im Theater, in dem es seinetwegen fast zu einem Aufruhr gekommen wäre. Bis heute ist der Brief an die Epheser für uns besonders lebendig.

Wir verließen die Ruinen der Stadt, um durch die schöne Landschaft der Türkei zu fahren. Und, völlig unerwartet, während die malerische Szenerie an uns vorbeirauschte, hatte ich die unerklärliche Überzeugung, daß Gott zu mir sprach. Es war dieselbe innere Stimme, die mich wegen des grünen Autos angesprochen hatte. Und dieses Mal schien mir der Herr zu sagen, daß ich nach Rumänien gehen sollte. »Warum, Herr?« wollte ich wissen. Und wieder kam eine Antwort. »Wenn du nach Holland kommst, erzähle Andrew, was ich dir gesagt habe. Er wird dir sagen, warum.«

Wir fuhren auf unserer »apostolischen Reise« weiter durch Griechenland und Italien und nahmen dann ein Flugzeug über die Alpen nach Holland. Als wir auf dem Schipol-Flughafen in Amsterdam landeten, brannte ich darauf, meinen »Kampfgenossen« wiederzusehen. Endlich würden auch unsere Familien einander kennenlernen.

Ich war auch gespannt, was die Botschaft über Rumänien bedeutete.

»Natürlich, David!« Bruder Andrews Gesicht strahlte vor Begeisterung. »Von allen Ländern Ost-Europas stehen nur Rumänien und Albanien mit China auf gutem Fuß. Der Rest ist an die Sowjetunion gebunden. Wenn du nach Rumänien fährst, ist es kein Problem, nach China zu kommen. Weißt du, daß du sogar von Bukarest nach Peking fliegen kannst?«

Ich hatte es nicht gewußt. Es schien, als ob sich eine neue Tür öffnete.

»Ich glaube, daß Gott zu dir gesprochen hat, David! Bring deine Familie in die USA, und dann komm hierher zurück. Wir werden eine Fahrt nach Bukarest für dich arrangieren.

Und«, fügte er grinsend hinzu, »wenn du schon dorthin reist, warum nimmst du nicht ein paar Bibeln für die rumänischen Christen mit?«

Obwohl wir eine Menge »Geschäftliches« besprechen mußten, blieb uns doch etwas Freizeit. Unsere Familien freundeten sich schnell an, und wir unternahmen gemeinsam Ausflüge und genossen den Charme Hollands; seine Kanäle, Windmühlen, Fahrräder und die frische Luft, die sich wohltuend von der feuchten Hitze Manilas unterschied. Begeistert waren unsere Kinder, als Bruder Andrew und seine Frau Cory jedem von ihnen ein paar echte holländische Holzschuhe schenkten!

Ich folgte Bruder Andrews Rat. Wir verbrachten drei Wochen in Kalifornien, besuchten unsere Familien, trafen uns mit Freunden und nahmen an der Zweihundertjahrfeier teil. Dann brachte ich Julie und die Kinder zum Flugzeug nach Manila und fuhr selbst nach Holland zurück. Dort warteten schon eine Flugkarte nach Bukarest und eine Reihe von Bibeln auf mich.

Am Morgen des Flugs brachte mich Hans, Bruder Andrews Assistent, zum Flughafen. Wir fuhren an endlosen Tulpenfeldern vorbei, die noch feucht vom Nachtregen waren, als wir plötzlich zwei herrliche Regenbogen am Himmel sahen.

»Da, schau!« erklärte Hans. »Heute wirst du zwei kommunistische Länder betreten. Die Regenbogen sind deine Bestätigung, daß dir in der Tschechoslowakei und Rumänien nichts zustoßen wird.«

»Aber dann sollten drei Regenbögen da sein. Ich gehe schließlich auch nach Peking!« beklagte ich mich scherzhaft.

»Na, ja, zwei von drei ist doch gar nicht schlecht.«

Dann, etwa eine halbe Stunde später, sah ich ihn . . . den dritten Regenbogen. »Das bedeutet, ich werde nach China kommen!« rief ich erfreut aus, und ließ mich in den Sitz zurücksinken, um die Fahrt zu genießen.

In Rumänien öffnete der Herr tatsächlich Türen für sein Wort, denn 90 Bibeln kamen ungehindert in die Hände von Gläubigen. Nun mußte nur noch die Tür in die Volksrepublik China geöffnet werden.

Aber als unser Flugzeug auf dem Weg nach Peking in Karatschi, Pakistan, landete, schien es, als ob die Tür genau vor meiner Nase zugeschlagen würde. Es war ein körperlicher Schlag, der mich zu Boden warf. Zwei und einen halben Tag wand ich mich vor Schmerzen – eine Virusinfektion, für die Karatschi so berüchtigt ist. Ich hatte Fieber und war total erschöpft.

Während ich im Bett lag, begannen Zweifel in mir aufzusteigen. »David, vergiß Peking. Sie werden dir das versprochene Visum nicht geben. Außerdem bist du krank. Mann, du hast deine eigenen Wünsche für Gottes Wink gehalten. Schau, er hat diese Krankheit geschickt, um dir zu zeigen, daß du falsch liegst. Falsch!«

Die Fragen überstürzten sich förmlich, während sich das Zimmer zu drehen schien. Ich spürte ein Feuer in meinem Kopf, und sogar der Schweiß, der in Strömen lief, konnte die Flammen nicht löschen. Und dann traf mich eine plötzliche Erkenntnis. Gott *wollte,* daß ich nach China ging – wie sonst konnte ich die unerwartete Führung in bezug auf Rumänien erklären? Also mußte dies das Werk des Feindes sein. Ich wußte, ich war in einem geistlichen Kampf, und ich sollte kämpfen, anstatt mich dem Feind zu ergeben.

Ich ging neben meinem Bett auf die Knie und bat den Herrn, die Situation in seine Hand zu nehmen. »Herr, du hast Satan bereits am Kreuz besiegt. Nicht in meiner eigenen Kraft, aber in deiner beanspruche ich den Sieg.« Innerhalb weniger Stunden hatte mich das Fieber verlassen, die Krämpfe hatten aufgehört, und ich fühlte mich, als wäre ich nie krank gewesen.

An diesem Abend ging ich leichten Schrittes über das Rollfeld zu dem wartenden Jet. Der mitternächtliche Flug über das Himalaja-Gebirge war unvergeßlich. Unter uns konnte ich die mächtigen Berge sehen, deren zerklüftete, schneebedeckte Gipfel im Mondlicht glänzten. Sie schienen unendlich, Gipfel auf Gipfel.

Am nächsten Morgen vertrieben um sechs Uhr die ersten Strahlen des neuen Tages die Dunkelheit. Und als ich über die Szene unter mir blickte, wurde mir klar, daß ich zum ersten Mal auf die Volksrepublik China hinabsah. Das Gesicht gegen das Fenster gepreßt, blickte ich auf die Städte und Dörfer und die langgezogenen Felder. Dort unten, zwischen diesen grünen und braunen Feldern, lebten die Menschen, für die ich seit 1972 gebetet, gearbeitet und gelebt hatte.

Es war, als käme ich nach Hause.

Ganz plötzlich ertönte die Stimme des Piloten durch den Lautsprecher: »Meine Damen und Herren, in wenigen Minuten werden wir in Peking landen.« Das Flugzeug verlor an Höhe und setzte schließlich auf. Als wir auf das Flughafengebäude zurollten, sah ich von meinem Fenster aus ein riesiges Poster Mao Tse-tungs. Ich wußte, ich war in der Volksrepublik China.

Unsere Maschine war sofort von Soldaten in grünen Hosen, passenden Jacken, roten Kragen und Mao-Mützen umringt. Gleichzeitig betrat ein Zollbeamter die Kabine und forderte uns auf: »Bitte zeigen Sie Ihre Pässe vor.« Ich dachte: »Oh, Herr, sie wollen meinen Pass, und ich habe kein Visum. Was nun?«

Der Beamte kam durch die Maschine und sammelte die Pässe ein. Als er bei mir anlangte, sagte er sehr höflich: »Wir haben auf Sie gewartet, Sir. Bitte folgen Sie mir!«

Er brachte mich zur Einwanderungs-Abteilung und begann, meinen Visa-Antrag zu bearbeiten. Danach verschwand er ohne Erklärung. 10 Minuten lang fragte ich mich, was nun los sei, bis er schließlich zurückkam und mir meine Papiere überreichte. »Willkommen in der Volksrepublik China!« Ich schaute in meinen Ausweis und sah ein Visum.

Der Mann sprach inzwischen weiter. »Sir, Sie sind willkommen in unserem Land. Leider können Sie dieses Mal allerdings nur ein paar Stunden bleiben. Wir können im Moment keine Besucher in Peking unterbringen, weil alle Gebäude der Stadt nach einem Erdbeben evakuiert worden sind. Alle leben auf der Straße.«

Dieses schreckliche Erdbeben im Jahre 1976 hatte Tod und Zerstörung in nie gekanntem Ausmaß gebracht. Ich erfuhr später, daß die Zahl der Toten bei dieser Katastrophe auf 750000 geschätzt wurde. Das Zentrum des Erdbebens hatte nahe der Stadt Tangshan gelegen, aber die Stoßwellen hatten auch Peking erreicht. Sogar in der Hauptstadt sollte es Monate dauern, bis die Menschen aus ihren provisorischen Unterkünften auf der Straße zurück in ihre Häuser konnten.

Ich war erschüttert über die Tragödie – und natürlich enttäuscht. Doch ich ahnte bald, warum mich der Herr gerade zu dieser Zeit hierhergebracht hatte. Auf dem Flughafengelände waren Hunderte von Menschen aus Tangshan, Tientsien und Peking. Sie sollten in sichere Landesteile evakuiert werden.

Die Menschen und ihre Tragödie standen mir deutlich vor Augen. Ich sah die Privilegierten, Männer in ihren grauen Uniformen, Mitglieder der kommunistischen Partei. Ich sah Bauern – erkennbar an ihrer verblaßten, abgetragenen Kleidung und ihren gezeichneten, fahlen Gesichtern, aus denen Hoffnungslosigkeit sprach. Andere kamen vielleicht aus den Städten, denn ihre Gesichter waren weicher, nicht so hohl. Dennoch zeichneten sich auch hier Spannung und Erschütterung ab.

Viele von ihnen weinten offen, andere waren wie gelähmt von der Tiefe ihres Leides. Ideologische Unterschiede spielten hier keine Rolle mehr – sie verhielten sich wie alle anderen Menschen nach einer Tragödie solchen Ausmaßes.

»Nun hast du sie gesehen, David«, schien der Herr mir zu sagen. »Die Menschen, die ich dir aufs Herz gelegt habe. Ich wollte, daß du sie in einem Moment siehst, wo sie am menschlichsten, verwundbarsten, liebenswertesten sind; wenn keine kommunistische Ideologie, nichts auf der Welt als mein Trost ihren Schmerz lindern kann.«

Als ich viereinhalb Stunden später zur Kontrolle für den Rückflug ging, lächelte der Beamte. »Bitte denken Sie daran, daß Sie jederzeit wieder in der Volksrepublik China willkommen sind!«

Das Flugzeug landete auf dem Flughafen in Manila, wo Julie auf mich wartete. Ich legte meinen Koffer ins Auto und ließ den Motor an. »Liebling«, sagte sie auf dem Heimweg, »erinnerst du dich an den Brief, den du nach Peking geschickt hast?« Ich nickte. Es war eine formelle Anfrage für eine Einladung zum Besuch der Volkesrepublik gewesen – ich hatte sie vor einiger Zeit weggeschickt.

»Nun«, fuhr sie fort, »hier hast du die Antwort.« Sie zwinkerte dabei mit den Augen.

»Hast du den Brief geöffnet?« fragte ich und versuchte, mich auf das Fahren zu konzentrieren. Nun lächelte sie offen. »Ja, ich habe. Es ist zufälligerweise . . .« Sie machte eine Pause und genoß die Gelegenheit, mich auf die Folter zu spannen, »eine offizielle Einladung der Regierung; sie bitten dich, ihr Land zu besuchen, sobald es dir paßt.«

Ich hätte durch die Decke des Autos springen können. Ich hatte China kaum verlassen und war schon fast wieder auf dem Weg dorthin. Der kommunistische Einwanderungsbeamte hatte gesagt, ich wäre jederzeit willkommen. William Willis hatte dasselbe gesagt. Der Herr hatte die Tür geöffnet, und sie würde sich nicht wieder schließen!

13. Einen Schritt voraus

Nur neunzig Tage später nahm ich die Einladung der chinesischen Regierung »dankend an«. Diesmal fuhr ich nicht allein, sondern mit James Wee, dem jüngeren Bruder von Billy, meinem alten Freund aus den »Love Song«-Tagen bei der FEBC.

Der Nahverkehrszug nach China, der vom Kowloon-Bahnhof abfuhr, brauchte 11/2 Stunden durch die New Territories zur Grenzstadt Lo Wu. Als der Zug anhielt, standen James und ich auf, ein stilles Gebet auf den Lippen. Hier würden unsere Koffer durchsucht werden.

Vor der Abfahrt hatten wir beschlossen, daß James nur seine persönliche Bibel mitnehmen sollte. Ich packte die zwanzig Bibeln ein, die wir zu Tan Hoc Tue bringen wollten, einem von Josephs Kontaktleuten in der Provinz Kwangtung.

Wir konnten den Grenzposten von Hongkong schnell passieren, und als wir auf die Lo Wu Brücke zumarschierten, sah ich ein Schild mit den einfachen Worten: »Nach China«. Ich schüttelte den Kopf und konnte kaum glauben, daß ich in wenigen Minuten auf chinesischem Boden stehen würde.

Wir nahmen unsere Koffer mit ihrer kostbaren Fracht auf und marschierten über die Grenz-Brücke – die berühmte »Brücke der Tränen«. Ihren Namen verdankt sie dem Schmerz der vielen Menschen, deren Flucht hier erfolglos zu Ende gegangen ist. Verzweifelte Männer und Frauen, die sich nicht länger dem kommunistischen Regime beugen konnten, sprangen in die von Haien heimgesuchten Gewässer, um die lange Strecke zwischen dem Festland und Hongkong zu schwimmen. 50 Prozent erreichten die Kronkolonie nicht. Wer den Mörderfischen entkam, lief immer noch Gefahr, von kommunistischen Patrouillenbooten aufgegabelt zu werden. Und auf diejenigen, die es glücklich bis auf die Seite von Hongkong schafften, wartete oft ein ebenso schlimmes Schicksal – von der Hongkonger Polizei an die kommunistischen Behörden ausgeliefert und erbarmungslos in die Volksrepublik zurückgetrieben zu werden; über diese Brücke, die »Brücke der Tränen«.

Nun kam der Augenblick, auf den wir gewartet hatten. In der Hoffnung, daß die Aufmerksamkeit der Zollbeamten nachlassen würde, während sie die vielen Besucher kontrollierten, hielten James und ich uns zurück, bis die meisten Mitreisenden durch waren. Als wir an die Reihe kamen, sagten wir dem Herrn noch einmal still, daß wir nun auf ihn rechneten.

Der Beamte winkte uns in die Durchsuchungs-Kabine und bat James, seinen Koffer zu öffnen. »Was haben Sie zu verzollen?« fragte er. James zeigte ihm Kamera, Armbanduhr, Bargeld, Schmuckgegenstände und Kassetten-Recorder. Er schien damit zufrieden zu sein, aber dann fielen seine Augen auf die große schwarze Bibel. »Was ist das?« sagte er und blätterte sie interessiert durch. »Ich bin Christ«, sagte James lächelnd. »Das ist meine persönliche Bibel.«

Ich dachte an die zwanzig in meinem Koffer, als ich zusah, wie der Zollbeamte die eine sorgfältig durchsah.

»Da sie in Englisch ist, können Sie sie mitnehmen.« Jetzt kam ich. Ich schob dem Beamten meinen Koffer und meine Schultertasche hin und wartete auf die Durchsuchung. »Das ist okay, Sir«, sagte er und winkte mir durchzugehen. »Bitte?« fragte ich ungläubig. »Sie können durchgehen, Sir. Nicht nötig, Sie zu durchsuchen . . .« Ich hatte genug gehört. Ich wollte es nicht darauf ankommen lassen, daß er seine Meinung änderte. Mit dankbarem Herzen nahm ich mein Gepäck und folgte James.

Nach einem üppigen Mittagessen auf Kosten der chinesischen Regierung stiegen wir am Shum Chun Bahnhof in den Zug nach Kanton. Bald fuhren wir ab, und ich begann, die Landschaft und die Atmosphäre Süd-Chinas in mich aufzunehmen. Der Zug schlängelte sich durch die Hügel der Provinz Kwangtung. Draußen waren die Bauern bei ihrer harten Arbeit auf den Feldern, ihre geflochtenen breitkrempigen Hüte auf dem Kopf. Ein paar kleine Kinder rannten umher und zeigten auf den Zug. Wasserbüffel stapften in den Reisfeldern herum, ihre schwarze Haut glänzte wie ein nasser Regenschirm.

Kanton ist eine Stadt von 3 Millionen Einwohnern und fast ebensovielen Fahrrädern. Der Bahnhof war festlich geschmückt mit Girlanden aus Feuerwerkskörpern und roten Flaggen. Es war der 23. Oktober 1976. Der Bahnhofsplatz wimmelte von Menschen, und die Luft schien elektrisiert. Über riesige Lautsprecher dröhnte »Der Osten ist rot«, eine Militär-Hymne, die sich anhörte, als ob eine Million Chinesen singend auf Maos Königreich zumarschierte.

Aber es war diesmal nicht Mao, dem man zujubelte. Hua war eben zum Vorsitzenden ernannt worden.

Ein Viertel der Welt hatte einen neuen Führer. Welch eine Zeit, in China zu sein! Als wir vom Bahnhof wegfuhren, erinnerte ich mich an die Nacht bei der FEBC, als ich Psalm 37 gelesen und den Fall der chinesischen Führer herausgelesen hatte. Nun war es soweit. Bedeutete dies, wie ich es an jenem Abend verstanden hatte, daß sich nach ihrem Fall das Land öffnen würde?

Der Krach des Feuerwerks begleitete uns auf dem ganzen Weg zu unserem Hotel; und nachdem wir unser Gepäck untergebracht hatten, gingen wir zurück, um die Szene in uns aufzunehmen. Zu diesem Zeitpunkt war eine eindrucksvolle Prozession im Gange.

Zuerst dachte ich, die Soldaten wären aufgerufen worden, ihren neuen Vorsitzenden zu ehren. Aber als die Flut von Marschierenden an uns vorbeikam, bemerkte ich genausoviele blaue wie grüne Uniformen. Blau war die Farbe der Zivilbevölkerung. Die Leute hatten sich also spontan dem Zug angeschlossen, um ihre Hoffnung auf eine wundervolle neue Zukunft unter dem Vorsitzenden Hua auszudrükken. Ihre Gesichter strahlten vor Erwartung, als sie an uns vorüberzogen, Welle auf Welle, zu Hunderten, Tausenden.

Aber was war mit ihrer endgültigen Zukunft? »Herr, wieviele dieser Menschen werden die Möglichkeit haben von dir zu hören, bevor ihr Leben in der Arbeit für Mao, Hua oder sonstwen ausbrennt? Jeder wird sein Leben damit verbringen, alles für den Staat zu geben. Aber was wird der Staat ihm nach dem Tod dafür bieten?«

Als wir an diesem Abend einen Spaziergang durch Kanton machten, konnten wir etwas von der Kehrseite der Machtübernahme Huas sehen.

Am Ende einer Straße trafen wir auf eine Menge von vielleicht 30000 Menschen, die sich vor einer großen Anschlagtafel versammelt hatten. Als Ausländer bekamen wir viele lange, harte Blicke zugeworfen. Wir versuchten, die Leute um uns herum anzulächeln – aber die meisten schauten sofort weg, als sei ihnen jeglicher Augenkontakt unangenehm.

Während wir zuschauten, wurde ein Plakat mit der neuerdings angeklagten »Viererbande« angebracht. Madame Chiang, Maos Witwe, und drei ehemalige Mitglieder des Politbüros, Yao Wen-Yuan, Chang Chun-Chiao und Wang Hung-Wen, waren in lächerlichen Posen dargestellt. Sie waren aufgespießt wie Schweine auf einem Bratrost. Maos verrufene Frau, Chiang Ching, trug ein schwarzes Ballkleid, Ringe an den Fingern und Glöckchen an den Zehen; sie war die Verkörperung der Dekadenz selbst, weit entfernt von den Idealen des Kommunismus. Sie sollte wohl als machthungrige Bestie dargestellt werden. Innerhalb einer Woche sollte die ganze Welt die Viererbande kennen.

Ich dachte zurück an Bruder Andrews Worte bei unserem ersten Treffen. »Wenn sie keinen Feind außerhalb haben, schaffen sie einen Feind im Innern.«

Plötzlich kamen drei Soldaten mit Gewehren auf die Menge zu. Da James und ich die einzigen Ausländer waren, starrten sie mit besonderem Interesse auf uns. Da die Versammlung friedlich war, gingen sie jedoch weiter.

Wir gingen so schnell zu unserem Hotel zurück, wie es unsere schmerzenden Füße erlaubten. Unsere Herzen schlugen nach dem Zwischenfall bei dem Anschlagbrett schneller als gewöhnlich. Als wir durch die Seitenstraßen liefen, kamen wir an niedrigen, verfallenden Steinhäusern vorbei, die sich gegenseitig zu stützen schienen. Kleider hingen zum Trocknen auf Leinen über der Straße, wie Flaggen, die der Welt signalisierten, daß es drinnen Leben gab. Das matte Licht aus den schwachen Glühbirnen, die alten Feigenbäume entlang der Straße, sogar der gelbe Mond, der tief über den Bäumen hing, gaben der Szene einen Hauch von Zeitlosigkeit, einen Hauch von früheren Zeiten.

Aber James hatte mehr die Gegenwart im Sinn. Als wir wieder im Hotel waren, erschien er seltsam still. »Was hast du, James?« fragte ich ihn, obwohl es nicht schwer zu erraten war. Der arme James dachte an die Ablieferung der Bibeln, nach einem Tag, an dem wir Zeugen der Militanz des Regimes geworden waren. Er wußte, wenn wir einen Fehler begingen, drohte uns Verhaftung oder sogar Gefängnis. Es konnte sein, daß er seine Familie nie wiedersehen würde.

»Laß uns beten, David«, sagte er schließlich.

In der Nacht fand James keine Ruhe. Seine Gedanken rasten, die Gefahren wuchsen ins Unermeßliche. Beim Frühstück am nächsten Morgen merkte ich, wie müde er war. Die kommende Nacht verlief nicht besser; auch nicht die nächste.

Am vierten Tag machten wir uns auf den Weg zu der Stadt, wo wir Mr. Tan treffen sollten. Dort blieb ich allein, um zu beten, während James zu dem betreffenden Haus ging. Es hätte zuviel Aufmerksamkeit erregt, wenn ich auch gegangen wäre. James mußte bis ins 3. Stockwerk steigen, um die winzige 2-Zimmer-Wohnung des Gläubigen zu erreichen. Er hatte keine Bibeln dabei, sondern nur persönliche Geschenke, Lebensmittel und Kleidung. Die Übergabe der Bibeln sollte am nächsten Tag erfolgen.

Bruder Tan begrüßte James herzlich in seinem Heim. Zu dieser Zeit war er allein mit seiner Frau, aber er erklärte James, daß in seiner Wohnung oft Versammlungen stattfänden.

»Wie viele kommen dann, Bruder Tan?« fragte James.

»In diesem Stadtteil haben wir eine Gemeinde von zehn Gläubigen«, antwortete er, »aber sie kommen immer nur zu zweit. Wenn die ersten beiden mit uns Gottesdienst gefeiert haben, gehen sie, und später kommt das nächste Paar.«

James verließ Bruder Tan mit dem Versprechen, ihn am nächsten Tag mit den Bibeln in einem großen Restaurant zu treffen.

Aber als wir in dieser Nacht unsere Pläne vor den Herrn legten, spürte James eine Unruhe, die noch stärker war als die Gefühle, mit denen er die ganze Woche gekämpft hatte. Wir fasteten und beteten bis 11.30 Uhr am nächsten Tag. Dennoch blieb James' Unbehagen.

»David, ich habe einfach nicht den Frieden des Herrn in dieser Sache.«

Ich stimmte zu. Etwas fühlte sich nicht richtig an – es schien, als wolle Gott uns zurückhalten. »Nimm die Bibeln nicht mit. Geh einfach, und triff dich mit Bruder Tan. Ich bleibe hier und bete weiter.«

James stieg in ein Taxi und fuhr zum Restaurant. Als er einige Stunden später zurückkam, waren seine Lippen blaß. »Dem Herrn sei Dank, daß ich die Bibeln nicht mithatte«, sagte er und erzählte, was er erlebt hatte.

Als James am Treffpunkt angekommen war, bat er den Taxifahrer, bis nach dem Essen auf ihn zu warten. Im Restaurant schaute er sich nervös nach Bruder Tan um, aber er fand ihn nicht.

»Möchten Sie sich setzen und bestellen, Sir?« kam der Oberkellner auf ihn zu. – »Vielleicht in ein paar Minuten«, erwiderte James abwesend. Er ging in dem großen Speisesaal umher und versuchte, so gleichgültig wie möglich auszusehen. Nach zehn Minuten ging er hinaus und schlenderte auf das Taxi zu.

Aber plötzlich blieb er wie vom Schlag gerührt stehen. Das Taxi wurde von der Polizei durchsucht. Einer nahm genauestens die Vordersitze unter die Lupe, ein zweiter räumte den Kofferraum aus, und ein dritter hatte sogar den Rücksitz vorgeklappt, um nur ja nichts zu übersehen. James tat das Natürlichste, was er konnte. Er schlenderte ruhig zurück zum Restaurant und bestellte sich eine Mahlzeit. »Aber meine Eßstäbchen zitterten, Bruder David«, sagte er mit schwachem Lächeln. Nach dem Essen ging er wieder zu dem Wagen und sah, daß die Polizei weg war.

»Sagte der Fahrer irgend etwas?« fragte ich James.

Er schüttelte den Kopf. »Nicht ein Wort. Ich vermute, das gehört in diesem Land zum täglichen Leben.«

Wie dankbar waren wir, daß er keine Bibeln mitgenommen hatte. Wir waren doppelt dankbar, als wir später erfuhren, daß Bruder Tan tatsächlich im Restaurant gewartet hatte. Aber Gott hatte das Treffen verhindert. Er war ihnen auf dem ganzen Weg einen Schritt voraus gewesen.

Obwohl die Bibeln am nächsten Tag, als wir weiterfuhren, noch immer in meinem Koffer lagen, waren wir nicht niedergeschlagen.

Wir hatten in den acht Tagen unseres Aufenthalts Gott am Werk gesehen. Er hatte uns dem Kommunismus direkt ins Gesicht schauen lassen. Er hatte es möglich gemacht, Kontakt mit Gläubigen aufzunehmen. Und er hatte uns bei jedem Schritt beschützt; denn wenn schon die Zollbeamten die Bibeln gefunden hätten, wären alle weiteren Lieferungen gefährdet gewesen. Vor allem hatte der Herr uns die wichtige Lektion gelehrt, allein in seiner Führung zu gehen. Diese Lektion erwies sich für alle zukünftigen Kurierdienste als grundlegend.

Natürlich waren wir enttäuscht, daß wir die Bibeln nicht hatten abliefern können, aber Gott hatte andere Pläne.

Und schließlich waren wir dort, um seinen Willen zu tun, nicht unseren.

Nach unserem Besuch hinter dem Bambusvorhang war ich entschlossener als je zuvor, die Gläubigen im Land zu unterstützen. Robert Foster, mein alter Freund, war nun vollzeitlich zu uns gekommen, und wir alle in Manila konzentrierten all unsere Kräfte darauf, Josephs Kontaktpersonen Bibeln und finanzielle Hilfe zukommen zu lassen.

Auch Fräulein Woo arbeitete weiterhin eng mit uns zusammen. Nach einiger Zeit hatten Julie und ich diese freundliche chinesische Schwester schließlich getroffen, die uns mit offenen Armen aufgenommen hatte. Unsere verschiedenen Nationalitäten waren zu dieser Zeit zweitrangig geworden gegenüber dem Einssein in Christus.

Schwester Woo wurde zu unserem Bindeglied zwischen den Gläubigen in Südchina und der Außenwelt. Durch sie wurde bedürftigen Christen Unterstützung gewährt. Sie war es auch, die uns über die Erweckung im Gefolge des Wirkens von Frau Kwang auf dem laufenden hielt, da Großmutter Kwang sie ständig informierte.

Über Schwester Woo lernten wir dann auch Großmutter Kwang persönlich kennen, und die berichtete dann ihrer Familie in der Volksrepublik von uns.

Ein paar Wochen später erhielt ich einen Brief, den ich wohl mein ganzes Leben lang aufbewahren werde. Er kam von Frau Kwang selbst:

Aus dem Brief meiner Mutter habe ich von Deiner Liebe zu mir gehört, die mich tief anrührte und meine Tränen fließen ließ. Obwohl diese Welt sich langsam verändert, ändert sich die Liebe meines Gottes nicht. Deine Liebe kommt wirklich vom Herrn, der ewig ist, und je länger sie andauert, desto tiefer wird sie. Durch diese Liebe fühle ich mich erfrischt.

Meine Geliebten! »Wisset ihr nicht, daß die, so in den Schran-

ken laufen, die laufen alle, aber einer erlangt das Kleinod . . . wir aber, daß wir eine unvergängliche Krone empfangen.« So laßt uns zusammen laufen!

Meine Seele ist mit Deiner verknüpft. Gott hat mein Herz tief mit Deinem verbunden. Ich liebe Dich sehr. Ich bete jede Nacht für Dich.

Unsere Familie hier liebt Dich sehr und grüßt Dich im Frieden.

Deine Schwester, die immer an Dich denkt.

Anfang 1977 planten James und ich eine weitere Reise nach China, dieses Mal mit unseren Frauen und mit dem, der vor uns allen dagewesen war, Bruder Andrew. Wir sollten Bibeln zu einem anderen von Josephs Kontakten in Kwangtung liefern, und bei dieser Gelegenheit wollte James sich auch mit seinem Freund Tan Toc Tue treffen, um ihm die versprochenen Bibeln zu bringen.

Früher hatte James keine Schwierigkeiten gehabt, sein Visum zu bekommen. Aber dieses Mal konnte er seine Papiere aus irgendeinem Grund nicht durchbekommen. Als er über der Situation betete, fühlte er dieselbe zurückhaltende Hand wie in Kanton. Aus irgendeinem Grund sagte ihm der Herr, er solle nicht reisen. So winkten wir schließlich am Tag unserer Abfahrt einem traurigen James zu und fragten uns, warum er wohl nicht mit uns kommen sollte.

Bruder Andrew stellte fest, daß sich das China von 1977 außerordentlich von dem China unterschied, das er 1965 besucht hatte. Die Leute wandten nicht mehr die Augen ab; statt dessen war eine scheue Offenheit zu sehen, manchmal sogar ein herzliches Lächeln. Die Menschen schienen Hunger nach etwas zu haben, schienen verwundbar und ansprechbar.

Unsere chinesischen Gastgeber drängten uns, eine ihrer berühmten Opern zu besuchen. Und wir enttäuschten sie nicht. Die Vorstellung, die wir besuchten, war typisch für die Propaganda-Maschinerie der Regierung. Herumwirbelnde Figuren, in leuchtendes Rot gekleidet, rühmten die Taten des Vorsitzenden Hua und des Staates und beschimpften die Viererbande.

Da solche Opern für Ausländer schwer zu verstehen sind, wurden die Kernsätze des Librettos in Englisch auf eine Leinwand neben der Bühne projiziert.

– »Der weise Vorsitzende Hua hat die Viererbande zerschmettert und Himmel und Erde erschüttert.«

»Himmel?« Julie lehnte sich vor, um mir zuzuflüstern: »Ich wußte nicht, daß der Himmel in der kommunistischen Philosophie vorkommt . . .?«

– »Der Vorsitzende Mao befreit uns vom Leid.« Mao war zu der Zeit tot, dennoch lebte er weiter als der »Heiland« seines Volkes.

– »Auf welche Basis soll unsere Politik gegründet sein? Sie sollte sich auf unsere eigene Stärke gründen und das bedeutet Wiedergeburt durch unsere eigenen Anstrengungen.« Nach diesem Text schaute ich zu Bruder Andrew hinüber. Sogar »Wiedergeburt«? Wenn das keine Religion war . . .!

– »Möge die gute Nachricht in alle Winkel des Landes dringen.«

»Amen!« Bruder Andrew stieß einen tiefen Seufzer aus. »Bitte, Herr«, bat er flüsternd, »laß wirklich die *Gute Nachricht* in alle Winkel dieses Landes dringen!«

Die Vorstellung ging weiter. Die farbenfrohen Figuren winkten dem Publikum zu. Ihre Stimmen erhoben sich in einem ständig steigenden Crescendo.

Wieder wandte ich mich Bruder Andrew zu. Er schaute nicht mehr auf die Bühne. Er sah vielmehr in die verzückten Gesichter der Menschen im Publikum.

»Sieh dir nur diese Leute an!« sagte er schließlich. »Was immer der Staat ihnen zu denken und zu tun befiehlt, geschieht. Diese Woche sollen sie die Viererbande hassen und die ›gwailos‹ anlächeln. Letzte Woche waren die ›gwailos‹ ihre Feinde und die Viererbande ihre Helden. Sie haben keine eigene Meinung mehr. Sie können es sich nicht leisten – es ist zu gefährlich!«

Er senkte die Augen und murmelte bedrückt: »Alles, was sie je gekannt haben, sind Lügen und Haß. Sie gehören nicht mehr sich selbst – sie gehören dem Staat. Und doch wurde jeder von ihnen erkauft um einen hohen Preis – erkauft von Jesus.«

Mitten in der Oper senkten wir drei die Köpfe zu einem stillen, sehnsüchtigen Gebet. Es dauerte einige Minuten, bis wir unsere Aufmerksamkeit wieder der Vorstellung zuwenden konnten.

Während unserer Reise wurde uns eine Schule in Kanton gezeigt, wo die Kinder Englisch lernten. Sie lasen aus einem Schulbuch vor: »Die Sonne ist hell. Die Sonne steht hoch am Himmel und geht im Osten auf. Die Sonne ist rot. Der Vorsitzende Mao ist die Sonne.«

Bruder Andrew konnte sich kaum beherrschen. »David«, flüsterte er mir zu, während wir im Klassenzimmer standen, »ich möchte am liebsten rufen: ›Ja, aber der Vorsitzende Mao ist nun tot, und doch geht die Sonne immer noch auf und unter. Also wer ist die Sonne?‹«

Als sich die Kinder anschließend um uns drängten, nahm er eins nach dem anderen hoch, umarmte sie und gab ihnen einen Kuß. Ich kannte das Gebet in seinem Herzen.

Unsere Bibellieferung mußte noch drei Tage warten, so verbrachten wir unsere Zeit damit, so viel wir konnten von diesem veränderten China aufzunehmen.

An einem Morgen saßen Bruder Andrew und ich auf einer Bank an einem Platz in Kanton und beobachteten die Menschenmenge vor uns. Einige freundliche Passanten riefen uns ein freundliches »Hallo!« zu.

»Hi!« erwiderten wir.

Ihr Lächeln wurde breiter. »Hi!« wiederholten sie und ahmten unseren Tonfall nach.

»Ihr habt ein schönes Land!« rief ich.

Sie nickten wieder. »Schön Land . . .« Immer noch lächelnd, taten sie ihr Bestes, den Satz nachzusprechen, dessen Sinn sie nicht verstanden.

Das Spiel ging einige Minuten weiter. Wir zwei riefen verschiedene Sätze, und die kleine Gruppe bemühte sich, die neuen Worte zu meistern.

Bevor sie gingen, gaben wir ihnen den besten aller Sätze mit auf den Weg: »Gott liebt euch! Gott liebt euch!« riefen wir. »Er starb für euch.«

Jetzt grinsten sie von einem Ohr zum anderen. »Goh lieb . . . Goh lieb . . .« Wenn sie nur wüßten, was sie da riefen. Wenn nur, Herr . . .

Wir winkten zum Abschied, und als sie fort waren, wurde Andrews Stimme ernst.

»David, die Not hier ist groß, und die Menschen sind so reif für das Evangelium. Ich sehe nun klarer als je zuvor, warum uns der Herr Bibeln für China aufs Herz gelegt hat.« Er war einen Moment still, tief in Gedanken. »Weißt du«, sagte er, »du wirst das nie schaffen ohne weitere Helfer. Du mußt andere finden, die bereit sind, auch Bibeln ins Land zu bringen.«

»Aber das ist keine leichte Aufgabe!« antwortete ich. »Die meisten halten es für verrückt, jetzt über eine Arbeit in China zu reden. Und sie fürchten sich vor den Folgen eines persönlichen Einsatzes.«

Andrew schaute mich verständnisvoll an, dennoch blieb er dabei: »Jesus hat uns befohlen, in *alle* Welt zu gehen; nicht nur in die Gebiete, wo Christen mit roten Teppichen empfangen werden.«

»Aber«, wandte ich ein, »viele haben Angst, daß, selbst wenn sie es schaffen, nach China zu kommen, sie nicht wissen, was ihnen drinnen zustoßen wird.«

»Dann laß mich dich an einen anderen Punkt dieses Verses erinnern. Jesus hat uns aufgetragen in alle Welt zu *gehen*. Aber wo sagt er, daß wir wieder *zurückkommen* müssen?«

Einen Augenblick lang saß ich verdutzt da. Dann brach ich in herzhaftes Lachen aus und stieß ihn freundschaftlich in die Seite.

»Du hast recht, Andrew. Mensch, du hast absolut recht.«

Ich grinste ihn an und erwartete, daß er auch lachen würde. Aber Andrew, der immer über einen guten Witz lachen konnte, war todernst. »Warum lachst du denn, Bruder? Das ist nichts zum Lachen.«

»Ich – ich habe das noch nie so gesehen.«

»Aha. Aber siehst du, genau das ist doch unser Problem. Wir meinen, wir sollten nur in ein Land gehen, wenn wir sicher sind, daß wir auch zurückkommen. Jesus hat das nie versprochen.«

Andrew sah mich intensiv an. »Überleg mal, David: Als du als Marinesoldat ausgebildet wurdest, garantierten sie dir da deine Rückkehr, wenn sie dich in den Krieg schickten? Nein! Nun, wir sind auch im Krieg, im geistlichen Krieg. Wenn wir unsere Zeit damit verplempern, uns wegen unserer Sicherheit zu sorgen, werden wir nie in den Kampf ziehen.«

»Aber«, gab ich zu bedenken, »wie kann ich von den Leuten ein solches Engagement verlangen?«

»Jesus hat es verlangt, du mußt nur seine Worte wiederholen. Überall auf der Welt singen die Christen, wie sehr sie sich auf den Himmel freuen. Wenn sie das glauben, was haben sie dagegen, etwas früher dorthin zu kommen? Diejenigen, die für den Herrn nach China gehen wollen, können und werden es tun. Du mußt sie nur finden.«

Mir war längst nicht mehr nach Lachen zumute. Ich hatte nun das Ziel klar vor Augen. Es gab Menschen, die genug liebten und dem Herrn genug vertrauten, um nach China zu gehen. Wir mußten sie finden und motivieren, den Gläubigen drinnen zu helfen, solange noch Zeit war.

Bruder Andrew mußte uns verlassen, aber als wir ihn zum Kantoner Bahnhof gebracht hatten, hinterließ er uns seine ansteckende Begeisterung für die Aufgabe.

Kaum waren wir aufgebrochen, um die Bibeln zu übergeben, da merkten wir, daß uns Schwierigkeiten bevorstanden. Einige Männer blieben uns ganz »zufällig« auf den Fersen.

Wir hatten uns mit unserer »Freundin« in einem Park verabredet. Sobald ich die Frau erblickt hatte, ging ich zu ihr hinüber, um mit ihr zu sprechen – und stellte fest, daß einer der sechs Männer mir folgte. Nach einer kurzen Unterhaltung ging ich gleichgültig weiter, denn unter diesen Umständen gab es keine Möglichkeit, die Bibeln zu übergeben. Julie und ich begannen, den malerischen Park zu bewundern, und wanderten ziellos umher, von unserer »Freundin« von weitem beobachtet. Doch wir konnten die Männer nicht abschütteln und wußten, es würde ein langer Nachmittag.

Die Dämmerung brach herein, und wir hatten immer noch keine Ahnung, wie der Herr den Austausch ermöglichen würde. Wir wußten nur, daß wir auf seine Eingebung achten mußten, wenn der Zeitpunkt kam.

Da brach schließlich etwa hundert Meter von uns entfernt zwischen zwei Männern ein heftiger Streit aus. Unsere Verfolger, offensichtlich Geheimpolizisten, eilten zu der Prügelei und ließen uns allein, zum ersten Mal, seit wir den Park betreten hatten.

»David, deine Tasche . . . rasch!« Julie verlor keine Zeit. »Ich muß mal und brauche die Tücher in der Tasche«, sagte sie augenzwinkernd. Ich verstand.

Als unsere Freundin sah, wie Julie auf die Damentoilette in der Mitte des Parks zuging, verstand sie auch und verschwand schnell vor ihr darin. Das alles geschah ganz spontan. Gottes Geist hatte ihnen gezeigt, was zu tun war.

Bevor Julie die Toilette erreichte, waren die Polizisten wieder bei ihr. Sie folgten Julie zum Eingang. Von dort aus konnten sie auch mich auf meiner vierzig Meter entfernten Parkbank im Auge behalten.

Fünfzehn Minuten vergingen. Von den Frauen war noch nichts zu sehen. Die Polizisten wurden unruhig, ich auch. Hatten die beiden vor, drinnen zu bleiben, bis die Männer fort waren? Wie lange würde es dauern, bis die Polizisten in die öffentliche Toilette gingen, Julie und das Mädchen mit der Tasche holten und sie womöglich verhafteten? Ich betete und betete, etwas anderes konnte ich nicht tun. »Herr, bring sie in fünf Minuten heraus, bevor die Männer auf irgendwelche Ideen kommen!« bat ich.

Eine Minute später erschien Julie wieder, nicht aus dem Toilettenhäuschen, wie ich erwartet hatte, sondern von einem kleinen Hügel seitlich von mir. Auf ihrem Gesicht war ein breites Lächeln, und als sie mir zuwinkte, konnte ich kurz das »One-Way«-Zeichen ausmachen.

Die Polizisten, die nicht gesehen hatten, wie die andere Frau die Toilette betreten hatte, folgten uns aus dem Park bis zum Hotel, bevor sie aufgaben.

Was war in der Toilette geschehen?

»Es gab einen Hinterausgang«, erklärte mir Julie. »Wir gingen hinaus, einige Meter einen wunderschönen Pfad entlang – und da der

Herr dafür gesorgt hatte, daß niemand in Sicht war, übergab ich die Bibeln.«

»Warum hat es denn so lange gedauert?« fragte ich.

»Nun, es war sehr schön dort«, antwortete sie. »Und wir waren doch ins Schwitzen gekommen. Da meinten wir, daß wir uns zumindest eine Tasse chinesischen Tee verdient hatten . . .«

Nach unserer Rückkehr war James Wee einer der ersten in Manila, der wissen wollte, wie die Reise verlaufen war. Als ich ihm die Geschichte erzählte, konnten wir uns immer noch nur wundern, warum er nicht hatte mitkommen dürfen.

Fünf Monate später bekamen wir unsere Antwort. James und ich waren wieder einmal mit Bibeln beladen auf dem Weg nach Kwangtung. Dieses Mal war James sicher, daß der Herr ihm grünes Licht für die Reise gegeben hatte.

Einmal im Land, verlor James keine Zeit, seinen Freund Tan Hoc Tue aufzusuchen. »Bruder Tan, ich wollte dich so gern früher in diesem Jahr besuchen, aber der Herr schien mich am Kommen zu hindern. Hier habe ich nun endlich deine Bibeln mitgebracht.«

Bruder Tan kämpfte mit den Tränen, als er langsam jede einzelne in die Hand nahm und liebevoll durchblätterte. Dann fing er an, James und vor allem dem Herrn für den Schutz seines Wortes zu danken.

Anschließend schaute er James strahlend an. »Mein Bruder, ich bin froh, daß dich der Herr jetzt hierher gebracht hat. Es wäre schlimm gewesen, wenn er dir erlaubt hätte, mich früher zu besuchen.«

»Warum?« fragte James sofort.

»Ich wurde in den letzten Monaten streng von den Behörden überwacht. Eins meiner Kinder«, er hielt inne und ein Schatten flog über sein Gesicht, »hatte gerade vor diesem Besuch aus China zu fliehen versucht, wurde aber gefangen und hierher zurückgebracht. Unsere Familie wurde sofort ständig überwacht.«

»Wurdest du in irgendeiner Weise verletzt?«

»Nein. Aber sie wußten von meinem Christsein. Und während Bruder Davids letzter Reise brachten sie mich zu einer nahen Kirche, um mich zu verwarnen.«

»Warum brachten sie dich dorthin?« fragte James.

Bruder Tan zuckte leicht mit den Achseln. »Sie haben dort Fotos von Gläubigen; von solchen, die wegen ihres Glaubens verfolgt oder verhaftet worden sind. Sie zeigten mir die Bilder und fragten mich zuerst, ob ich einen von ihnen kennte. Dann drohten sie mir mit einem ähnlichen Schicksal.

Und so, mein Bruder«, schloß er, »kannst du dir vorstellen, was hätte geschehen können, wenn du mich damals besucht hättest? Es war eindeutig der Herr, der deinen Besuch verhindert hat.«

Nachdem James mir diese Unterhaltung erzählt hatte, machte er eine Pause; er wußte, daß seine Frage beantwortet war. »Es ist wie beim letzten Mal, Bruder David«, sagte er leise. »Der Herr ist uns die ganze Zeit einen Schritt voraus . . .«

14. Das Jahr des Touristen

Ich sprang auf, als das Telefon läutete. Ich war eben dabei, den Bericht eines unserer Kuriere zu lesen.

»Hallo?« Ohne nachzudenken, nahm ich den Hörer ab, bevor Beng den Anruf annehmen konnte.

»Hongkong am Apparat«, meldete sich die Fernmeldevermittlung. Einen Augenblick später klang eine begeisterte Stimme aus dem Hörer.

»Bruder David, Bruder David, ich habe wichtige Neuigkeiten für Sie.«

Es war Schwester Woo.

»Sie werden nicht glauben, was geschehen ist. Preisen Sie den Herrn mit mir . . .«

»Was ist denn, Schwester Woo?«

»Oh, Bruder David, ich weiß nicht, wo ich anfangen soll. Es ist – es ist – die Großmutter, sie hat mich gerade angerufen.«

»Sie meinen Frau Kwangs Mutter?«

»Ja.« Sie schien atemlos. »Einer ihrer Enkel konnte China verlassen. Er ist in ihrer Wohnung.«

Der junge Daniel Kwang, gerade 19 Jahre alt, hatte es irgendwie fertiggebracht, aus China herauszukommen.

Am nächsten Tag klopften Schwester Woo und ich an die Tür von Großmutter Kwangs Wohnung in Hongkong. Als die Tür geöffnet wurde, begrüßte uns ein schlanker, etwas schüchtern aussehender junger Chinese.

»Bruder David?« fragte er zögernd.

»Ja.« Ich nickte, und im nächsten Moment umarmte ich ihn herzlich. Das war die beste Möglichkeit einer direkten Kommunikation – Daniel sprach fast kein Englisch.

Als wir im Wohnzimmer der Großmutter saßen, übersetzte Fräulein Woo für mich. »Wie geht es deinen Eltern?« fragte ich. Die Antwort kam sofort. »Es geht ihnen gut. Sie preisen den Herrn für seine Güte. Sie senden dir ihre Liebe. Sie möchten, daß ich dir sage, daß sie jeden Tag für dich beten.«

Seine Antwort bewegte mich. Ich konnte es noch immer nicht fassen, daß diese Menschen, die doch so viele Schwierigkeiten hatten, sich auch noch um uns Gedanken machen konnten.

»Wir beten auch für sie«, sagte ich. »Darauf kannst du dich verlassen.«

Als Fräulein Woo ihm das sagte, zog ein Lächeln über sein Gesicht.

»Wie geht es dir, Daniel?« fuhr ich fort. »Hast du die Reise aus China gut überstanden?«

»Mir geht es gut«, erfuhr ich. »Der Herr ist wunderbar, mich hierher zu bringen. Möchtest du wissen, wie er das getan hat?«

Ich nickte, und er erzählte. Weihnachten 1975 hatte ihm der Herr im Gebet gesagt, daß er China verlassen würde. Er bekam sogar das genaue Datum mitgeteilt, an dem er das Ausreisevisum beantragen sollte. Daniel hatte das seiner Mutter und einigen andern Gläubigen mitgeteilt. Sie behielten es für sich, beteten aber regelmäßig darüber.

Als der Tag kam, über 12 Monate später, ging er zur entsprechenden Behörde und stellte seinen Antrag. Doch der Beamte kannte Frau Kwang und wußte, daß sie Tausende zu Christus geführt hatte.

»Bist du verrückt? Für wen hältst du dich denn? Natürlich kannst du nicht gehen. Deine Mutter ist eine Kriminelle, ein Staatsfeind. Scher dich hinaus!«

In blinder Wut prügelte der Beamte Daniel hinaus. Nach einem letzten Ausbruch von Abscheu ließ er ihn stehen und ging zu seinem Büro zurück.

Während der Mann wegging, legte Daniel seine Sache wieder dem Herrn vor. »Letztes Jahr hast du mir gesagt, daß dies das Datum für mich ist. Bitte zeige mir deine Macht.«

In diesem Augenblick hielt der Beamte unerklärlicherweise inne. Er drehte sich um, schaute Daniel an und fragte in einem ganz anderen Ton: »Ist dein Name Daniel Kwang?« Als der junge Mann nickte, fügte er hinzu: »Und du lebst in . . .?« er nannte die Adresse der Kwangs. Wieder bestätigte Daniel dies, verwundert über den Wandel in diesem Mann. Ohne Erklärung hatte der Beamte seine Haltung total geändert. »Dann«, schloß er, »komm mit mir.«

»Warum?« fragte ich Daniel. »Was hatte ihn dazu gebracht?«

Genau zu dieser Zeit hatten sich, erklärte Daniel, etwa 300 Gläubige im Haus der Kwangs zu Gemeinschaft und Bibelstudium versammelt. Als das Treffen vorbei war, machten sich alle auf den

Heimweg, als der Heilige Geist plötzlich alle aufhielt und ihnen sagte, sie sollten zurückgehen und für Daniel beten. Der Her legte ihnen aufs Herz, daß der Junge ihre Fürbitte sofort brauchte. Frau Kwang war sehr überrascht, sie alle wiederzusehen, und jeder einzelne gab dieselbe Erklärung.

»Der Herr hat mir gesagt, daß dein Sohn sein Visum für Hongkong bekommen soll. Ich bin gekommen, für ihn zu beten und zu danken.«

Noch an diesem Abend erhielt Daniel seine Papiere.

Daniel wußte, daß er nun, außerhalb Chinas, unter anderem die Aufgabe hatte, in der freien Welt zu erzählen, was die leidende Kirche brauchte. Dazu mußte er aber die englische Sprache beherrschen, und zwar so schnell wie möglich. Wir redeten und beteten in dieser Nacht zusammen, bis wir eine Lösung fanden. Wenn er in einer Familie lebte, die nur Englisch sprach, würde er die Sprache schnell erlernen.

Obwohl unsere Hongkonger Mitarbeiter, Pastor Ward und seine Frau Anne, zu dieser Zeit woanders waren, bot ich ihre Dienste an und versicherte Daniel, daß sie sich freuen würden, wenn er bei ihnen wohnte.

Tatsächlich hießen sie gleich nach ihrer Rückkehr ihren neuen »Sohn« herzlich willkommen. »Er ist ein Timotheus für uns geworden«, erzählten sie mir, nachdem ein paar Wochen vergangen waren.

Im Laufe der folgenden Monate erhielten wir von Daniel mehr Informationen über das Ausmaß der Erweckung, die der Herr durch die Arbeit seiner Mutter bewirkte. Gleichzeitig erreichten uns Berichte über ähnliche Erweckungen in etwas kleinerem Maßstab in Zentral- und Nordchina.

Gott brachte tatsächlich eine Erweckung in der Volksrepublik zustande! Mit jedem Bericht verstanden wir besser, warum uns der Herr die Bibeln für dieses volkreiche Land aufs Herz gelegt hatte.

Aber woher sollten wir die Boten bekommen, die sie mitnahmen? Und selbst wenn wir sie bekamen, wie konnten wir genug Teams durch den Bambusvorhang bringen, um die Bedürfnisse der Kirche zu befriedigen?

Die Antwort kam unerwartet Anfang 1978 bei einem Hongkonger Frühstück mit Zimtrollen, Orangensaft und Kaffee. Ich las die »South China Morning Post«, und dabei fiel mein Blick auf eine winzige Anzeige mit der Überschrift »Touren nach China«. Ich sah näher hin und stellte fest, daß 4-Tage-Reisen nach Kanton und 8-Tage-Reisen nach Peking angeboten wurden. Darunter stand der Name der betreffenden Reisegesellschaft – eine kommerzielle Reise-Organisation, nicht einmal der China-Reisedienst.

Ich rieb mir den Schlaf aus den Augen. Wie oft hatte ich in den vergangenen Jahren alle verfügbaren Möglichkeiten versucht, nach China zu kommen! Und nun eine solche Anzeige? Das war doch nicht möglich!

Und doch, war es so unmöglich? Wir hatten eine Veränderung in China beobachtet, seit 1976 Tschu und Mao gestorben waren. Nach dem, was ich vor einigen Jahren, als ich noch bei der FEBC gewesen war, aus Psalm 37 herausgehört hatte, würde China sich öffnen, wenn die beiden gefallen waren.

Meine Gedanken wanderten zurück zu einer seltsamen Geschichte, die mir Daniel über Maos Todestag erzählt hatte. »Während dieses Nachmittags wurde der Himmel in unserem Gebiet sehr finster, und es donnerte und blitzte. Das Gewitter war so heftig, daß die alten Leute, sogar die über 80, sagten, sie hätten seit 50 Jahren nichts Ähnliches erlebt. Sie kamen aus ihren Häusern, um es anzusehen, dann riefen sie einander zu: ›Der alte Mann ist tot. Der Vorsitzende Mao ist von uns gegangen.‹ Und sie freuten sich. Etwas später kam aus Peking die Nachricht, daß der Vorsitzende tatsächlich zu dieser Zeit gestorben war.«

Daniel hatte weiter erklärt, daß die Leute in China glauben, daß Erdbeben irgendeinen tiefgreifenden Wandel signalisieren. Als China 1976 das schreckliche Erdbeben erlebte, erwarteten sie deshalb, daß etwas im Land geschehen würde. Der Tod des Vorsitzenden, einen Monat später, bestätigte die Erwartungen.

Und nun wurde das Ausmaß dieses Wandels offensichtlich. Ich ging aufgeregt mit der Anzeige zu Pastor Ward und Anne und bat sie, das zu überprüfen. Innerhalb der nächsten Wochen hatten Mitarbeiter aus Asien und den Vereinigten Staaten Reisen gebucht, nicht nur nach Kanton und Peking, sondern auch nach Shanghai und Nanking. 1978 schien das »Jahr des Touristen« zu werden.

Es dauerte nicht lange, bis James Wee und ich wieder den inzwischen wohlbekannten Weg ins Land seiner Vorfahren einschlugen und zum zweitenmal nach Peking reisten.

Am Sonntag nach unserer Ankunft brachten wir einige Bibeln zum Haus eines christlichen Freundes, und nach nur wenigen Minuten klingelte es, und unser Gastgeber hieß einen jungen europäischen Christen willkommen. John lebte vorübergehend in Peking und sprach fast perfekt Mandarin.

Er setzte sich zu uns, und unser natürliches Gesprächsthema war die Kirche in China. Im Laufe der Zeit bekam ich das Gefühl, daß diese Begegnung kein Zufall war. John ging offensichtlich die Not seiner Brüder und Schwestern sehr zu Herzen.

Ich betete still, daß der Herr uns klar machen möge, ob wir eine engere Verbindung zu John aufbauen sollten. Instinktiv blickte ich zu James hinüber und merkte, er betete für dasselbe. Schließlich atmete ich tief durch und schnitt »unser« Thema an.

Nachdem ich erklärt hatte, welche Art Arbeit wir taten, öffnete ich meine Aktentasche und nahm eine Anzahl Bibeln heraus. »Wir glauben, daß diese durch ein Wunder unentdeckt durch die Zollkontrolle am Pekinger Flughafen gelangt sind«, sagte ich.

John schwieg, aber ich merkte, daß er schluckte. Ich sprach weiter. »Bist du bereit, Gott mit uns zu vertrauen? Würdest du diese Bibeln übernehmen im Glauben, daß Gott dir einen chinesischen Christen zeigen wird, dem du sie weitergeben kannst?«

Ein paar Minuten herrschte Schweigen, während John verdaute, was ich gesagt hatte. Wieder schaute ich zu James und wußte, er betete für eine Entscheidung. Später erzählte uns John, der Verlauf der Unterhaltung hätte ihn zwar verblüfft, aber wir hätten vieles ausgedrückt, was ihm während seiner Zeit in China schwer auf dem Herzen gelegen habe.

»Ich bin bereit, sie zu nehmen«, sagte er schließlich. »Aber versteht bitte, daß ich jetzt keine Möglichkeit habe, sie weiterzugeben. Die Kontaktleute müßt ihr mir besorgen.«

Jetzt, da ich die Bestätigung des Herrn für dieses Treffen gesehen hatte, konnte ich zuversichtlich lächeln. »Laß uns zusammen dem Herrn vertrauen, Bruder!« sagte ich.

»Unsere Methode ist nicht, Bibeln einfach an öffentlichen Plätzen liegenzulassen. Wir glauben fest daran, daß wir sie uns bekannten Christen in die Hand geben sollten, Christen, die sie brauchen und sich danach sehnen. Ich glaube, daß Gott hier bei unserer Begegnung ist, und er wird uns zu den richtigen Gläubigen führen.«

Wir vier knieten auf dem Fußboden nieder, und die warme Sonne Pekings brannte auf unsere Rücken, als wir beteten.

»Lieber Herr«, betete John, »ich glaube, daß diese Bibeln aufgrund eines andauernden Wunders ins Land gekommen sind; und ich bin bereit, auch dabei mitzumachen. Ich will offen sein für das, was du mit diesen Büchern und mit mir in der Zukunft vorhast.«

Seine Worte erwiesen sich als prophetisch. In den kommenden Wochen und Monaten wurde John unser Hauptbindeglied zur leidenden Kirche in Peking.

Zu einem Pekingbesuch gehört einfach ein Spaziergang über den berühmten Tien An Men Platz, und für mich selbst waren Erinnerungen an meinen letzten Besuch damit verbunden.

Zwölf Monate zuvor hatte ich beschlossen, einen Frühspaziergang zu unternehmen, bevor James aufwachte. Ich zog meine Levi-Kluft an, setzte meine Mao-Mütze auf, hängte mir die Kamera über die Schulter und ging zu dem riesigen Platz, um ein paar Fotos zu machen.

Das erste, was ich sah, waren Menschen, Tausende von Menschen in Uniformen, in drei ordentlichen Schlangen. Hier standen die Mitglieder der Volksarmee in Grün; dort die Polizisten in Blau-Weiß; und drüben die Seeleute, auch in Blau-Weiß, mit ihren charakteristischen Mützen und Matrosen-Kragen. Alle warteten geduldig im Südwesten des Platzes vor der Gedächtnishalle und dem Mausoleum des Vorsitzenden Mao. Sie wollten dem toten Mao ihre Ehre erweisen.

Sobald ich erschien, richteten sich Tausende von Augen auf mich. Ich war um diese Stunde der einzige Ausländer auf dem ganzen Platz. Ich lächelte die Leute an. Niemand lächelte zurück.

Da ich schon auf dem Platz war, beschloß ich, mich der langen Reihe der Trauernden anzuschließen und ihren Führer auf meine Weise zu ehren. Die Schlange bewegte sich langsam auf den Kristallsarg zu, der von einem wahren Blumenmeer umgeben war.

Ich konnte mich nur wieder darüber wundern, welch eine Macht selbst der tote Mao über sein Volk hatte. Hier hatten sie sich zu Tausenden angestellt, um einen Mann zu ehren, der dem »Guiness-Buch der Rekorde« zufolge, für den Tod von mehr Menschen verantwortlich war als jeder andere Mensch, der je gelebt hatte. Mehr als Hitler . . . Stalin . . . Amin . . . Ein Mann, dessen Bilder fast jedes Heim geschmückt hatten, jedes Ladenfenster, öffentliche Gebäude, Reklamewände; ein Mann, der von Millionen von Menschen angebetet worden war.

Als ich an der Reihe war und vor diesem Riesen des 20. Jahrhunderts stand, sah ich einen kleinen, fahlen, eingefallenen Körper vor mir. Die einst roten, vollen Wangen waren nun eingesunken und gelb. Die dunklen Augen, einst strahlend vor Ehrgeiz und Macht, waren nun geschlossen. Chinas selbstgemachter Gott war sterblich – unübersehbar.

Ich nahm meine Mütze ab und senkte den Kopf zu einem stillen Gebet. »Wenn Mao dich nur gekannt hätte . . . aber du hast deine Pläne, und er war ein Teil davon«, sagte ich. »Herr, benutze diesen Moment in der Geschichte Chinas, die Gedanken der Menschen hier über ihren ›politischen Vater‹ auf ihren einen wahren Vater zu lenken. Bring sie zu dir zurück.«

Ich setzte die Mütze wieder auf und wandte mich um, um an der langen Schlange entlangzugehen, die inzwischen die ganze Länge des Platzes füllte. Als neugierige Gesichter mich anstarrten, lächelte ich jedes einzelne an und wiederholte innerlich mein Gebet.

Am meisten genoß ich bei meinen häufigen Reisen den Augenblick, wenn ich wieder nach Hause kam. Julie brachte stets die Kinder mit zum Flughafen, es sei denn, es war sehr spät und sie hatten am folgenden Tag Schule. Wenn ich aus dem Zollbereich in die Hitze hinaustrat, rief ein Chor von begeisterten Stimmen meinen Namen.

Die Begrüßung zu Hause war genauso herzlich. Deanne vergaß nie, ein großes Begrüßungsschild über der Tür anzubringen. Wenn ich in einem westlichen Land gewesen war, wies das Schild entsprechende Symbole auf. Andernfalls waren sie und die anderen auf der Hut, nur ja keinen Hinweis darauf zu geben, wo ich gewesen war.

An Abenden, an denen die Kinder der Schule wegen nicht zum Flugplatz kommen konnten, wußte ich immer, daß ich drei Paar weitgeöffneter Augen vorfinden würde, wenn ich auf Zehenspitzen in ihre Zimmer schlich. Im Dunkeln flüsterten sie ihr Willkommen und Neuigkeiten, die einfach nicht bis zum Morgen warten konnten. »Ich bin in der Basketball-Schulmannschaft, Daddy.« – »Ich kann jetzt einen neuen Trick auf dem Skateboard. Ich zeig's dir morgen!« – »Schlaf gut, Daddy, wir haben dich vermißt.«

Wenn das Haus dann ruhig war, hatten Julie und ich Gelegenheit, die Ereignisse der Tage oder Wochen, die ich fortgewesen war, miteinander zu teilen. Und wir verbrachten viel Zeit mit dem Einen, der in jeder einzelnen Situation treu für uns gesorgt hatte.

Als wir an einem solchen Abend gemeinsam die Bibel lasen, legte Julie ihre unerwartet auf die Seite und schaute mich aufmerksam an.

»David«, begann sie, »weißt du, was?«

»Was denn?«

»Du hast heute abend ziemlich viel in der Bibel gelesen.«

»Na und?«

»Ist dir klar«, fuhr sie fort, »daß du das vor zehn Jahren nicht gekonnt hättest?«

Ich legte die Bibel langsam hin.

»Ich meine, am Anfang, als wir verheiratet waren, konntest du nicht so lesen, wie du es jetzt kannst. Ich denke, der Herr hat direkt vor unserer Nase langsam, aber ständig ein Wunder vollbracht.«

Darüber hatte ich noch gar nicht nachgedacht. Wann, fragte ich mich, hätten die Änderungen angefangen? Im College war das Lesen für mich eine Qual gewesen, und als wir geheiratet hatten, ging es nur ein bißchen besser. »Kann sein, daß die Veränderung anfing, als ich Jesus kennenlernte«, sagte ich. Ich hatte ihn ja auch oft genug darum gebeten.

»Und all die Stunden, die du unter Mr. Roys Anleitung in der Bibel gelesen hast«, meinte Julie. »Vielleicht hat der Herr die benutzt, Liebling . . .«

Wir sprachen noch lange darüber und versuchten, den Zeitpunkt herauszufinden, an dem eine Art Durchbruch geschehen war. Aber wir konnten es nicht. Es war eine langsame, ganz allmähliche Verbesserung gewesen, die der Herr im Laufe der Jahre bewirkt hatte, seit ich mein Leben – und dieses Problem – ihm übergeben hatte.

Auch jetzt war ich kein Schnelleser. Und ich las nicht gern anderen Leuten vor. Aber mir wurde in diesem Gespräch mit Julie klar, daß die Lesekrise nun der Vergangenheit angehörte. Gott hatte mich soweit gebracht, daß mir das Lesen sogar Spaß machte.

An diesem Abend erkannte ich das volle Ausmaß des Wirkens Gottes. Gott konnte also nicht nur beim Überqueren von »geschlossenen« Landesgrenzen das Unmögliche möglich machen, sondern auch beim Überwinden meiner persönlichen Grenzen.

Bei meiner nächsten Reise nach Hongkong stellte ich fest, daß Pastor Ward schon mit der Organisation der Touristenreisen begonnen hatte, die wir für unsere Kurierdienste nutzen wollten.

An jeder der angebotenen Touren nahmen auch »Touristen« aus den USA und – als Ergebnis einer früheren Reise zu »denen da unten« – aus Australien und Neuseeland teil. Jeder von ihnen war sorgfältig auf die Reise vorbereitet. Die größte Sorgfalt mußte auf den Schutz der Gläubigen im Inland verwandt werden. Auch auf den Übergang über die Grenze wurden die Teams eingestimmt.

»Es gibt menschlich gesehen keine Möglichkeit, kommunistische Beamte zu überlisten«, wurde ihnen gesagt. »Sie sind perfekt ausgebildet. Gottes Wort bekommen wir nur dann nach China hinein, wenn er selbst die Sache in die Hand nimmt. Ihr müßte darauf achten, daß ihr nahe bei ihm seid, so daß ihr seine Leitung fühlen könnt, wenn er euch führt.«

Ihre Koffer hatten keinen doppelten Boden oder ähnliches; die Bibeln lagen einfach so darin. Nachdem die Touristen ihren Weg dem Herrn anbefohlen hatten, machten sie sich auf den Weg – das bekannte Gebet von Bruder Andrew im Herzen: »Herr, in meinem Gepäck habe ich Bibeln, die ich deinen Kindern jenseits der Grenze bringen möchte. Als du auf der Erde warst, machtest du blinde Augen sehend. Nun bitte ich, mach sehende Augen blind. Laß die Wachen nicht sehen, was du sie nicht sehen lassen willst.«

Einer nach dem anderen kamen sie mit leuchtenden Augen von ihren Rundreisen zurück und bezeugten, daß Gott tatsächlich sehende Augen blind gemacht hatte. Immer »passierte« etwas, so daß die Wachen gerade im richtigen Augenblick abgelenkt wurden. Es war nie zweimal dasselbe – die Ablenkung war immer anders und nie von den Kurieren selbst verursacht. Nur das Prinzip blieb dasselbe – daß Gott den Weg für sein Wort bahnte.

Einer der ersten Touristen mußte durch die gefürchtete Shum Chun Zollhalle. Die große Halle ist in kleine Abteile unterteilt, in der jeweils mehrere Zollbeamte Dienst tun. Auf jeden Besucher kommt genau ein Zöllner. Als Jim Cooper ein Abteil betrat, wurde er angewiesen, seinen Koffer zu einem der diensthabenden Beamten am anderen Ende zu bringen.

Er ging auf den Mann zu, stellte aber fest, daß im gleichen Augenblick ein anderer Beamter unerwartet frei wurde. Der Beamte am Ende winkte Jim, zu dem anderen zu gehen. Jim tat es gehorsam, wurde aber von diesem lächelnd aufgefordert, wieder zum ersten zurückzukehren. Wieder zog Jim los, aber jetzt lachte der Beamte am Ende – und schickte ihn wieder zu seinem Kollegen. Die beiden fuhren mit ihrem chinesischen »Ping-Pong«-Spiel fort, und inzwischen lachte Jim mit. Schließlich hielt er genau in der Mitte zwischen den beiden, stellte seinen Koffer auf den Boden, stemmte die Hände in die Hüften und sagte: »Na, kommt, Jungs! Wir müssen uns entscheiden. Andere warten!« Da schüttelten sich die Wachen vor Lachen und winkten ihn weiter, ohne seinen Koffer zu öffnen. Jim gehorchte glücklich und staunte inwendig über seinen Herrn, der nicht nur den Weg für die Bibeln frei gemacht, sondern offensichtlich auch Sinn für Humor hatte.

Jim wurde bei seiner Lieferung von vier anderen begleitet. Auch sie passierten Shum Chun, ohne daß eine Bibel entdeckt worden wäre. Alle trafen sich außerhalb der Halle mit dankbaren Herzen und priesen den Herrn, während sie den Beamten zulächelten.

Auf ihrer Reise durch die Volksrepublik wurden Jim und seinen Freunden alle Beweise des Fortschritts unter dem neuen Regime vorgeführt. Sie wurden durch eine Porzellanfabrik geführt. Sie besuchten Schulen, Krankenhäuser, Kommunen, Parks, die alle das lächelnde Gesicht des China Ende der späten siebziger Jahre zeigten.

Poster in den Straßen ließen keinen Zweifel daran, daß die Viererbande noch immer die Schuld für alles Schlechte in der chinesischen

Gesellschaft bekam. Die Politik der Bande unterschied sich nicht von der Maos, aber die jetzige Regierung konnte kaum ihren nationalen Gott für die Ausschreitungen seines Regimes beschuldigen. Weitaus besser war es, einen anderen Sündenbock zu finden, ohne Mao von seinem Podest zu stoßen. Die Menschen brauchten noch ihr früheres Anbetungs-Objekt. Doch auch ihr neuer Führer verlangte Beachtung. Und wo einst nur Mao über Fabriken, Straßen, Heimen, Geschäften und allen öffentlichen Gebäuden prangte, hing nun Huas Bild daneben – genauso groß und beherrschend. Tatsächlich war an manchen Orten Mao schon verschwunden und nur noch sein Nachfolger zu sehen.

Von einem anderen Aspekt des Lebens im China dieser Zeit sprachen die Reiseführer gar nicht, wenn sie nicht gefragt wurden – der Religion. Jim hielt überall Ausschau nach Kirchengebäuden. Oft fand er sie, geschlossen, mit Brettern vernagelt, stille Denkmäler eines vergangenen »Aberglaubens«. Vor einer Kirche hatten Geschäftsleute ein Bambus-Gestell auf den staubigen, zerfallenen Stufen errichtet und trockneten dort eifrig Fische.

Öfter, so entdeckte er, waren Kirchen einfach umfunktioniert worden. Einige dienten jetzt als Verwaltungsgebäude, andere wurden für die Industrie genutzt. Oft waren die Kreuze auf den Kirchtürmen abgesägt worden, und nur die Stümpfe waren stehengeblieben als Symbole dafür, daß der Osten allen imperialistischen Einfluß des Westens »gebrochen« hatte.

Eine Kirche – und das berührte Jim am meisten – diente jetzt als Munitionsfabrik. Das Schwert des Geistes war durch die Waffen des militanten Kommunismus ersetzt worden.

Darüber wurden sie nicht im Zweifel gelassen: Die Kirchentüren in China waren so fest verschlossen wie eh und je.

Aber so dankbar wir für diese Westler waren, die sich um die Not der Gläubigen kümmerten, brauchten wir doch mehr Auslandschinesen, die mitarbeiteten. Wieviel mehr konnten sie tun, weil sie die Sprache beherrschten und wie ihre Landsleute aussahen; und wieviel besser konnten wir die leidende Kirche durch ihre Vermittlung verstehen!

Peter Wong, einer der ersten, war Arzt mit einer Praxis in einem westlichen Land. Er hatte jedoch Verwandte in China, die er nie getroffen hatte, von denen er aber wußte, daß einige vor der »Befreiung« Christen gewesen waren. Er sehnte sich danach, sie zu besuchen, um zu sehen, ob sie noch glaubten. Und er wollte die Gelegenheit nutzen, Bibeln mitzunehmen.

Als der Arzt zum Zoll kam, durchsuchte eine junge Beamtin seine

Koffer. Vor der Abfahrt hatte er seine Bibeln sorgfältig zwischen seine Kleidung gepackt. Dann hatte er seine Reiseutensilien neben, unter und über die Bücher gestopft. Er hatte sogar einige Neue Testamente in die Taschen seiner eingepackten Hose gesteckt. Als die Frau anfing, sein Gepäck zu durchsuchen, war es, als ob ihre Hände geführt würden. Sie tastete an den Seiten des Koffers herum, und da sie offensichtlich noch unsicher war, zog sie die Hosenbeine heraus. Bevor sie jedoch an die Taschen kam, schien sie zufrieden und legte die Hose wieder zurück. Bruder Wong stieß einen unhörbaren Seufzer aus. Nur ein paar Zentimeter weiter, und sie hätte die Bibeln gefunden.

»Willkommen in der Volksrepublik, Sir!« sagte sie, während sie den Koffer zuschnappen ließ.

Einmal im Land, verlor Peter Wong keine Zeit, seine Familie zu finden. Er besuchte den Onkel, von dem er wußte, daß er früher ein treuer Christ gewesen war, und wartete einen ruhigen Augenblick ab, um das heikle Thema anzuschneiden.

Während der Kulturrevolution war dieser Mann, ein Topmanager, wegen seines Glaubens auf einen Hausmeister-Posten gesetzt worden. Kürzlich hatte er wieder eine Stellung bekommen, die seinen Fähigkeiten entsprach.

»Glaubst du noch?« hatte Dr. Wong geflüstert.

»In meinem Herzen, ja«, kam die Antwort. »Aber ich spreche nie mit jemandem darüber.«

»Du meinst, du hast keine Gemeinschaft?«

Der Verwandte des Arztes war hart. »Keine.«

Dr. Wong sprach auch mit einem Vetter ausführlich über den Glauben. Nach einer Familienfeier blieben die meisten Verwandten im Wohnzimmer und schauten Farbfernsehen. Nur der Vetter zog sich mit dem Doktor in einen anderen Raum zurück.

»Ich bezeugte ihm meinen Glauben«, erzählte mir Peter Wong später. »Und zu meiner Überraschung erklärte mein Vetter, er sei auch Christ gewesen, drei Jahre vor der ›Befreiung‹.

›Was geschah dann?‹ fragte ich ihn.

›Nun, natürlich hat sich unser Glaube nun sehr gewandelt. Ich habe schließlich eine verantwortliche Stellung.‹

Mein Vetter versuchte, die Unterhaltung auf politische Themen zu lenken und gab mir eine gut einstudierte Aufzählung der Verbrechen der Viererbande. Aber ich spürte, ich mußte wissen, wo er stand. ›Hat sich dein Glaube wirklich geändert?‹ fragte ich ihn. ›Glaubst du wirklich nicht mehr?‹

Mein Vetter wollte darauf nicht antworten. Er schien verlegen. Ich denke, ich weiß, was wirklich noch in seinem Herzen ist; aber er konnte es mir nicht zeigen. Er stand offensichtlich unter Druck und mußte vorsichtig sein.«

Als Chinas Tür sich immer weiter öffnete, begannen mehr Westler wie Jim Cooper und mehr Auslandschinesen wie Peter Wong durch sie hindurchzugehen. Mit den Bibeln, die noch immer über die Berge aus den Grenzländern kamen, gewann die ›Nahrung‹ für die leidende Kirche an Substanz, Woche um Woche, Monat um Monat. Der Umfang der Arbeit wuchs entsprechend, und so begrüßten wir Todd Martin mit großer Erleichterung in unserem Team auf den Philippinen. Er hatte einige Jahre in den Staaten unterrichtet, war aber nach Manila zurückgekommen, um den Kommunikationszweig unserer Arbeit zu entwickeln.

An einer Grenze hatte gerade eine unserer größten Lieferungen stattgefunden. Eine ganze Anzahl von Männern hatte eine Möglichkeit gefunden, gleichzeitig von Burma nach China zu gelangen. Sie gingen in offiziellen Geschäften. Alle hatten jedoch Bibeln bei sich, und hinter der Grenze wurden alle geschnappt.

»Wenn wir diese Bibeln nicht hineinbringen können«, sagte der Leiter, »werden wir nicht essen und nicht trinken. Wir werden fasten und beten, bis Sie uns mit den Bibeln freilassen.«

»Dann werden Sie verhungern«, erwiderte der chinesische Beamte.

Der Leiter versuchte ruhig, diesen Männern die Liebe Gottes zu zeigen. »Ich glaube nicht, daß wir verhungern werden. Unser Gott wird für uns sorgen.«

»Der Vorsitzende Mao und der Vorsitzende Hua haben für uns gesorgt«, erwiderte der Kommunist steinhart.

Die Bibelkuriere gaben nicht nach. Sie machten klar, daß sie auch ihren offiziellen Auftrag nicht ausführen würden, wenn sie die Bibeln nicht mitnehmen könnten.

Nach 48 Stunden wurden sie freigelassen, und jedes Exemplar von Gottes Wort ging mit ihnen in die Volksrepublik.

Das Ausmaß der Arbeit von den Grenzländern aus nahm ständig zu. In Indien hatten wir gerade 20000 Bibeln drucken lassen, und diese tröpfelten bereits über verschiedene Straßen nach China.

Gleichzeitig gelangten auch mehr und mehr Briefe auf Schleichwegen zu uns. Mehr als von allem anderen waren wir gerührt von dem Gefühl des Einsseins, das diese Briefe ausdrückten. Trotz geographischer und ideologischer Barrieren konnte die Einheit des Leibes nicht gebrochen werden.

»Brüder, Eure Liebe zu uns ist wie das Libanon-Wasser vom Bergstrom, das von einem fernen, fernen Ort zu uns fließt – und jeden von uns berührt. Obwohl wir weit entfernt sind, ist die Liebe unsres Herrn wie eine goldene Kette des Lebens, die uns verbindet, uns fest zusammenbindet.«

Dieser Schreiber war offensichtlich Pastor:

»Ich bin der Hirte auf dem Feld und habe die Strahlen des warmen Sonnenlichts von oben gespürt. Die Schafe in der Herde springen vor Freude und sind auch getröstet von Eurer Forsorge und Eurer Liebe.

Ich hoffe, daß der Fluß der Liebe nie aufhören wird zu fließen, das Herz jedes einzelnen zu füllen, ins ewige Leben zu strömen.«

Ein anderer »Vetter« schrieb:

»Ihr habt einen großen Beitrag zum Haus unseres Vaters gegeben, und die Hilfe kommt immer zur rechten Zeit, jedesmal. Eure Fürsorge für die Verwandten auf dem Festland ist Seine Mission für Euch. Wir sind glücklich und freuen uns an Euch und möchten unseren herzlichen Dank ausdrücken. Halleluja! Preist den Herrn! Ihr habt Anteil an unserer Arbeit . . .«

Und natürlich enthielt unsere Post oft Briefe von Frau Kwang:

»Die wunderbare Gnade Jesu ist ständig über mich ausgeschüttet. Sein Erbarmen ist mein Psalm, das Lied meines Mundes und die Freude meines Herzens.

Wie wunderbar ist das Werk des Heiligen Geistes! Wir sind getrennt in verschiedenen Ländern, dennoch hat Er uns zu einem Leib zusammengefügt. Dies ist das Leben innerhalb des Lebens, das uns eines Sinnes, eines Geistes und eines Herzens macht.«

Das zahlenmäßige Wachstum der Gläubigen hielt offensichtlich an:

»Dankt Gott für Seine außergewöhnliche Gnade. Er hat Seine Familie hier gesegnet, so daß mehr Schafe geboren und ernährt werden. Sie gehen sicher ein und aus. Wir wandeln unter Seiner Gnade und liebenden Freundlichkeit. Dies sind alles Werke des Herrn.

Möge der Herr, der zwischen den Sieben Leuchtern geht, mit Euch gehen. Möge Seine Rechte Hand Euch festhalten. Möge der himmlische Friede Euch trösten und die Kraft des Heiligen Geistes Eure Herzen erfüllen.

Eure Schwester, die stets an Euch denkt.«

15. Süßer als Honig

Das kleine blaue Taxi hielt vor der Universität von Kanton an. Neben dem Eingang stand, gleichsam als »Begrüßungskomitee«, ein Jeep mit zwei grün gekleideten schwerbewaffneten Soldaten.

Joseph machte seine erste Reise nach China seit vier Jahren. Er hatte studiert, war dann in unser Team zurückgekommen und wollte nun eine chinesische Familie besuchen, die jeder von uns gern besucht hätte. Joseph war unterwegs zu Frau Kwang.

Er blickte aus dem Fenster und nahm die bedrohlich aussehende Szene in sich auf. Schweißperlen sammelten sich auf seiner Stirn, und seine Gedanken rasten. Wußten sie alles über ihn? Hatten sie seinen Besuch erwartet? Wußten sie, daß Frau Kwang da drinnen war? Sie war bei der Familie eines Dozenten dieser Universität untergetaucht, um den Behörden zu entgehen.

Joseph langte in seiner Tasche nach dem Geld für den Fahrer und betete dabei im Stillen.

»Herr, ich weiß nicht, was ich jetzt tun soll. Ich vertraue dir, daß du es in deiner Hand hast.« Er öffnete die Tür. »Und noch etwas, Herr«, fügte er hinzu, als er nach seiner Tasche griff. »Laß sie bitte nicht sehen, daß ich nervös bin.«

Aufgrund seines jugendlichen Aussehens konnte man ihn für einen ausländischen Studenten halten. Er atmete tief durch, lächelte den ausdruckslosen Soldaten zu und ging vorbei. Sie machten keine Bewegung. Als er an ihnen vorbei war, stieß er einen Seufzer der Erleichterung aus. Wenn sie seinetwegen dort gestanden hätten, wären sie längst in Aktion getreten. Trotzdem spürte er, wie ihre Augen ihn von hinten durchbohrten, als er das Universitätsgelände betrat.

Joseph hatte keine Ahnung, wo er in dieser riesigen Universität die Zimmer des Doktors finden sollte. Daniel hatte ihm nur gesagt, daß der Mediziner auf dem Campus lebte und daß er sich zu ihm durchfragen müßte. »Aber erwähne natürlich nicht meine Mutter!« hatte er gewarnt.

Wegen der Soldaten bemühte sich Joseph um sicheres Auftreten. Aber ohne einen Anhaltspunkt, wohin er gehen sollte, zitterte er innerlich.

»Kann ich Ihnen helfen?« fragte das Mädchen bei der Auskunft.

»Bitte, ich suche Dr. Chang. Könnten Sie mir sagen, wo ich ihn finde?« Dr. Chang war der Sohn einer Freundin von Frau Kwang. Auf die Bitte seiner Mutter hin hatte er Frau Kwang Unterschlupf gewährt, da die Universitätsangehörigen sich nicht bei den örtlichen Behörden registrieren lassen mußten.

»Es tut mir leid, ich habe nie von einem Dr. Chang gehört«, sagte das Mädchen hinter dem Schreibtisch, und Joseph fiel zum zweiten Mal an diesem Tag das Herz in die Hose. »Was nun, Herr?« stöhnte er innerlich. Konnte Daniel ihm eine falsche Information gegeben haben?

Dennoch nahm er das Formular, das ihm das Mädchen hinschob, um den Grund seines Besuches anzugeben. In einer Spalte sollte er die Beziehung zu der besuchten Person angeben. »Nun«, dachte er, »ich bin ihr Bruder im Herrn.« Er nahm den Stift zur Hand und schrieb zuversichtlich: »Verwandter«.

Das Mädchen sprach ihn wieder an: »Jeder Arzt hier hat eine Praxis. Warum gehen Sie nicht von einer zur anderen, bis Sie ihn finden?« schlug sie hilfreich vor.

Er wandte sich um und warf schnell einen Blick zum Tor. Die Augen der Soldaten folgten ihm noch immer. Er hatte keine Wahl, als weiterzugehen. Mit einem Gebet, daß Gott seine Schritte lenken möge, ging er auf eine Gebäudegruppe zu.

Im ersten Haus fragte Joseph den erstbesten Arzt, ob er vielleicht Dr. Chang kenne.

»Ich bin Dr. Chang. Was kann ich für Sie tun?«

»Sie sind . . .?« Angesichts der anderen Leute im Zimmer dämpfte Joseph seine Begeisterung.

»Herr Doktor, ich freue mich, Sie zu treffen.« Er ging näher an ihn heran und sagte leise: »Ich bin hier, um Frau Kwang zu besuchen.«

»Erwartet sie Sie?«

»Ja, es ist alles arrangiert.«

Der Arzt führte ihn zu seiner Wohnung, und da Frau Kwang im Augenblick unterwegs war, bat er ihn, zu warten. Er brachte Joseph in ein Hinterzimmer, dann entschuldigte er sich, weil er zu seinen Patienten zurückkehren mußte. In diesem hinteren Raum konnte Joseph nicht von zufällig Vorbeikommenden gesehen werden.

Eine Stunde später kam Frau Kwang von einer geheimen Versammlung zurück. Ihr strahlendes Gesicht fiel ihm sofort auf. Irgendwie hatte er erwartet, einem vom Leid gezeichneten Menschen zu begegnen. Doch diese Frau strahlte Ruhe und Liebe aus. Er stand auf und wollte seine Hand ausstrecken, ein »Hallo« auf den Lippen. Doch bevor er ein Wort sagen konnte, nahm sie ihm den Wind aus den Segeln.

»Bruder Joseph? Gott sei Dank! Laß uns beten!«

Im nächsten Augenblick knieten sie Seite an Seite auf dem Fußboden und beteten den Herrn zusammen an. Einige Minuten später standen sie auf. Freudentränen standen beiden in den Augen. Dann kamen die Formalitäten.

»Wie geht es dir, Bruder Joseph? Ich habe viele Monate für dieses Treffen gebetet . . .«

Die beiden setzten sich auf das Sofa, wo sie sich Stunde um Stunde unterhielten und sie ihm die Geschichte der Kirche in ihrer Provinz erzählte.

Normalerweise besuchte Joseph aus Sicherheitsgründen eine Kontaktperson in China höchstens zweimal. Aber diesmal fühlten beide sich sicher genug, um eine Ausnahme zu machen. Am Ende jedes Tages wußte Joseph, daß es noch mehr zu sagen gab. »Wir können morgen weitermachen . . .?« sagte er deshalb halb fragend, wenn der Nachmittag zu Ende ging.

Nach fünf Tagen schlossen sie ihre Gespräche schließlich ab. Joseph hatte 65 Bibeln mitgebracht, die Frau Kwang unter ihren Mitarbeitern verteilen sollte. Erfreut hatte sie die Bücher genommen. Aber als er sie gefragt hatte, wieviel sie noch brauchte, bekam er eine Antwort, die ihn fast vom Stuhl riß.

»Lieber Bruder Joseph – wir könnten, zum allermindesten, 1000 Bibeln gebrauchen.«

Nachdem wir erfahren hatten, daß Joseph die Evangelistin tatsächlich getroffen hatte, warteten Julie und ich voller Ungeduld auf seine Rückkehr.

Als er schließlich bei uns ankam und wir ihn ins Wohnzimmer gebeten hatten, ergoß sich eine Flut von Fragen über ihn.

»Wie geht es ihr?« – »Wie sieht sie aus?« – »Wo ist Herr Kwang?« – »Hast du andere Gläubige getroffen?«

Joseph hob seine Arme, als wollte er die Fragenflut stoppen. »Ich werde alle eure Fragen beantworten«, lachte er. »Aber wenn es euch nichts ausmacht, eine nach der anderen.«

Wir erinnerten uns an unsere guten Manieren und standen auf, um ihm eine Tasse Kaffee und einen Imbiß anzubieten.

»Ja, es geht ihnen allen gut. Ja, ich habe einige andere Gläubige getroffen. Einige ihrer Mitarbeiter besuchten sie, während ich da war. Herr Kwang ist in ihrer Heimatstadt.

Habe ich soweit alle eure Fragen beantwortet?« Er lächelte.

»Alle außer einer. Du hast uns nicht gesagt, wie Frau Kwang aussieht.«

»Ah. Sie hat schwarzes, lockiges Haar, braune Augen und ein rundes, lächelndes Gesicht«, seine Stimme wurde nachdenklich, »ein Gesicht, in dem man fast die Gegenwart Christi selbst sehen kann.«

Joseph erzählte an diesem Abend soviel er konnte von dem, was er von Frau Kwang gehört und gelernt hatte.

»Sie unterbrach ihre Geschichte alle paar Minuten, Bruder David, um die Güte des Herrn und seine Fürsorge für ihre Familie und die Gläubigen zu rühmen. Sie ermahnte mich ständig, ihm allein zu vertrauen und mich an sein Wort zu halten. Und ihre Bibelkenntnis ...«, er holte tief Luft, »geradezu phantastisch!«

»So hast du keinen Zweifel mehr, was sie und ihre Arbeit betrifft?«

Joseph sagte nichts. Er brauchte es nicht. Sein Gesicht sprach für ihn. »Das erste, was ich sah, als ich bei ihr ankam, war ein enormer Stapel Briefe – alle von christlichen Leitern im ganzen Land. Er war riesig. Ich sage euch – Gott tut ein mächtiges Werk durch diese Frau. Und nicht, weil sie selbst außergewöhnlich ist. Sie ist nur eine schöne, mütterliche, liebevolle Frau. Nein – es ist, weil sie so nahe bei ihm lebt, daß er durch sie ein großes Werk tun kann.«

Seit ihrer letzten Verhaftung wurde die Evangelistin ständig von der Geheimpolizei gesucht. Man wollte sie zurück ins Gefängnis bringen und lebenslänglich dort behalten. Aber erstaunlicherweise war jeder Versuch, sie zu finden, erfolglos. Sie erzählte Joseph, daß der Herr ihr während der letzten Haft versprochen habe, sie würde nie wieder ins Gefängnis kommen.

Die Folgezeit hatte bewiesen, daß er diesem Versprechen treu war. Oft warnte der Herr sie während einer Versammlung und sagte, wann sie aufhören sollte.

Einmal hielt sie eine Reihe von Versammlungen ab und schulte mehrere Tage ihre Mitarbeiter. Morgens fand Unterricht statt, dann machten sie Mittagspause, und am Nachmittag ging's weiter. Am letzten Tag wollte Frau Kwang nach der Vormittagssitzung den Mitarbeitern gerade sagen, daß sie zum Mittagessen gehen und sich anschließend zur letzten Stunde am Nachmittag treffen sollten. Aber in diesem Augenblick fühlte sie, wie der Herr sie zurückhielt. Sie war sicher, er warnte sie vor Gefahr und drängte sie, den Unterricht gleich abzuschließen, anstatt zum Essen zu unterbrechen.

Frau Kwang bat die Mitarbeiter zu bleiben und gab ihre letzten Anweisungen. Dann verließ die ganze Gruppe ohne weitere Verzögerung das Haus, um mit der Fähre nach Hause zu fahren. Als der letzte Gläubige gerade gegangen war, kam die Geheimpolizei an. Sie stellten an jeder Tür des Hauses Posten auf, denn sie wollten beim ersten Ton eines Liedes zuschlagen. Kein Laut ertönte.

Doch sie harrten in gespannter Erwartung aus. Nichts geschah. Schließlich konnte einer nicht länger warten.

»Ich gehe hinein«, sagte er seinen Kollegen. Er betrat das Haus wie ein hungriger Löwe – und kam ein paar Minuten später total verwirrt aus der Vordertür heraus.

»Sie sind nicht hier! Wo nur . . .?« Sein Kommandeur schnitt ihm das Wort ab. »Am Pier, sie müssen am Pier sein.«

Die Polizisten rannten so schnell sie konnten zum Fluß, sahen aber nur noch das Heck einer Fähre, die stromabwärts verschwand.

»Stop!« schrie der wütende kommunistische Führer. »Sofort wenden!«

Der Kapitän der Fähre war Christ. Er lächelte in sich hinein und hielt das Boot auf Kurs. Seine Frau saß hinter Frau Kwang und beruhigte sie, bis sie außer Sicht waren.

Ich schüttelte staunend den Kopf. »Das muß der Herr sein«, sagte ich zu Joseph. »Da gibt es einfach keine andere Erklärung. Wie erfuhren die Kwangs den Rest der Geschichte?«

Joseph lächelte. »Einer der Arbeiter am Pier war Christ, und er hörte alles von den Soldaten. Weißt du, Bruder David, das ist ja das Tolle: In ihrem Gebiet ist die Erweckung so weit verbreitet, daß es Gläubige in allen Schichten gibt.«

Er erzählte weiter von den vielen anderen Wundern, von denen ihm Frau Kwang berichtet hatte. Besonders berührte mich die Geschichte eines Mitarbeiters, den die Kwangs liebevoll »den alten Mann« nannten. Er kam aus einer sehr armen Familie, und ein Großteil seiner Jugend war ein täglicher Kampf ums Überleben gewesen. Dieser Prediger, der viele Menschen zum Herrn führte, hatte als Kind die Schule verlassen müssen, weil er nie hatte richtig lesen können.

»Tatsächlich war seine Familie die ärmste im ganzen Dorf«, erklärte Joseph. »Und wegen seiner Armut machten ihn die Kommunisten nach ihrer Machtübernahme zum Vorsitzenden des Gebiets – um ihr Herz für die Armen zu beweisen. Sie gaben ihm ein großes Haus und doppelte Rationen Reis. Aber er liebte den Herrn so sehr, daß er sein Haus für Gottesdienste benutzte und all seinen Reis unter die hungrigen Gläubigen verteilte – bis er selbst keinen mehr hatte.

Schließlich kam der Regierung seine Tätigkeit zu Ohren, und man stellte ihn vor die Wahl, sich für seine neue Stellung oder seinen Glauben zu entscheiden. Obwohl er wußte, daß er zu lebenslanger Armut zurückkehrte, sagte er ihnen: ›Ich werde meinem Herrn nicht ungehorsam sein.‹

Er wurde wieder der ärmste Mann in der Gegend, ohne Haus oder Lebensunterhalt. Dies geschah in der Anfangszeit der Herrschaft Maos, und die Christen, die er kannte, waren entweder zu arm, ihm zu helfen, oder selbst im Gefängnis. Ein christlicher Bruder konnte ihm einen kleinen Raum besorgen, aber damit hatte er immer noch nichts zum Essen. Einige Tage lebte er dort und hatte nichts als Wasser. Vor Hunger war er bald ganz entkräftet.

Als er an einem Morgen aufwachte, bemerkte er ein großes Loch in der Wand und versuchte, es mit einigen Steinen zuzustopfen. Aber nach wenigen Stunden war wieder ein großes Loch da, und er hatte irgendwie das Gefühl, daß hier der Herr am Werk war. Später sah er eine große Ratte durch das Loch kommen. Das Nagetier machte mehrere Besuche und brachte ihm Süßkartoffeln, Nüsse und Gemüse.«

Ich unterbrach ihn. »Es *brachte*? Für den alten Mann?«

»Ja!« versicherte Joseph. »Die Ratte brachte ihm Lebensmittel. Sonst wäre er verhungert.

Die Ratte kam von da an jeden Morgen und brachte ihm genug Nahrung für den Tag. Manchmal, wenn er einen Besucher erwartete, brachte ihm das Tier die doppelte Portion.«

»Wie lange ging das denn so – ein paar Tage?« Ich war noch immer skeptisch.

»Mehrere Monate.«

Ich schüttelte den Kopf, doch Julie sagte zu mir: »Aber Liebling, wir glauben, daß Elia am Bach von den Raben gefüttert worden ist. Warum soll das nicht auch im China des 20. Jahrhunderts geschehen können?«

Theoretisch mußte ich ihr recht geben, aber es erschien mir immer noch unglaublich.

Julie drückte meine Hand. »Wie groß ist dein Gott?« lächelte sie.

Bis spät in die Nacht erzählte Joseph von seinen Besuchen bei Frau Kwang. Aber die größte Überraschung sollte noch kommen.

»Bruder David, sie hätte gern noch mehr Bibeln.«

»Fein«, sagte ich, »ich wollte ohnehin bald ein neues Team losschicken.«

»Na ja«, er machte eine Pause und atmete tief durch. »Sie hat uns gesagt, wieviel sie braucht.«

»Um so besser. Wieviel denn?«

»Sie brauchen tausend.«

Einen Augenblick lang verschlug es mir die Sprache. Seine Nachricht hatte genau den Effekt, den er erwartet hatte.

»Aber«, sagte ich schließlich, »das meiste, was wir je von Hongkong mitgenommen haben, waren fünfzig.«

»Ich weiß, Bruder David, ich weiß.«

Meine Gedanken überschlugen sich. Tausend schien unmöglich. An einer Lieferung dieser Größenordnung mußten wir uns verheben. Was, wenn es schiefging? Ich wollte lieber auf Nummer Sicher gehen als zu riskieren, mich selbst und die Organisation lächerlich zu machen. Wie sollten wir das denn bloß schaffen, fragte ich mich.

Und mit dieser Frage hatte ich auch schon den Schlüssel zur Antwort. *Wir* konnten es nicht schaffen. Wenn es sein sollte, dann mußte der Herr selbst den Weg ebnen . . .

»Ich rufe zu Gott, dem Allmächtigen, zu Gott, der es vollendet«, sagte ich laut.

Die beiden anderen schauten mich an und nickten verstehend. Der Psalmvers war für uns in dieser Arbeit einer der liebsten geworden.

»Na schön«, schloß ich, »wenn der Herr will, daß wir 10 Millionen Bibeln nach China bringen, ist es zweifellos an der Zeit, mehr als 50 auf einmal mitzunehmen.«

Ich lächelte Julie zu. »Er ist derselbe Gott, der Elia am Bach ernähren konnte – ich denke, wir können ihm für die Bibeln vertrauen!«

Ein Großteil der Planung für die Lieferung fand mit Daniel in Pastor Wards winziger Wohnung in Hongkong statt. 48 Stunden lang saßen wir mit anderen Team-Mitgliedern um den Tisch und bereiteten unsere Strategie vor. Joseph, die Schlüsselfigur unseres Teams, war plötzlich sehr krank geworden, und mit Bestürzung erkannten wir, daß er auf keinen Fall mitgehen konnte.

Dennoch sagte der Herr: »Geht!«, und in der zweiten Nacht packten wir alle unsere Koffer und beteten über jeder Bibel, die wir einpackten. Obwohl wir uns von Gott zu dieser Mission geführt glaubten, konnte ich die Zweifel nicht ganz unterdrücken. War es richtig, all diese Leute in eine gefährliche Situation zu bringen, um zu versuchen, die größte Anzahl Bibeln zu liefern, die wir je auf einmal mitgenommen hatten? Was, wenn ich einen Fehler gemacht und Gott falsch verstanden hatte? Das ganze Unternehmen konnte platzen und, was schlimmer war, die Gläubigen im Land gefährden. Noch einmal rief ich Gott an, uns zu führen, und fiel in einen unruhigen Schlaf.

Am nächsten Morgen traf sich das Team zu einem letzten Gebet; James und Lyn Wee, ein weiterer Auslandschinese, Beng, Julie und ich selbst.

Als wir am Zoll in Shum Chun ankamen, hatten wir 900 Bibeln im Gepäck. Die restlichen 100 sollten in einer späteren Lieferung folgen. Alle kamen ohne Zwischenfall durch den Zoll, bis James an der Reihe war.

Der Grenzbeamte öffnete James' Koffer und begann, darin herumzustöbern. Schließlich blieben seine Hände auf der dünnen Kleiderschicht über den Bibeln liegen. James brach der kalte Schweiß aus.

Der Mann mußte die Bücher gefühlt haben. Es waren so viele.

»Lieber Herr, beschütze dein Wort. Laß ihn aufhören, Herr!« Ganz plötzlich richtete sich die Wache auf und schloß den Koffer. »Bitte gehen Sie weiter, Sir. Alles in Ordnung.«

James kam zu uns, und gemeinsam stiegen wir in den Zug nach Kanton. Im Abteil erzählte er leise von der Bewahrung des Herrn, und wir alle dankten im stillen. Ich sah aus dem Fenster auf die nun schon vertrauten südchinesischen Felder, Bäume und sanften Hügel vor einem wolkenlosen blauen Himmel. Die Szenerie erinnerte mich an Jeremia 32,17: »Ach Herr, siehe, du hast Himmel und Erde gemacht durch deine große Kraft und durch deinen ausgestreckten Arm, und ist kein Ding vor dir unmöglich.«

»Nicht einmal 900 Bibeln, Herr?« flüsterte ich.

Sobald wir in Kanton angekommen waren, spazierten wir durch die Straßen. Ich genoß es, wieder in China zu sein. Irgend etwas schien sich jedoch seit dem letzten Besuch verändert zu haben. Julie bemerkte es zuerst: »Die Plakatwände, David, die Poster, sie sind anders.«

Sie hatte recht. Die Angriffe auf die Viererbande beherrschten nicht mehr die Szene. Statt dessen wurde den Menschen ein neuer Schwerpunkt präsentiert: das Zentralkomitee der Partei hatte seinen Kreuzzug für die »vier Modernisierungen« begonnen.

Das Ziel der Regierung war, daß China bis zum Jahr 2000 in vier Bereichen mit der westlichen Welt gleichgezogen haben solle – in Landwirtschaft, Verteidigung, Technologie und Industrie.

Mammutposter, vor denen die Bewohner Kantons wie Zwerge erschienen, schilderten das kommende Utopia und drängten die Menschen, darauf hinzuarbeiten. Ich wurde an Hollywood erinnert. In bester Ben-Hur-Manier sprang einem eine scheinbar dreidimensionale goldene Botschaft fast von der Wand entgegen und verkündete: »1985 bis 2000.« Anscheinend sollten Getreide- und Stahlproduktion bis dahin ihr Plansoll erreicht haben. Die goldenen Buchstaben waren zu einem Turm aufgebaut, dessen Spitze vom roten Stern geschmückt war und hinter dem ein Feuerwerk in den Himmel stieg.

Andere Poster schilderten das Ziel für Technologie und Verteidigung. Sie zeigten Raketen nach dem Abschuß, Atom-U-Boote, Überschall-Jets, hochragende Antennen, die zu Satelliten übertrugen. Das ganze Bild wirkte wie die Kulisse eines Science-fiction-Films.

Das Volk selbst war durch eine Auswahl von Arbeitern aus verschiedenen Bereichen vertreten – alle blickten zu einem strahlend blauen Himmel auf, der mit technischer Zauberei erfüllt war. Die chinesischen Schriftzeichen darunter verkündeten: »Kämpft begeistert, damit unser Land innerhalb dieses Jahrhunderts zu einer modernen Großmacht wird.«

Am schlimmsten war ein enormes Poster, das von den beiden Riesen der jüngsten chinesischen Geschichte beherrscht wurde. Der praktische Tschu-En-lai hob sich von einer surrealistisch anmutenden Darstellung des Lebens im 20. Jahrhundert ab – mit Wolkenkratzern, steil aufsteigenden Jets, Öltankern, Radio- und Fernsehtürmen und der allgegenwärtigen Roten Fahne. Tschu hielt eine Schriftrolle, offensichtlich den Plan für die »Vier Modernisierungen«. Hinter ihm stand eine noch größere Figur, ganz in weiß gekleidet. Es war ein vergeistigter Mao. Sein Gesicht wurde von einem Lichtstrahl erleuchtet, der direkt vom Himmel zu kommen schien. Vor den beiden marschierten Tausende von Miniatur-Chinesen, nicht größer als Tschus Fingernagel. Die winzigen Figuren trugen strahlend bunte Kleider – ganz im Gegensatz zu den langweiligen blauen »Uniformen« des wirklichen chinesischen Lebens in den Straßen. Die Schriftzeichen auf dem Poster beschrieben die »Vier Modernisierungen« als den »Großen Auftrag« der beiden Führer, die für den Augenblick in ihrem gott-ähnlichen Status bestätigt schienen.

Die Öffnung Chinas wurde mir immer einsichtiger. Um seine ehrgeizigen Ziele zu erreichen, war das Land auf das technische Knowhow und die Erfahrungen des Westens angewiesen. Die Große Mauer durfte die Volksrepublik nicht länger vom Rest der Welt trennen. China mußte den Westen umwerben und gewinnen, um zu erreichen, was es wollte.

Aber, fragte ich mich, wenn das erst einmal erreicht war, was dann? Würde China nach den Flitterwochen der Freien Welt wieder den Rücken zukehren? Oder schlimmer, würde es den neuerworbenen Fortschritt gegen die anderen Länder einsetzen?

Auf einmal wurde mir klar, daß wir nicht viel Zeit hatten. Der Herr hatte in seiner Weisheit China in das gegenwärtige Programm einsteigen lassen, und die Öffnung, die das mit sich brachte, war unsere ideale Gelegenheit, geistliche Nahrung zu den Gläubigen zu bringen. Wir mußten handeln, solange wir Zeit hatten.

»Bruder David, wir haben jetzt nicht viel Zeit. Wir müssen zurückgehen.« James' Stimme unterbrach meine Gedanken und brachte mich auf die Erde zurück. »Wir müssen pünktlich unsere Geschenke abliefern.«

Er hatte recht. Wir beeilten uns, die Verteilung der Bibeln zu organisieren, und mir brach wieder einmal der kalte Schweiß aus.

Julie und ich blieben zurück, als die anderen in die Taxis stiegen, um ihre Fracht zu Frau Kwangs Kontaktleuten zu bringen, da sie selbst inzwischen wieder in ihrer Heimatstadt war.

Unsere Aufgabe an diesem Nachmittag bestand darin, vom Beginn bis zum Ende der Operation auf unseren Knien zu bleiben. Natürlich wären wir gern mit dem Team losgezogen, aber wir wußten alle, daß das töricht gewesen wäre. Noch vor der Abreise war uns klar geworden, daß Julie und ich an diesem Teil der Aktion nicht direkt teilnehmen konnten. Die anderen fielen hier nicht auf, während wir das ganze Unternehmen gefährdet hätten, weil man uns gleich als Ausländer erkannte.

Einige Stunde später war das Team zurück und strahlte vor Freude, als wir uns zum Dankgebet in unserem Zimmer versammelten. Alle redeten durcheinander, um uns zu erzählen, wie der Nachmittag verlaufen war.

»Nicht ein einziges Hindernis, Bruder David«, schloß James, nachdem sich die Aufregung etwas gelegt hatte. »Wir machten uns auf zu unseren Zielen und hatten schon bald alle Bibeln abgeliefert.«

An diesem Abend wollten wir bei einem guten Essen feiern. Wir waren in freudiger Stimmung, als wir unsere Stäbchen nahmen und Fisch, Hähnchen, Schweinefleisch und Reis aus unseren Schüsseln pickten. Beim chinesischen Tee kamen wir auf unser Thema zurück.

»Weißt du, David«, James wurde einen Moment lang ernst, »dieser Nachmittag war so einfach, fast zu einfach. Ich kann es kaum glauben.« Er hob seine feingemusterte Tasse und nahm einen Schluck Jasmin-Tee.

Ich lächelte glücklich. Aber tief innen erinnerte mich seine Bemerkung an eine andere Gelegenheit, bei der diese Worte gesprochen worden waren. Flughafen Tokio. »Zu einfach . . .!« Damals hatten wir unsere Reise nach China zunichtegemacht wegen unserer Zweifel. Der Vorfall wurde jetzt für mich wie zu einem Spiegel, denn ich merkte, daß ich auch hier, bis zu diesem Augenblick, Zweifel am Erfolg dieses Unternehmens gehabt hatte. Es war, als ob der Herr selbst mich zurechtgewiesen hätte. Wenn er etwas vorhatte, machte er es nicht nur möglich, sondern wirklich ganz »einfach«.

Wenn er so mit neunhundert Bibeln fertiggeworden war hätte er auch das Doppelte, ja Dreifache schaffen können. Warum hatte ich ihm nicht für mehr vertrauen können?

Vor Ende des Jahres mußte Joseph eine weitere Reise nach China unternehmen, und dabei bekam er unerwartet Antworten auf einige der Fragen, die er sich auf seiner Reise vor vier Jahren gestellt hatte.

Die erste Überraschung kam, als er seine Verwandten in Kanton besuchte. Als Joseph bei seinem letzten Besuch mit ihnen über den

Herrn gesprochen hatte, war ihre Reaktion nur höfliche Gleichgültigkeit gewesen – zumindest hatte es den Anschein. Dieses Mal waren sie weit mehr interessiert; jedes Elternpaar nahm eine Bibel an, als er seine »Begrüßungspredigt« beendet hatte.

Ein Onkel folgte Joseph sogar, als er später den Raum verließ.

»Neffe«, sagte er ruhig, »ich glaube nun an Gott. Hör zu: ›Also hat Gott die Welt geliebt, daß er seinen eingeborenen Sohn gab, auf daß alle, die an ihn glauben, nicht verloren gehen, sondern ewiges Leben haben.‹« Er strahlte stolz, als er geendet hatte.

»Woher kennst du diesen Vers?« fragte Joseph überrascht.

»Erinnerst du dich nicht?« erwiderte sein Onkel. »Bei deinem letzten Besuch hast du das jedem von uns auf einen Zettel geschrieben.«

Joseph hatte es tatsächlich vergessen.

»Siehst du, Joseph, seit damals habe ich es in meinem Herzen behalten und betete jeden Tag, wie du es mir gesagt hattest. Und jetzt habe ich große Freude in meinem Herzen. Ich bin so dankbar, daß du mir von Jesus erzählt hast.«

Aber es kam noch mehr. »Erinnerst du dich, daß meine beiden Kinder chronisch krank waren, als du das letzte Mal hier warst?«

Joseph erinnerte sich daran. Er hatte seinem Onkel geraten, für sie zu beten.

»Du sagtest mir: ›Jesus lebt, und er kann deine Kinder heilen‹, und so versuchte ich es. Eins meiner Kinder hatte Asthma, aber die Ärzte konnten nicht helfen. Das andere war auch sehr krank, und keine Medizin half. Ich selbst hatte Migräne, die nie wegging. Aber nachdem wir gebetet hatten, heilte der Herr uns alle drei.«

Sein Schluß war wunderbar einfach: »Ich glaube an Jesus. Jesus lebt!«

Dieses Erlebnis und viele andere hinterließen bei Joseph die tiefe Überzeugung, daß christliche Auslandschinesen ideale Evangelisten in China seien. Von dieser Zeit an war Joseph nicht zu bremsen. Sooft er mit chinesischen Gläubigen im Westen zusammentraf, sprach er dieselbe Aufforderung aus:

»Auch wenn ihr keine Bibeln nach China bringen könnt, solltet ihr hingehen. Warum nicht? Ihr könnt euren Verwandten dort Jesus bezeugen.

Aber«, fügte er immer mit seinem warmen Lächeln hinzu, »wieviel besser, wenn ihr auch Gottes Wort mitnehmt.«

Ein Mann, den Joseph in Fukien unbedingt besuchen wollte, war Pastor Chai, der um Hilfe gebeten hatte, um seine Tochter aus dem Land zu bekommen.

Joseph entschuldigte sich vielmals, als er ankam. »Es tut mir leid, Pastor«, fing er schnell an. »Wir haben versucht, deiner Tochter zu helfen, aber ohne Erfolg.«

»O Joseph, ihr braucht es nicht mehr zu versuchen«, versicherte ihm Pastor Chai zu seinem Erstaunen.

»Aber warum?« Joseph erinnerte sich noch genau daran, wie sehr sich der Vater danach gesehnt hatte, seine Tochter außerhalb Chinas zu wissen.

»Sie hat beschlossen zu bleiben, Bruder Joseph. Du weißt, daß gerade jetzt eine große Erweckung in unserer Stadt stattfindet, sogar in vielen Städten Chinas. Eines Tages, als wir gesehen hatten, wieviele Menschen sich bekehrten, nahm ich meine Tochter beiseite, um mit ihr zu sprechen. Zu dieser Zeit hatten wir beide die Gelegenheit, das Land zu verlassen.

Und so stellte ich ihr die Frage: ›Mädchen, du hast die Erweckung gesehen, die in China im Gang ist; die vielen neuen Gläubigen, die Betreuung brauchen. Nun haben wir beide die Chance, das Land zu verlassen. Liebes, wenn wir gehen, dann um deinetwillen. Ich möchte, daß du eine gute Zukunft hast und daß du weißt, dein Vater liebt dich. Wir können dir zuliebe gehen. Wenn wir bleiben, ist es für Gott und für China. Was möchtest du?‹

Meine Tochter sah mich einen Augenblick lang an und sagte dann: ›Papa, wir bleiben. Ich will dir helfen. Wir bleiben um der Gemeinde willen in China.‹«

Joseph hatte einen Kloß im Hals. Er wußte um den Kampf, den das für den Vater bedeutet haben mußte. Aber als die Tochter hereinkam, sah er ein solches Strahlen auf den Gesichtern der beiden, daß ihm klar wurde, sie bereuten es nicht.

An diesem Abend wurde das Ausmaß der Erweckung sehr deutlich. Der Pastor hatte sofort eine Versammlung der Gemeinde anberaumt, mit der sich Joseph früher heimlich zum Gottesdienst getroffen hatte.

War es wirklich dieselbe Gemeinde? Statt der fünfzehn Leute, die er beim letzten Mal getroffen hatte, waren nun sechzig oder siebzig anwesend. Der Raum war bis zum Bersten gefüllt.

Aber auch das, erklärte der Pastor später, war eine verhältnismäßig kleine Versammlung. »Es hat so viele Bekehrungen gegeben, besonders unter jungen Leuten – aber hier in der Stadt müssen wir die einzelnen Versammlungen klein halten. In den ländlichen Gegenden, wo die Behörden keine so genaue Kontrolle haben, kommen Hunderte gleichzeitig zusammen.«

Joseph hörte überall auf seiner Reise dasselbe. Christliche Leiter in jeder Stadt erzählten vom außergewöhnlichen zahlenmäßigen Wachstum der Gläubigen während der letzten vier Jahre.

Man schätzte, daß die Kirche seit 1949 um unglaubliche 400 Prozent gewachsen war. Und 80 Prozent der neuen Gläubigen waren junge Leute unter dreißig.

Aber mit dem enormen Wachstum war es auch zu einem großen Hunger nach dem Wort gekommen. »Wir müssen Bibeln haben, Joseph. Diese neuen Gläubigen brauchen das Wort Gottes, um zu wachsen!« hörte er in jeder Stadt.

Dieselben Worte wurden ihm wieder und wieder gesagt. Unterschiedlich war nur die Bibelausgabe, die sie bevorzugten.

Viele baten um die traditionelle Übersetzung, der Lutherbibel in Deutschland vergleichbar. Andere bevorzugten modernere Übersetzungen für ihre Region.

Auch in der Wahl des Schrifttyps gab es Unterschiede. Die uralte geschriebene Sprache des Landes bestand aus Tausenden von komplizierten Schriftzeichen. Der Vorsitzende Mao hatte jedoch die Entwicklung einer neuen Schrift angeregt mit weniger und einfacheren Schriftzeichen. Da die neue Schrift in den Schulen unterrichtet wird, haben viele junge Leute Schwierigkeiten, Bibeln in der alten Schrift zu lesen.

Joseph machte sorgfältig und detailliert in jeder Stadt Notizen. Er schrieb die Anzahl der gewünschten Bibeln auf, die Übersetzung, den Schrifttyp und ob die ganze Bibel oder nur ein Teil gewünscht wurde. Open Doors hatte immer die Politik verfolgt, den Kirchen genau das zu bringen, was sie selbst wünschten.

Der tiefe und stetige Hunger der Gläubigen nach dem Wort Gottes bewegte Joseph tief. Ein Gläubiger, den er traf – er lebte im Ruhestand und war arm –, drückte Joseph sogar Geld in die Hand und bestand darauf: »Das ist, damit du mehr Bibeln für unser Volk kaufen kannst.«

»Nein!« rief Joseph aus. »In der freien Welt gibt es genug Menschen, die Opfer bringen können. Behalte du dein Geld.«

Sein Protest traf auf taube Ohren. Schließlich nahm er widerwillig das Geld an, steckte es ein und holte es dann mit einem freundlichen Lächeln wieder heraus.

»Bruder«, sagte er, »ich habe kürzlich etwas Geld bekommen. Ich möchte es dir geben, damit du es an deine Brüder und Schwestern im Gefängnis weiterleiten kannst.«

Joseph erzählte mir auch von einem anderen Christen, dem es sehr am Herzen lag, Bibeln zu seinem Volk zu bringen.

»Er war ein alter Mann«, erklärte er mir, »der gerade aus dem Gefängnis entlassen worden war, als ich ankam. Seine Hand trug noch eine tiefe Narbe von einer Wunde, die ihm die Soldaten zugefügt hatten.

Aber als er von den Bibeln hörte, wollte er sofort helfen. ›Ich möchte Bibeln für euch verteilen‹, sagte er mir; ›ich habe viele Kontakte in anderen Provinzen.‹ Ich konnte ihm kaum glauben. Nur ein paar Tage vorher war er wegen seines Glaubens im Gefängnis gewesen. Und dennoch war er bereit, eine neue Verhaftung zu riskieren. Und beim zweiten Mal würde die Behandlung noch schlimmer werden.

Aber der alte Mann gab nicht auf. ›Der Preis ist nicht so hoch wie der, den mein Herr für mich bezahlt hat‹, sagte er. ›Außerdem‹, fügte er hinzu, ›sind meine Brüder so hungrig nach dem Wort Gottes . . . ich will es ihnen bringen, Joseph. Der Herr wird meine Schritte leiten!‹«

Am Tag danach holte Joseph 200 Bibeln, die schon früher in die Stadt gebracht worden waren, und überließ sie dem alten Mann, damit er sie verteilen konnte.

Später hörten wir, daß jedes einzelne Exemplar Hunderte von Kilometern transportiert worden war – jede einzelne Bibel wurde von dieser vernarbten Hand in die Hände eines glücklichen Gläubigen im Norden gelegt.

So groß der Hunger der Gläubigen nach Bibeln, so überwältigend war ihre Dankbarkeit für die empfangenen Bücher. Oft bestanden sie darauf, Joseph etwas dafür zu geben, so peinlich ihm das auch war.

»Sie konnten es sich doch gar nicht leisten!« erzählte er. »Viele von ihnen verdienten kaum etwas. Ich tat mein Bestes, sie davon abzuhalten.« Aber er hatte nie Erfolg.

Eine alte Dame von 78 Jahren rührte ihn besonders. Sie brachte ihm ein großes Glas vom besten Honig der Gegend, »als mein Opfer für den Herrn«.

Als ich von dieser Frau hörte, wurde ich an die erste Reise erinnert, die ich nach China gemacht hatte, über Rumänien. Nachdem ich die Bibeln zu einem Pastor in Bukarest gebracht hatte, brachte auch er Honig als Geschenk, um seine Dankbarkeit zu zeigen.

Diese beiden Erlebnisse verliehen für mich einem Vers in den Psalmen eine neue Bedeutung, den ich bisher kaum beachtet hatte. Es war Psalm 19,11 – Davids Beschreibung von Gottes Wort:

»Sie sind köstlicher denn Gold und viel feines Gold; sie sind süßer denn Honig und Honigseim.«

16. Der geschundene Leib

Das Gesetz der Volksrepublik China legt unwiderruflich fest, daß niemand, der einmal im Gefängnis gewesen ist, das Land je verlassen darf. So waren wir erstaunt, als Fräulein Woo uns sagte, Familie Kwang könnte vielleicht aus China herauskommen. Wir wußten, nur ein Wunder konnte sie herausbringen.

Daniel war derjenige, der uns zeigte, wie man vertraut. »Vor langer Zeit, als meine Mutter im Gefängnis war, sagte ihr der Herr, daß die ganze Familie China an einem Tag verlassen würde. Sie werden herauskommen! Wir müssen nur beten und beten.«

Und genau das tat er. Wenn die Wards morgens aufwachten, war Daniel schon seit mindestens 4.00 Uhr auf den Knien. Nach einigen Stunden tauchte der schlanke, stille Bursche zum Frühstück auf, dann entschuldigte er sich und zog sich wieder in sein Zimmer zurück. Dort betete er erneut – nicht nur für seine Familie, sondern für alle Gläubigen in China und auch für die Kirche im Westen. Besuchern der Wards fiel auf, daß er auch während des Tages und des Abends häufig den Raum verließ.

»Was tut er?« fragten sie ihre Gastgeber.

Pastor Wards lächelnde Antwort war immer dieselbe. »Oh, er ist nur weggegangen, um zu beten . . .«

Ich hatte oft mit Bruder Andrew über die Notwendigkeit der Fürbitte in dieser Arbeit gesprochen. »David«, hatte er mir gesagt, »wir müssen überall auf der Welt Menschen finden, die fürbittend für die leidende Kirche eintreten.«

Bei Daniel sah ich, was er meinte. Wie ich es vor langer Zeit auch bei Mrs. Olsen in New York gesehen hatte und bei dem Waliser William Willis. Mr. Willis hatte mit mir über diese Art Gebet gesprochen, bevor ich das erste Mal nach Asien ging.

»Junge«, hatte er gesagt, »weißt du, was ein Fürsprecher ist?«

Ich mußte zugeben, daß ich es nicht wußte.

Er ließ mich auf dem geblümten Sofa Platz nehmen. »In Hesekiel 22, wo der Herr beschlossen hatte, das Land zu zerstören, heißt es in Vers 30: ›Ich suchte unter ihnen, ob jemand sich zur Mauer machte und wider den Riß stünde für das Land, daß ich's nicht verderbte, aber ich fand keinen.‹

Das ist es, wonach Gott sucht – Menschen, die sich in den Riß stellen. Menschen, die für andere eintreten. Nun, David, habe ich eine Frage an dich.«

»Ja, Mr. Willis?« Ich kam mir wie ein kleiner Junge vor dem Großvater vor.

»Sag mir, Junge, was kostet dich dein Gebet? Die Bibel sagt, daß Jesus, als er in Jerusalem war, über die Stadt weinte. Sie sagt auch in Hebräer, daß Jesus sein Gebet ›mit Weinen und Tränen‹ opferte. Wirst du so für dein Missionsfeld beten?«

Ich schaute weg, denn ich spürte, daß ich errötete. Aber Mr. Willis schaute mich fest an, und dann sprach er mit großem Ernst weiter:

»Ich werde dich nicht ohne einen weiteren Vers gehen lassen, David.« Er kam aus Jeremia 13: »Meine Seele wird im Verborgenen weinen.«

Mr. Willis schloß: »Vergiß nicht, Junge, ein Fürsprecher ist ein Mensch, der im Verborgenen betet und weint, bis Gott herabkommt und seine Tränen trocknet.«

In den letzten 10 Jahren hatte ich viele Male China so vor Gott gebracht – die Millionen, die Jesus kennenlernen mußten. Nun war es Zeit, wieder »ins Verborgene« zu gehen, um mit Daniel Kwang in der Fürbitte für die Ausreise seiner ganzen Familie aus diesem Land einzustehen.

Schon bald sahen wir Gottes Antwort auf diese Gebete – und er zeigte einmal mehr, wieviel größer er ist als jedes menschliche System. Als wir später erfuhren, wie er es möglich gemacht hatte, daß die Familie aus dem Land herauskam, erkannten wir, daß es ohne Frage ein Wunder war.

Vier Wochen bevor sie das Land verließen, hatten die Kwangs nichts über ihren Visa-Antrag gehört, der einige Jahre vorher eingereicht worden war. An einem Morgen spürte Frau Kwang jedoch im Gebet die Versicherung des Herrn, daß sie das Land in einem Monat verlassen würden, um der Welt von den Bedürfnissen der chinesischen Gläubigen zu erzählen.

In der Zwischenzeit, in dem verbleibenden Monat, sollte sie ihre Mitarbeiter unterrichten, damit diese weitermachen könnten, wenn sie fort war.

Sie informierte die anderen Gläubigen, und die waren skeptisch. »Das ist unmöglich«, widersprachen sie. »Niemand kann das Land verlassen, nachdem er im Gefängnis gewesen ist – und du warst dreimal dort.«

Aber die Evangelistin war sicher, daß das vom Herrn kam. Sie erteilte den ganzen Monat über Unterricht, und am Schlußtag beauftragte sie jeden Mitarbeiter, die Arbeit weiterzuführen.

Am nächsten Tag suchte ein Beamter die Kwangs auf:

»Kommen Sie mit!« sagte er der Familie. »Sie können sich gleich auf der Polizeistation die Papiere für Ihre Ausreise abholen.«

Während die Kwangs die Formulare ausfüllten, bemerkten die Beamten plötzlich, daß ein Elternteil im Arbeitslager gewesen war, der andere im Gefängnis.

»Augenblick! Hören Sie auf! *Sie* haben kein Recht, das Land zu verlassen«, rief der Beamte hinter dem Schreibtisch. »Diese Papiere werden sofort zerrissen.«

Es kam zu einem wüsten Durcheinander, und die Kwangs wurden nach draußen geschickt, um dort zu warten. Ein Christ, der in dem Büro arbeitete, erzählte ihnen später, daß ärgerliche Beamte drinnen vorgeschlagen hatten, sofort Soldaten zu rufen.

Aber Gottes Handeln wurde an diesem Tag unmißverständlich klar. Der diensthabende ranghöchste Offizier berichtete unerwartet, daß er einer von Herrn Kwangs Vernehmungsbeamten im Arbeitslager gewesen sei. Und zum Erstaunen aller sprach er zu seinen Gunsten.

»Ich forderte diesen Mann wieder und wieder auf, seinen Glauben zu verleugnen«, sagte er den Männern. »Aber er tat es nicht. Sogar im Angesicht des Todes wollte er seinen Gott nicht verleugnen. Ich habe Respekt vor diesem Mann«, schloß er ruhig.

Dann beugte er sich vor, um unter Mißachtung der Gesetze die Papiere für die Familie zu unterschreiben.

Auf ihrem Weg aus dem Land erlebten die Kwangs allerdings noch bange Stunden. Sie reisten per Bus in Richtung Grenze, mußten aber unterwegs mit einer Fähre einen Fluß überqueren. Genau am Tag ihrer Reise herrschte am Fluß undurchdringlicher Nebel – so dicht, daß die Fähre nicht fahren konnte. Die Familie betete, daß es klarer würde, damit sie hinüber könnten.

Als der Bus die Anlegestelle erreichte, lichtete sich der Nebel tatsächlich etwas. Der Bus konnte auf die Fähre fahren, und die tuckerte los. Nachdem sie die andere Seite erreicht hatten, schauten die Passagiere zurück. Der Nebel war wieder da. Sie hörten später, daß an diesem Tag keine Busse mehr herüberkamen.

Ein dringender Telefonanruf im Büro informierte mich, daß die Familie auf dem Weg nach Hongkong war. Ich war gerade erst von dort zurückgekommen und hatte an diesem Wochenende 30000 Neue Testamente bei der Hongkonger Bibelgesellschaft bestellt. Eugene von unserer Zentrale in Kalifornien war zu dieser Zeit in der Stadt, und wir packten schnell unsere Koffer, um den nächsten Flug zum Kai Tak Flughafen zu erwischen.

Von dort aus fuhren wir mit dem Taxi zur Wohnung der Großmutter, wo inzwischen die Familie angekommen sein mußte. Als wir eintraten, erkannte ich alle Kwangs sofort, denn ich hatte seit 18 Monaten ein Bild von ihnen in meiner Bibel gehabt. Es ist nicht üblich, daß ein Chinese einen Westler umarmt; eine chinesische Frau schon gar nicht. Aber in diesem Augenblick war alle Tradition vergessen. Sie empfingen uns mit offenen Armen, und Tränen der Freude und der Dankbarkeit dem Herrn gegenüber waren auf ihren Gesichtern.

Als ich schließlich sprechen konnte, war meine erste Frage, wie es der »Familie« ging, die sie in China zurückgelassen hatten. Die Kwangs baten uns, Platz zu nehmen, und begannen zu erzählen.

An diesem Abend übersetzte Ruth für uns, eine europäische Freundin, die fließend Mandarin sprach. Wir erfuhren eine Menge über Gottes Familie im Land – besonders über den »Alten Mann«. »Er sendet euch seine Grüße in unserem Herrn, Bruder David«, sagte die Mutter.

»Wie die ganze ›Familie‹ dort«, fügte der Vater strahlend hinzu.

Es dauerte nicht lange, bis wir alle beteten und Gott priesen. Als wir geendet hatten, wurde uns eine herrliche chinesische Mahlzeit vorgesetzt, die auf einem winzigen Ofen in der Ecke des Raumes gekocht worden war. Ich hatte an vielen verschiedenen Orten üppige chinesische Mahlzeiten genossen, aber keine hielt einem Vergleich mit dem Rindfleisch, dem Gemüse, den Nudeln und dem Reis stand, die wir an diesem Abend miteinander teilten. Während wir aßen, sprach Frau Kwang von den neunhundert Bibeln, die sie erhalten hatten, und den hundert, die gefolgt waren.

»Als wir hörten, daß die neunhundert durchgekommen waren, hielten wir eine Lob- und Dankversammlung für den Herrn ab. Die Tränen liefen uns über die Wangen«, erzählte sie uns über Ruth. »Für uns war es wie damals, als die Kinder Israel den Jordan durchquerten. Der Herr öffnete durch ein Wunder den Weg, damit sein Plan erfüllt würde.«

Die ganze Familie war von der Freude angesteckt. In dem Durcheinander von chinesischen Stimmen, das folgte, verstand ich nur einen Satz, den ich schon vorher von Daniel gehört hatte: »Tsan mei Chu« – »Preist den Herrn.«

»Und wie sieht's jetzt aus?« fragte ich. »Wie viele Bibeln brauchen die Gläubigen noch?«

Als Ruth die Antwort übersetzte, hatte sie keine Ahnung, welche Wirkung sie auf mich hatte.

»Sie sagt, sie brauchen 30000 Bibeln – sofort, Bruder David . . .«

Ich brauchte eine Minute, um mich zu erholen. Genau diese Anzahl hatte ich vor drei Tagen bestellt, ohne zu wissen, daß die Kwangs zu dieser Zeit kommen, geschweige denn um solch eine Lieferung bitten würden.

30000 Bibeln waren eine enorme Ladung, um sie auf einmal nach China zu bringen – tausend waren schon genug gewesen. Aber nachdem Gott die Dinge bis hierher deutlich geführt hatte, konnte es keinen Zweifel geben, daß dies der nächste Schritt für Open Doors in Asien war.

»Das muß vom Herrn sein«, sagte ich, als ich schließlich meine Sprache wiederfand und erklärte, was geschehen war.

Mrs. Kwangs Augen leuchteten auf, als Ruth übersetzte. »Nun müssen wir nur noch seinen Weg herausfinden, die Bibeln ins Land zu bekommen.«

Wir redeten einige Zeit über Pläne und Strategien für »Projekt Jordan«, wie es später unter den Mitarbeitern genannt wurde. Um der Sicherheit willen sprachen wir vor anderen Christen in der westlichen Welt vom »Projekt Regenbogen«.

Später am Abend unterhielten wir uns noch einmal mit Vater und Mutter Kwang über Zahlen. »Sagt mir ehrlich«, bat ich, »werden 30000 genug sein?«

»Nein«, erwiderte Mrs. Kwang, »eigentlich nicht.«

Mr. Kwang sprach frei heraus. »Um offen zu sein, Bruder David, die 30000 würden unsere dringendsten Bedürfnisse befriedigen; aber tatsächlich ist der Gesamtbedarf etwa eine Million.«

Eugene schaute mich fast entsetzt an, und ich wußte, was er dachte. Dies war die erste Nachfrage dieser Größe, die wir je erhalten hatten. Wenn *eine* Familie um eine Lieferung dieses Ausmaßes bitten konnte, wieviel mehr Bibeln wurden von den vielen anderen Gruppen im Land benötigt?

Wir begannen nach Möglichkeiten zu suchen, Bibeln in dieser Zahl ins Land zu schaffen. In der Zwischenzeit sandten wir weiterhin Teams in andere Teile des Landes, wo Lieferungen gebraucht wurden. Eugene und ich machten uns auf die erste von mehreren gemeinsamen Reisen.

Bei diesem Besuch mußten wir auf einem Flughafen im Süden Chinas zwischenlanden, und dort wurde uns sofort ein offizieller Führer zugeteilt. Sein Name war Chang Lo, und er hatte den Auftrag, uns während der wenigen Stunden unserer Zwischenlandung zu begleiten.

All unser Gepäck außer Aktentasche und Kamera blieb im Flughafen, und wir machten uns auf zu einem Gebirgspark, in einem Auto, das Chang Lo im voraus gemietet hatte.

Vom Park aus hatte man eine wunderbare Sicht auf die umgebenden Gebiete, und sobald das Auto anhielt, begann ich, Fotos zu machen.

Während ich umherging, setzten sich Eugene und der Führer auf eine Bank, um die Landschaft zu bewundern. Eugene erzählte mir später, er habe sich vom Herrn gedrängt gefühlt, dem jungen Mann seinen Glauben zu bezeugen, während sie dort zusammen saßen. Er wollte dem Drang widerstehen, denn er wußte, dies war nicht unsere primäre Mission. Wenn der Kommunist solch eine Unterhaltung meldete, konnte das unsere eigentliche Aufgabe gefährden. Wir haben die Politik, daß das Evangelisieren Aufgabe der Chinesen selbst ist und unsere Rolle darin besteht, sie durch Gebet und die Versorgung mit Gottes Wort zu unterstützen. Regeln können jedoch vom Herrn selbst durchbrochen werden. Und Eugene konnte sich der Eingebung des Herrn an diesem Morgen nicht entziehen.

»Vater, hilf mir, das Rechte zu tun!« bat er. »Ich werde nicht sprechen, bis du mir klar machst, daß es dein Wille ist.«

Wir sprachen Englisch, und Eugene erfuhr bald, daß sein Begleiter Student war. Chang Los Eltern hatten beide offizielle Positionen in ihrer Stadt inne. Als er die Arbeit und Freizeit der Familie und sein Studium beschrieb, spürte Eugene die Farblosigkeit ihres Lebensstils. Daraufhin erzählte Eugene seinem Freund von seiner Familie in Amerika.

Nach einigen Minuten fragte er Chang Lo nach Kirchen in China. Die Frage erschien seinem Führer seltsam. Er wußte von keiner Kirche in seinem Gebiet, die offen war. Während der Kulturrevolution waren alle Kirchen geschlossen worden, und, so folgerte er, es konnte keinen Bedarf mehr danach geben, da es auch keine Christen mehr gab.

»Haben Sie je von einem Buch gehört, das Bibel genannt wird?« fragte Eugene vorsichtig.

»Ja, aber ich habe nie eine gesehen«, antwortete Chang Lo. Er war 21 Jahre alt.

»Was würden Sie tun, wenn Sie eine entdeckten?« fuhr Eugene fort.

Sein Begleiter zögerte nicht mit der Antwort. »Oh, ich würde sie kaufen«, sagte er.

»Warum?«

»Weil ich gern Bücher lese.«

Chang Lo begann, Eugene über junge Leute in den USA auszufragen; er fragte sogar, ob amerikanische Jugendliche in die Kirche gingen. Dann erzählte er ein Erlebnis seines Englischlehrers aus Großbritannien. Dieser Mann hatte der Klasse erzählt, er hätte eines Tages seinen Hausschlüssel verloren, und nachdem er gebetet hätte, hätte Gott ihm geholfen, den Schlüssel zu finden. Eugene lächelte, denn er wußte, daß ich ja einmal etwas ganz Ähnliches erlebt hatte.

»Glauben Sie die Geschichte meines Lehrers?« fragte Chang Lo.

Das war der Einstieg, für den Eugene gebetet hatte.

»Ja, ich glaube die Geschichte, Chang Lo. Genau so wirkt Gott. Möchten Sie mehr von Gott hören?« Mit einem breiten Lächeln nickte der andere zustimmend. Aber wo anfangen mit jemandem, der nichts über die Bibel, Gott, Jesus oder die Erlösung wußte?

Eugene fing am Anfang an. Er sprach über die Schöpfung, Gottes Liebe, seinen Sohn Jesus und den Heilsplan. Das waren alles neue Wörter für Chang, und er fragte nach ihrer Definition. Plötzlich erinnerte Eugene sich daran, daß er seinem Führer ein englisch/chinesisches Wörterbuch als Souvenir gegeben hatte, als sie sich setzten.

Zwei Stunden lang sahen sie wichtige Begriffe im Wörterbuch nach. Indem sie über die Bedeutungen sprachen, erklärte Eugene das Eangelium. Der Führer hörte mit ungeteilter Aufmerksamkeit zu und nahm jedes Wort auf. Er selbst stellte viele Fragen in offensichtlichem Hunger, die Wahrheit zü erfahren.

Schließlich fragte Eugene ruhig: »Chang Lo, können *Sie* glauben?«

Der junge Mann blickte Eugene offen an. »Ja«, sagte er mit Überzeugung. »Ja, ich kann glauben – gerade so, wie Sie es gesagt haben.«

Eugene wollte ihm eine Bibel geben, aber alle waren im Gepäck am Flughafen. Da sah er mich kommen.

»David!« rief er. »Hast du ›Äpfel‹ bei dir?«

»Nur einen«, antwortete ich, »meinen eigenen.«

Würdest du ihn einem neuen Bruder in Christus geben? Er ist sehr hungrig.« Eugene grinste.

»Sicher! Liebend gern!«

Als wir uns am Flughafen verabschiedeten, erzählten wir Chang Lo von den vielen Brüdern und Schwestern in Christus, die für ihn beten würden. Mit einem festen Händedruck und einem Lächeln ging er weg. Aber plötzlich drehte er sich um und kam, halb rennend zurück. Er legte beide Hände auf Eugenes Schultern und sagte: »Gott segne dich!«

Im Flugzeug saß Eugene versonnen neben mir. »Ich werde diesen Burschen vielleicht nicht wiedersehen«, begann er. Er drehte den Kopf zur Seite, um die Sicht in sich aufzunehmen, als die Maschine durch die Wolken in herrlichen Sonnenschein stieg. »Korrektur«, fügte er mit einem Lächeln hinzu, »eines Tages werden wir uns im Himmel treffen.«

Einige Monate später führte eine weitere Reise Eugene und mich direkt nach Peking. Wir hatten Gläubige dort bereits dreihundert Kassetten mit dem gesprochenen Neuen Testament und christlichen Liedern gebracht.

Auf dieser Reise lief am Zoll alles besonders glatt. Nichts wurde angerührt, keine Fragen gestellt. Wir wurden mit einem Willkommensgruß durchgewinkt.

In der Karwoche kamen wir in der Stadt an, immer noch mit unseren »Geschenken« beladen. Bevor sie abgeliefert werden konnten, hatten wir ein Treffen mit John, unserem neuen Pekinger Kontaktmann, arrangiert. Er hatte uns manche Berichte geschickt, seit wir im Jahr zuvor mit ihm zusammengetroffen waren.

Nach unserem ersten Treffen hatten wir ihm ständig Bibeln geliefert. Dabei war er mit anderen in einem Schlafsaal untergebracht, wo nichts versteckt werden konnte. Der einzige Lagerraum war der Fußboden unter seinem Bett.

»Aber ich habe keine Angst, daß etwas gefunden wird«, sagte er uns. »Ich kenne das Gebet von Bruder Andrew: ›Herr, mach sehende Augen blind . . .‹

Ich habe den Herrn gebeten, genauso für die Bücher unter meinem Bett zu sorgen«, erklärte er, »und in mir ist ein richtiger Friede gewachsen, als die Wochen und Monate vorbeigingen. Ich hatte absolutes Vertrauen, daß der Herr die versteckten Bibeln beschützen würde.«

»Und ist irgend etwas gefunden worden?«

John lächelte. »Nein, nichts!«

Nach einigen Monaten hatte John seinen ersten Kontaktmann von der Hausgemeindebewegung getroffen. Für ihn leitete diese Begegnung Monate des Segens und der Gemeinschaft ein. Wie in der alttestamentlichen Geschichte von der Witwe von Zarpath (1. Könige 17) ließ der Herr ihm nie die Bibeln ausgehen. Wann immer sie gebraucht wurden, hatte John genug.

Er hatte seine Zeit auch genutzt, um mehr über die leidende Kirche in Peking und anderen Teilen Chinas zu erfahren – da viele von überall her kamen, um in der Hauptstadt zu arbeiten, und Neuigkeiten von Christen aus ihren jeweiligen Heimatstädten mitbrachten.

Sein Bericht offenbarte einen anderen Aspekt des geschundenen Leibes Christi in China. Wir begannen das Ausmaß der Schläge zu verstehen, die diesen Körper getroffen hatten, und die traumatischen Wirkungen, die diese Schläge bei vielen Gläubigen hinterlassen hatten.

»Viele haben jetzt den Punkt erreicht, wo sie sich außerstande fühlen, Gottesdienste zu besuchen«, sagte er uns. »Sie wissen, wenn sie mit mehr als zwei oder drei Leuten zusammenkommen, riskieren sie, als ›subversive Elemente‹ angeklagt zu werden.

Einige haben sogar Angst, andere Christen zu besuchen – wenn diese Gläubigen mutig ihren Glauben bekannt haben. Sie sind besorgt, daß der Makel ihrer Geschwister auch auf sie abfärben könnte.«

John hatte mit einem Gläubigen gesprochen, der auf demselben Flur wohnte wie eine alte Christin, die für ihr mutiges Eintreten für Christus bekannt war.

»Hast du Gemeinschaft mit ihr?« fragte John.

»Oh nein, das wagen wir nicht!« antwortete der Christ. »Sie wird ständig überwacht. Ihr Mann ist seit vielen Jahren im Gefängnis, und obwohl er kurze Zeit frei war, hörte er nicht auf, Zeugnis zu geben. Nun ist er wieder dort.«

»Wie lebt sie?« fragte John weiter.

»Im Moment ist ihre Gesundheit nicht so gut. Wir nehmen an, daß ihr Leben wahrscheinlich sehr hart ist.«

»Niemand schaut nach ihr?«

Der Gläubige zuckte verlegen mit den Achseln.

»Sie scheint allein zurechtzukommen. Sie ist sehr stark, und sie vertraut dem Herrn.«

Eine peinliche Stille entstand. »Manchmal, wenn niemand in der Nähe ist, versuchen wir, ihr ein Wort der Ermutigung zu sagen.«

John bohrte weiter. »Kannst du versuchen, mehr Gemeinschaft mit ihr zu haben? Ich hätte besonders gern, wenn du ihr dieses kleine Neue Testament weitergeben könntest.«

Der Christ blickte zu Boden. »Nun, vielleicht . . ., jetzt, wo die Dinge etwas leichter sind . . .«

Seine Augen blickten John flehend an: »Aber bitte, bete für uns. Oh, bitte, bete!«

»In Zeiten extremer Verfolgung«, erklärte John, »wurden einige Gläubige ihrem Glauben untreu und ließen sich zwingen, ihre Brüder zu verraten.

Das geschah im Rahmen von sogenannten ›Anklageversammlungen‹, oder man half den Behörden, gegen Christen Anklagen wegen ›konterrevolutionärer‹ politischer Verbrechen zurechtzuzimmern. Andere Gläubige lieferten der Regierung Munition, ohne sich dessen bewußt zu sein. Sie waren einfach zu naiv, die Folgen ihres Handelns zu erkennen.«

Sein Ausdruck wurde etwas härter. »Natürlich gab es auch solche, die die ganze Zeit Betrüger gewesen waren. Diese Leute gaben vor, Christen zu sein, waren aber von den Kommunisten als Spitzel in die Kirchen eingeschleust worden. Sie haben großen Schaden verursacht. Ihre Methode ist, harmlose Gläubige in Situationen zu bringen, wo ihnen illegale Aktivitäten angelastet werden können.

Ich werde niemals die Worte eines Gläubigen vergessen, der mir seinen Schmerz mitteilte: ›Verfolgung und physische Leiden sind schrecklich‹, sagte er mir, ›aber von anderen Gliedern des Leibes Christi verraten zu werden, ist bei weitem das Bitterste.‹«

Diese Wunden verheilten in Peking besonders langsam, weil hier auch in der Zeit nach Mao der Regierungsdruck kaum nachgelassen hatte.

Einige von Johns Berichten über die Leiden der Christen prägten sich uns unauslöschlich ein. Eine Frau hatte bereits die Hälfte ihrer Familie durch Gefängnis oder Tod verloren, als sie selbst in eine Arbeitskolonne eingeteilt wurde. Sie mußte Steine behauen und Straßen bauen. Tag um Tag arbeitete sie bis zur völligen Erschöpfung, bis sie schließlich nur noch Bitterkeit und Schmerz empfand.

Schließlich kam ein Morgen, an dem sie am Ende zu sein meinte. Sie konnte den Druck nicht mehr ertragen und fühlte, daß sie keinen Schritt mehr gehen konnte. Sie fragte sich, ob der Herr ihr das Leben abverlangte. In diesem Augenblick wandte sie müde den Kopf und sah neben sich eine alte Frau, die sie nie zuvor getroffen hatte. Die Frau stellte die einfache Frage: »Glaubst du noch?«

Die Gläubige nickte, fast unfähig, Worte zu formen. »Ich – ich glaube noch.«

»Das geknickte Rohr wird er nicht zerbrechen, und den glimmenden Docht wird er nicht auslöschen«, zitierte die alte Frau aus Jesaja 42. Dann wandte sie sich ab und ging weg.

Bei diesen Worten wurde das Herz der Gläubigen leichter. Sie fühlte die Kraft des Herrn in sich. Es war, als ob der Herr ihr ein Zeichen gegeben hätte, daß er sie nicht durch die Verfolgung total zerbrechen lassen würde.

An diesem Abend erkundigte sie sich überall, wer die Frau war; aber niemand schien sie zu kennen. Sie war von irgendwoher gekommen und wieder verschwunden . . . Doch die Gläubige war vom Herrn berührt worden.

Ein anderer Christ hatte während der Kulturrevolution unvergeßliche Demütigungen durch die Roten Garden erlitten. Der Mann war aus seinem Haus gezerrt worden, und die Garden hatten ihm ein Plakat um den Hals gehängt, auf dem stand: ». . . ist ein Bastard«. Die Roten Garden hetzten andere auf, ihn zu umringen und zu verhöhnen. Der Mann wurde unerträglich gequält und beleidigt. Er bat den Herrn, ihn zu erlösen. »Warum leide ich so, Herr? Bitte erlöse mich davon. Ich kann es nicht mehr ertragen.«

In diesem Augenblick rief einer seiner Peiniger: »He! Dem Mann geht's viel zu gut. Warum hängen wir ihm nicht ein anderes Schild um, auf dem steht: ›Jesus Christus ist ein Bastard‹?«

Die Roten Garden lachten roh, als sie den Plan ausführten, und der Gläubige war ganz verzweifelt. »Für den Herrn zu leiden, ist schlimm; aber dies, dies . . .« Er weinte, weil der Name des Herrn so in den Schmutz gezogen wurde; doch während der Haß um ihn herum wuchs, spürte er, wie er unerklärlicherweise ruhig wurde. Er fühlte die Gegenwart des Herrn und merkte, daß Christus tatsächlich gekommen war, um die Schmähungen und Schmerzen an seiner Stelle zu tragen. Und dann verstand er: Christus *hat* unsere Sünde und Schande am Kreuz getragen, Christus *hat* unsere Schmerzen und unseren Tod hinweggenommen.

Zum Schluß berichtete John von den »offiziellen« Christen. Die registrierte Kirche in Peking erlebte gerade einen wichtigen Wandel. Die patriotische Drei-Selbst-Bewegung, die während der stürmischen Jahre 1966–76 in der Versenkung verschwunden war, war Anfang 1979 wiedererweckt worden. Und in der Pekinger Drei-Selbst-Kirche in der Dong-Dan-Straße machte sich die veränderte Atmosphäre bemerkbar.

Bis zum April dieses Jahres hatten etwa 40 Leute die Gottesdienste regelmäßig besucht, nun begann die Zahl zu steigen. Predigten und Gebete wurden eindringlicher. Ausländer machten noch immer einen großen Teil der Gemeinde aus, aber es kamen allmählich auch mehr Chinesen.

Chinas neue »religiöse Offenheit« wurde für die ganze Welt sichtbar.

Nach unserem Treffen brachten John und ein chinesischer Filippino, der mit uns gekommen war, unsere »Mitbringsel« an ihren Bestimmungsort. Als die Übergabe abgeschlossen war, wurde ihnen ein Dutzend frischgekochter Eier, noch in der Schale, übergeben. Die beiden wollten das Geschenk nicht annehmen, denn sie wußten, was es gekostet haben mußte; aber die Gläubigen bestanden darauf.

»Bitte erzählt unseren beiden Brüdern, daß wir für sie beten und so dankbar sind für die Liebe, die sie uns gezeigt haben. Wir, die Kirche in Peking, können unsere Brüder aus dem Westen nicht mit leeren Händen ziehen lassen.«

Der nächste Tag war der Ostersonntag. Eugene, unser chinesischer Freund und ich trafen uns kurz nach Sonnenaufgang mit John. Zusammen fuhren wir fünfzig Kilometer nach Norden, um die Ming-Gräber zu besichtigen – dreizehn majestätische Schreine, ihre geschnitzten Dächer golden in der Sonne strahlend und die Wände in tiefem Rot. Der wolkenlose Himmel war tiefblau, nur ein Windhauch ging durch die Pinien und Wacholdersträucher um uns.

Wir setzten uns an einer abgelegenen Stelle zusammen, um den »geschundenen Leib Christi« in China vor Gott zu bringen. Die Gegenwart des Herrn wurde uns sehr deutlich bewußt, während wir gemeinsam Gott anbeteten.

Wir saßen zwischen alten Gräbern, die die toten Giganten der Geschichte beherbergten. Neben den Schreinen neigten wir uns vor dem lebendigen Christus, dessen Auferstehung vom Tod an diesem Morgen auf der ganzen Welt gefeiert wurde. Vor dem, der gesagt hat: »Die an *mich* glauben, sollen ewig leben.«

Wir nahmen die Eier als Brot, das wir »brachen und aßen«. Als Wein nahmen wir das Getränk der Chinesen, ihren Perl-Fluß-Orangensaft. Und gemeinsam erinnerten wir uns an die Worte des Herrn: »So oft ihr dies tut, tut es zu meinem Gedächtnis.«

17. Der Löwe und das Lamm

»Bruder David, wir werden Projekt Regenbogen abblasen müssen!« Josephs Stimme kam atemlos aus Hongkong durch das Telefon. »Es gibt unter den derzeitigen ›Wetterbedingungen‹ keine Möglichkeit, 30000 ›Äpfel‹ abzuliefern. Es hat einen unerwarteten Klimaumschwung gegeben.«

»Was hast du gesagt?« Ich sank auf den Stuhl an meinem Schreibtisch und versuchte, die Nachricht aufzunehmen.

»Wir können nicht wie geplant vorgehen, Bruder David. Es ist zu schwierig. Vielleicht könnten wir statt dessen ein kleines Projekt in Angriff nehmen. Kleine Lieferungen . . .«

Ich wußte, Joseph konnte den »Klimawechsel« nicht am Telefon beschreiben. »Stop alles«, sagte ich ihm. »Ich komme mit dem erstmöglichen Flug zu dir.«

Projekt Regenbogen war zur Zeit des Anrufs bereits angelaufen. Überall auf der Welt hatten wir unsere Freunde alarmiert, für »Regenbogen« zu beten. Wir hatten ihnen nicht gesagt, um welches Projekt es sich handelte, wir hatten sie nur gebeten, es täglich vor den Herrn zu bringen.

Allein in den USA hatten wir 90000 Gebetsbriefe verschickt, und wir wußten, daß in Australien und Neuseeland 10000 Menschen für uns beteten.

In Japan hatten wir ebenfalls viele Beter, denn die dortigen Christen kümmerten sich seit kurzem intensiv um die Bedürfnisse der leidenden Kirche. Ich war von dem Ausmaß ihres Engagements tief betroffen; zu lebhaft konnte ich mich an die Spiele am Strand erinnern, die ich als Junge gespielt hatte – kindisch in jedem Sinn des Wortes. Diese treuen Christen in Japan standen mit uns hinter Projekt Regenbogen.

Sogar über unsere unmittelbare Region hinaus gab es Tausende weiterer Gebetspartner in Großbritannien, den Niederlanden, Afrika und Lateinamerika.

Wir hatten einen besonders bewegenden Brief von einer Dame in Amerika erhalten, die mitten in der Nacht aufgewacht war und vom Herrn den Auftrag bekommen hatte, für etwas, das »Regenbogen« genannt wurde, zu beten. Sie war gehorsam, obwohl sie zu dieser Zeit keine Ahnung hatte, worum es ging.

Auch in China selbst gab es viele, die für Projekt Regenbogen beteten und arbeiteten. Sie hatten eine lange Auslieferungskette vorbereitet, um die Bibeln zu transportieren, sobald sie im Land waren. Sie hatten schon genau festgelegt, wohin die Lieferungen gehen sollten – vor allem zu Pastoren oder Laienpredigern, die eine »Herde« zu versorgen hatten.

Alles, so schien es, war so klar geführt worden. Wie konnte der Herr uns jetzt stoppen?

Als ich in Hongkong ankam, legten mir Joseph und sein Assistent Mark Tao den Grund für ihre Bedenken dar. Ein Kurier, der kürzlich mit Bibeln nach China gereist war, hatte es unmöglich gefunden, seine Fracht am Bestimmungsort abzuliefern. Er war sich des wachsamen Auges des Kommunismus schmerzlich bewußt gewesen, das in diesem Land niemals schläft. Schließlich war er unter dem Eindruck, vom Regime auf Schritt und Tritt verfolgt zu werden, mit seinen Bibeln über die Grenze zurückgekehrt.

»Sie haben die Überwachung im Land verstärkt«, erklärte Mark. »Wir können keine 30000 hineinbringen.«

»Vielleicht sollten wir noch einmal neu überlegen, Bruder David«, sagte Joseph. »Wenn wir uns mit einem Teil, etwa der Hälfte, begnügen, können wir die einzelnen Lieferungen kleiner halten – das wird weniger auffallen. Dann, mit der Zeit, können wir mehr senden.«

»Aber 30000 ist die Zahl, die Gott uns gegeben hat«, erwiderte ich. Seit der Ausreise der Kwangs aus China waren wir sicher gewesen, daß dies unsere nächste Lieferung sein sollte. Die Familie hatte ausdrücklich diese Zahl genannt, und sie stimmte genau mit der Anzahl überein, die ich kurz vor ihrer Ankunft bestellt hatte.

In meinem Herzen fühlte ich mich sicher, daß wir weitermachen sollten. Wenn Satan uns bluffen wollte, hatten wir ihm zu widerstehen.

»Ich glaube, wir sollten wie geplant vorgehen!« sagte ich schließlich. »Aber warum legen wir nicht ein Vlies vor dem Herrn aus? Ich will Julie und die Kinder fragen, ob sie bereit wären, eine Kurierreise zu unternehmen.«

Das Paar schaute interessiert auf, und ich fuhr fort: »Wenn sie gehen wollen und der Herr es *ihnen* ermöglicht, sogar in dieser Zeit Bibeln ohne Zwischenfälle sicher abzuliefern, wollen wir das als seine Erlaubnis nehmen, mit Regenbogen weiterzumachen.«

»Werden Sie nicht ein chinesisches Team-Mitglied brauchen?« fragte Joseph. »Wo werden Sie jemanden finden?«

»Nehmen wir das als weiteres Zeichen vom Herrn«, sagte ich. »Vertrauen wir ihm, daß er uns jemanden besorgt.« Ich grinste. »Ich glaube, er wird es tun . . .«

Eine Woche später kam Julie mit Dawn und David in Hongkong an. Obwohl ihre Reise nach China gebucht war, hatten sie noch keinen chinesischen Begleiter – und es waren nur noch 24 Stunden bis zu ihrer Abfahrt. Sie wußten, wenn der Herr ihnen keinen besorgte, mußten sie die Reise abblasen. Das bedeutete dann gleichzeitig die Aufgabe unseres Projektes Regenbogen. Wir mußten dann viel kleinere Lieferungen organisieren.

Spät am Nachmittag ging Mark die Nathan Road in Kowloon hinunter, als ihm plötzlich ein alter Freund begegnete. »Mark, ich wollte dich heute anrufen. Wie geht es dir?« Mark plauderte einige Minuten mit seinem chinesischen Freund, bis der schließlich erwähnte, warum er hatte anrufen wollen.

»Ich muß morgen nach Kanton fahren. Ich wollte es dich wissen lassen für den Fall, daß ich dort etwas für dich tun könnte . . .«

Am kommenden Morgen fuhr das Team, komplett mit seinem chinesischen Mitglied, in die Volksrepublik China. Wie um uns zu beweisen, daß er alles unter Kontrolle hatte, benutzte der Herr nicht einmal Julie, um die Bibeln »abzuwerfen«. Obwohl sie die älteste und erfahrenste von allen war, war sie im entscheidenden Augenblick nicht dabei, da sie von jemandem gebeten worden war, bei einem dringenden persönlichen Problem zu helfen. So waren es die Kinder, die die Übergabe mit ihrem neuen chinesischen Freund durchführten.

Später wurde David jr. gefragt, wie er über die Lieferung dachte. Würde er es wieder tun? »Natürlich«, sagte David zuversichtlich, »der Herr hat es wirklich *einfach* gemacht.«

Da war es wieder, dieses Wort »einfach«. Und es bezog sich, wie jedesmal vorher, auf ein Unternehmen, bei dem Gott gezeigt hatte, daß er selbst alles unter Kontrolle hatte, so daß alles perfekt zusammenpaßte.

Satan hatte wieder einmal geblufft. Projekt Regenbogen sollte wie geplant weitergeführt werden.

Das nötige Geld war zusammengekommen, die Bibeln waren bezahlt, und die Kuriere, die sie überbringen sollten, wurden vorbereitet. Nur in China selbst mußten noch letzte Vorbereitungen getroffen werden. Diese Aufgabe fiel Joseph und Mark zu, die sich auf eine einmonatige Reise machten, um die Planung für Regenbogen zu vervollständigen. Gleichzeitig nahmen sie die Gelegenheit wahr, die Bedürfnisse der Gläubigen in anderen Teilen Chinas zu ermitteln.

Als das Paar durch die südlichen Gebiete und die Küstenregionen des Landes reisten, trafen sie überall auf erstaunliche Spuren der sich ausbreitenden Erweckung in China. In den Städten, wo die Behörden stärker kontrollierten, fanden Zusammenkünfte von bis zu hundert Leuten statt. Draußen auf dem Land jedoch wurden die Versammlungen oft von mehreren hundert, ja von tausend oder gar zweitausend Teilnehmern besucht.

»Diese Gebiete sind sehr viel schwieriger zu überwachen«, sagte mir Joseph später. »Da Südchina und die Küste so im Blickfeld der Touristen liegen, können es sich die Behörden außerdem nicht leisten, so hart mit den Christen umzugehen. Der Westen würde das unweigerlich erfahren.«

Anderswo jedoch war es anders. Im Norden und in Zentralchina konnten die Behörden tun, was sie wollten, ohne daß Nachrichten davon in den Westen drangen. Wir wußten von Christen in mehreren Provinzen, die noch immer im Arbeitslager waren, und von strikter Einschränkung jeglicher christlicher Aktivität in den Städten.

Joseph und Mark waren deshalb nicht überrascht, in den Städten im Norden nur kleine christliche Gruppen zu finden. In Peking selbst schien es unmöglich, sich in Gruppen von mehr als sechs Personen zu treffen. In den Städten auf der Reiseroute lag die durchschnittliche Teilnehmerzahl zwischen drei und zehn.

In den ländlichen Gebieten erlebten sie jedoch Überraschungen.

»Kannst du das glauben, Bruder David!« begeisterte Joseph sich. »Sie haben auch dort Versammlungen von bis zu tausend Teilnehmern. Tatsächlich gibt es in einer der nördlichen Provinzen eine Million Christen!«

»Meinst du das ernst?« Nach allem, was ich über diese Gebiete gehört hatte, schien es unmöglich.

»Absolut«, antwortete er, »und diese Christen, Bruder David, haben einen tiefen Eindruck auf ihre Provinz gemacht. Weißt du, sie sind so gewissenhaft in ihrer täglichen Arbeit, daß ihre Leistungen die Quoten übersteigen – und viele kommunistische Beamte sind durch ihr Zeugnis Christen geworden.«

Joseph brach in Lachen aus. »So können sie jetzt in ihren Hausversammlungen so laut singen, wie sie wollen. Alle Tausend auf einmal, wenn sie Lust haben. Niemand stört sie daran.

Und«, schloß er, »wenn sie evangelistische Treffen abhalten, können sie sich von den kommunistischen Behörden die Lautsprecher ausleihen!« Er lachte, als er mein erstauntes Gesicht sah. »Preis den Herrn, Bruder David. Diese Erweckung ist sein Werk.«

Es war genau so, wie es die Gläubigen vorausgesagt und wofür sie so viele Jahre gebetet hatten. Tausende, ja Millionen in allen Teilen des Landes wurden unzufrieden mit der Leere der Staats-»Religion« und wandten sich Jesus zu. Bruder Andrew hatte es ebenfalls vorausgesehen, und Josephs außergewöhnliche Nachrichten erinnerten mich an ein Gleichnis, das der Holländer einmal erzählt hatte.

»Sag mal, David«, hatte er gefragt, »wenn ich in meinem Garten einen Löwen und ein Lamm frei herumlaufen lasse, was wird geschehen?«

»Ich würde dem Lamm höchstens fünf Sekunden geben!« hatte ich geantwortet.

»Aha. Aber nimm an, ich trenne sie zuerst. Dann lasse ich den Löwen hungern, während ich das kleine Lamm füttere, und warte, bis der Löwe zu schwach ist, seinen Kopf zu heben. Wenn ich sie dann wieder in den Garten lasse, was passiert?«

»Nicht viel, denke ich.«

»Falsch, Bruder. Das Lamm wäre der Sieger. Wenn es wollte, könnte es sogar auf den Löwen steigen und sich selbst stolz als Sieger proklamieren.

Siehst du, David, der Löwe ist der Staat und das Lamm die leidende

Kirche Jesu Christi. Wenn wir sie füttern, wird sie stark. Und der Löwe des Atheismus wird im Laufe der Zeit zu einem Ende kommen – wenn die Menschen das Vakuum der moralischen und geistlichen Werte im System des Staates entdecken. Und so wird das Lamm siegen.«

Ich lachte Andrew zu. »Jetzt verstehe ich«, sagte ich, »warum Jesus gesagt hat: ›Weide meine Schafe‹!«

In Shanghai hatten sie die Adresse einer Christin in Nanking erhalten, und sie beschlossen, sie aufzusuchen. Zu ihrer Überraschung war sie nicht zu Hause. Statt dessen wurden sie von zwei jungen Männern begrüßt, denen man an ihrer abgetragenen Kleidung gleich die Armut ansah. Doch ihre Gesichter strahlten soviel Freude und Liebe aus, daß Mark und Joseph tief beeindruckt waren. Besonders einer vermittelte beim Sprechen den Eindruck freundlicher Autorität.

Die vier sprachen über den Grund ihres Hierseins, und die jungen Männer erklärten, daß der Herr sie aus 500 Kilometern Entfernung in die Stadt geführt hatte.

»Wir glauben, daß der Herr irgendwo eine Bibel für uns hat«, sagte einer von ihnen. »Wir wissen, daß die Frau hier manchmal einige vorrätig hat. Sie ist jetzt in Shanghai und versucht, einige zu beschaffen. Wir warten auf ihre Rückkehr.«

»Wie seid ihr hierhergekommen?« fragte Mark.

»Wir kamen mit zwei Zügen – vor einigen Tagen sind wir aufgebrochen.«

»Wo habt ihr denn geschlafen?« Joseph fühlte sich jetzt ziemlich sicher, daß diese Männer echte Christen waren, aber er wollte den beiden noch etwas auf den Zahn fühlen.

Der Jüngere antwortete: »Wir kommen aus einer sehr armen Provinz. Nach den Ausgaben für die Reise konnten wir uns keinen Hotelaufenthalt mehr leisten. Wir haben einfach auf Parkbänken geschlafen.«

Joseph und Mark schauten die beiden betroffen an, überzeugt, daß sie die Wahrheit sagten.

»Brüder«, begann Joseph, »wir haben zwei Neue Testamente, die wir euch geben können.« Er ging zu seinem Koffer, und die beiden Männer folgten ihm sofort. Er öffnete die Tasche behutsam, um die Bücher herauszunehmen. Er wollte den Deckel nicht zu hoch heben, damit die Männer nicht die große Bibel sahen – die für einen Pastor reserviert war.

Aber die Gläubigen rissen in ihrer Begeisterung den Kofferdeckel auf und erblickten die große Bibel, bevor Joseph es verhindern konnte.

»Bitte, können wir die haben!« baten sie. »Bitte . . .!«

Joseph nahm langsam die Bibel heraus und blickte die jungen Männer an. »Ich will offen zu euch sein. Die ganze Zeit habe ich vorgehabt, diese Bibel einem Pastor zu schenken. Es ist eine Arbeitsbibel.«

Die beiden Männer nickten verständnisvoll.

Joseph fuhr fort: »Wollt ihr mir etwas versprechen? Wenn ihr nach Hause kommt, gebt die Bibel eurem Pastor, so daß sie am besten genutzt werden kann.«

Sie lächelten zustimmend.

Während der folgenden Stunden kam allerdings im Gespräch heraus, daß einer der beiden in seiner Heimatstadt selbst Versammlungen abhielt. Seine geistliche Autorität hatte Joseph und Mark schon einigen Respekt abverlangt, aber dabei war der junge Mann so bescheiden, daß er von seinen Hausversammlungen bis dahin nichts berichtet hatte.

Er hätte von sich aus auch das folgende nicht preisgegeben, wenn Joseph ihn nicht ausgefragt hätte.

»Wie viele kommen zu euren Gottesdiensten?«

Der Gläubige antwortete ruhig: »Gewöhnlich kommen etwa achthundert.«

»Und wer leitet die Versammlungen?«

»Ich.«

Joseph blickte seinen Bruder in Christus mit neuer Hochachtung an. »Dann bist du der Mann! Der, für den die Bibel die ganze Zeit bestimmt war. Behalte sie, Bruder, und möge der Herr deine Arbeit segnen, wenn du sein Wort predigst.«

Die Gruppe neigte sich einige Zeit zu Dank und Lob, jeder einzelne beeindruckt davon, wie Gott so offensichtlich die Ereignisse dieses Tages gelenkt hatte.

Als sie sich dann wieder unterhielten, fragte Mark den jungen Pastor, wie er ohne Bibel in seiner Gemeinde hatte predigen können.

»Einmal die Woche bin ich mit meinem Rad zu einem Prediger in einer nahegelegenen Stadt gefahren. Er hatte die einzige Bibel in unserem Gebiet. Ich habe sie für die Zeit unserer Versammlung ausgeliehen und konnte sie zum Predigen benutzen. Im Anschluß an die Versammlung habe ich sie jedesmal zurückgebracht.«

Als Mark und Joseph von ihrer Reise zurückkamen, waren sie überzeugter denn je, daß wir Gottes Willen befolgten und daß die 30000 Bibeln geliefert werden sollten. Die Lieferkanäle waren intakt, wie ihre Reise gezeigt hatte, und die enormen Bedürfnisse des Landes waren ihnen hundertfach bestätigt worden.

Alles war bereit. Der Countdown für Projekt Regenbogen konnte beginnen.

18. Das Lächeln des Tigers

Mehrere tausend Bibeln passierten die Grenze. Dann wurden zwei Lieferungen beim Zoll entdeckt.

Die Beamten, die sie fanden, konnten sie zuerst gar nicht als Bibeln identifizieren, da sie nie zuvor eine Bibel gesehen hatten. Als einer der ranghöchsten Beamten merkte, welchen kapitalen Fang man gemacht hatte, verkündete er deshalb stolz: »Dies sind Bibeln!« Er wiederholte wichtig: »Bibeln! Man buchstabiert das B-Y-B-E-L-N.«

Die Männer mußten die Bücher beim Zoll deponieren, um sie bei der Ausreise aus China wieder mitzunehmen. Einige Tage später brachten sie ihre Fracht nach Hongkong zurück, wo sie in andere Koffer verpackt und geradewegs zurück ins Land gebracht wurden.

Die Entdeckung am Zoll zwang im Land selbst jedoch zu einer wichtigen Entscheidung. Joseph hatte die Lieferung des Teams erwartet, und sobald er erfuhr, daß die Bibeln gefunden worden waren, informierte er den Verbindungsmann der Gläubigen. Man beschloß, gemeinsam zu beten. Keiner wußte, was nun zu tun war.

Als Joseph in dieser Nacht schlief, hatte er einen Traum, in dem er unser Bibellager in Hongkong sah. Es war total leer. Alle Bibeln waren aus den Regalen geräumt worden.

Am nächsten Morgen traf er sich wieder mit einem der Gläubigen.

»Joseph, was meinst du?« fragte der Mann nervös. »Will der Herr uns anhalten? Wir sind sehr erschrocken . . .«

»Ich auch«, sagte Joseph. »Und wir können die Lieferungen abblasen, wenn ihr glaubt, daß wir das sollen.«

Beide schwiegen und fragten sich, was Gott von ihnen erwartete. Dann erinnerte sich Joseph an seinen Traum.

»Bruder, ich möchte dir etwas mitteilen.« Er erzählte dem Gläubigen, was er in der Nacht vorher gesehen hatte, und dabei schien sich das Gesicht seines Freundes zu entspannen.

»Also, Joseph, ich meine, Gott ermutigt uns. Wenn das Lager leer war, können die Bibeln ja nur hierhergekommen sein. Ich glaube, das ist die Antwort auf unser Gebet.«

Joseph bat ihn, keine vorschnelle Entscheidung zu treffen. Aber schließlich kamen sie beide zu der Überzeugung, daß Gott ihnen grünes Licht gab.

Der Rest der Lieferung ging ungehindert vonstatten. Nach einigen Tagen waren alle Bibeln über die chinesische Grenze geschleppt worden, darunter auch die, die beim ersten Versuch entdeckt worden waren.

Die letzte Reise, mit der das Lager leergeräumt wurde, wurde von Eugene, Shan, Mason, einem Amerikaner, zwei Auslandschinesinnen und mir durchgeführt. Es war keine Kleinigkeit, die kostbare Fracht über die Grenze zu schleppen – besonders, weil einige Team-Mitglieder Frauen waren. Die Aufgabe wurde auch nicht gerade leichter durch die Tatsache, daß Shan sich ein paar Tage vorher einen Arm gebrochen hatte, den er nun in einer Schlinge trug.

Doch wir sollten noch dafür dankbar werden; denn während der Zollkontrolle kamen wir beinahe in Schwierigkeiten. Eugene war von einem Beamten für eine genauere Untersuchung herausgepickt worden. Der Zöllner hielt sein Visum in der Hand und bat ihn, seine Taschen zu öffnen.

»Entschuldigen Sie, könnten Sie mir vielleicht helfen?« sprach Shan den Beamten in diesem Augenblick an.

Der Mann wandte sich Shan interessiert zu.

»Sehen Sie«, erklärte Shan, »ich habe mir vor kurzem den Arm gebrochen, und er tut immer noch sehr weh. Ich muß mich bald setzen. Können Sie mir zeigen, wo ich einen Stuhl finde?«

Damit verlor der Zöllner sein Interesse an Eugene. Er gab ihm seine Papiere zurück und winkte ihn weiter.

Der Rest der Bibeln kam ohne Hindernis durch. Mason und ich halfen den Frauen bei ihrem Gepäck, und jedesmal plauderten die Wachen nur kurz mit uns, bevor sie uns durchließen. Ihre Aufmerksamkeit wurde wieder einmal »zufällig« von anderen angezogen.

Wir wußten, daß die Leichtigkeit, mit der das Ganze ablief, nichts mit unserer »Gerissenheit« zu tun hatte. Wir sahen Gott am Werk, der wieder einmal sehende Augen »blind« machte.

Doch als die Koffer nach Passieren des Zolls zur Beförderung ins Hotel auf einen Wagen geladen wurden, verfiel ich auf einmal in tiefe Depression. Mir wurde bewußt, wie ungeheuerlich die ganze Operation aus menschlicher Sicht gewesen war. Wie unglaublich, daß so viele Bücher auf einmal ohne Entdeckung durchkommen konnten. Wir hatten nie zuvor einen Transport dieses Ausmaßes versucht.

Unwillkürlich ertappte ich mich bei dem Gedanken: »Herr, so etwas möchte ich nie mehr durchmachen. Niemals!«

In der nächsten Sekunde wurde mir bewußt, was ich gesagt hatte, und ich bat beschämt um Vergebung. »Es tut mir leid, Vater – nachdem ich dich an diesem Nachmittag so klar am Werk gesehen habe. Wenn du es wirklich willst, werde ich es tun, Herr. Aber es kann allein durch deine Kraft geschehen . . .«

Als wir im Hotel angekommen waren, schlug ich Shan auf den Rükken. »Hast du bemerkt«, sagte ich erfreut, »daß der Herr sogar eine Absicht mit deinem gebrochenen Arm hatte? Er bringt jedes kleine Detail zusammen, um sein Ziel zu erreichen.«

»Kann man wohl sagen!« antwortete Shan. Alle Dinge *müssen* zum besten dienen . . .«

Inzwischen hatte er sich gesetzt und versorgte seinen schmerzenden Arm. Dann blickte er mich verschmitzt an.

»Aber das nächste Mal, David, wenn wir einen gebrochenen Arm brauchen – dann nehmen wir deinen, okay?«

Nachdem wir die Bibeln ins Land geschafft hatten, mußten wir warten, während sie an die chinesischen Christen verteilt wurden. Der Ernst der Situation drohte uns manchmal zu überwältigen, denn Tausende von Bibeln mußten ja noch in die Hände derer gelangen, die darum gebeten hatten.

Die Gläubigen, die in der Lieferkette mitarbeiteten, brauchten ein feines Gespür für die Leitung des Heiligen Geistes, sooft sie sich mit einer Bibel von einem Heim zum anderen wagten. Unsere Rolle war es, sie auf unseren Knien zu unterstützen; zu beten, daß es keine einzige Panne gab.

Endlich erhielten wir die Nachricht, auf die wir gewartet hatten. Alle »Äpfel« waren sicher an ihrem Ziel angekommen, ohne Ausnahme.

Wir erfuhren das in einer Form, die uns total überraschte. Es klopfte an unserer Hotelzimmertür, und als wir öffneten, stand draußen eine Delegation Chinesen.

Es dauerte nur einen Augenblick, bis wir merkten, wer diese einfach gekleideten Leute waren. Obwohl wir einander nie begegnet waren, sagte mir ein Blick in ihre leuchtenden Gesichter und ihr breites Grinsen, daß sie Gläubige sein mußten. Einer von ihnen hatte getrocknete Feigen, ein anderer handgestickte Tischdecken und ein dritter ein Bündel Weihnachtskarten mitgebracht.

Ich bat sie ins Zimmer herein und konnte doch kaum glauben, daß dies alles wirklich geschah. Da die Sicherheitsrisiken so groß waren, hatte keiner der Christen je zuvor gewagt, ein Team aus dem Westen zu besuchen. Die Behörden hatten Augen und Ohren in jedem Hotel. Ihre Leute waren in jedem Stockwerk plaziert. Wenn sie bemerkten, wer unsere Besucher waren und warum sie kamen, konnte das schlimme Folgen haben.

Die kleine Gruppe setzte sich zu uns, um uns an der großen Freude über die Ankunft der Bibeln teilhaben zu lassen. Sie bestanden darauf, daß wir ihre Geschenke annahmen. »Die Kirche möchte euch danken. Wir sind hier, um euch wissen zu lassen, was ihr uns bedeutet.« Sie reichten die getrockneten Feigen herum, und wir aßen sie zusammen und tranken dazu den traditionellen grünen Tee.

Die Gläubigen blieben zwei Stunden bei uns und erzählten uns von der Situation ihrer Geschwister. Trotz des Drucks und der Schwierigkeiten, mit denen sie fertig werden mußten, konnten diese Gläubigen, wie die Kwang Familie, nur von der Güte des Herrn sprechen. Schließlich neigten wir unsere Köpfe, um gemeinsam Gott anzubeten.

Zuletzt standen wir auf, und die Gläubigen umarmten uns alle nacheinander.

Beim Abschied konnte ich mir die Bemerkung nicht verkneifen: »Ich staune noch immer, daß ihr so wagemutig gekommen seid, um uns zu treffen.«

Der Leiter der Gruppe antwortete mit einem Kopfschütteln: »Das war nichts. Unser mächtiger Herr ging vor uns, als wir herkamen.« Er lachte in sich hinein. »Er kann nicht nur die Augen von Zollbeamten ›blind‹ machen. Man ist uns nicht gefolgt. Preis den Herrn, Bruder David!«

Nachdem wir wußten, daß die Bibeln sicher an ihren Zielen waren, konnten und mußten wir unserer Rolle als Touristen gerecht werden. Dabei sahen wir wieder ein anderes der ständig wechselnden Gesichter des Landes.

Wie üblich, verkündeten die Anschlagwände und Wandzeitungen als erste den Wandel. Obwohl wir noch gelegentlich Plakate sahen, die die Menschen zu den vier Modernisierungen aufriefen, gab es wesentlich mehr, die einheimische Produkte anpriesen. Werbung für Uhren, Fernseher, Nähmaschinen und Ventilatoren war an die Stelle politischer Parolen getreten. Ein Reklameplakat versprach den Betrachtern sogar »Rückkehr zur Jugend«, wenn sie nur die angebotenen Tabletten kauften. Und mit einem seltsam vertrauten Gefühl sahen wir die Reklame für westliche Zigaretten mitten in der Stadt.

An einem Abend nahm ich die Gelegenheit wahr, dieselben Straßen entlangzuspazieren, die ich vor so langer Zeit mit James Wee durchstreift hatte. Man konnte noch immer etwas von der Zeitlosigkeit spüren; es gab jedoch eine überaus wichtige Neuerung – das Fernsehen. Jedes zweite oder dritte Haus hatte einen Apparat, auf einem Ehrenplatz im Wohnzimmer aufgestellt. Daneben surrte meist stolz ein moderner elektrischer Ventilator. Und aus anderen der kleinen Wohnungen klang oft eindeutig westliche Musik aus brandneuen Kassettenrecordern. Diese drei Geräte gehörten offensichtlich inzwischen in jeden Haushalt.

Wie konnten sich die Menschen solche Käufe leisten, fragte ich mich. Manche Geräte waren sicher von Verwandten aus dem Ausland mitgebracht worden; aber andere waren wohl von den Chinesen selbst gekauft worden. Womit?

Meine Antwort bekam ich während der Ausflüge, die wir an den restlichen Tagen im Land unternahmen. Die Regierung hatte ein System finanzieller Anreize eingeführt, um die Menschen zu Höchstleistungen anzuspornen. Die Kollektive wetteiferten miteinander um die größte Produktivität. Innerhalb jeder Gemeinde bekam der Arbeiter, der die meisten Stunden arbeitete und am meisten leistete, mehr Punkte als die anderen; und mehr Punkte bedeutete bessere Bezahlung. Jedem wurde ein privates Stück Land zugeteilt, auf dem er Getreide anbauen konnte, das er auf dem Markt verkaufen durfte.

»Nicht, daß unseren Leuten etwas fehlt«, erklärte unser Führer hastig; »aber wenn sie wissen, daß sie etwas zusätzlich verdienen können, sind sie motiviert, härter zu arbeiten. Dann kann unser Land weiter auf dem Weg der Modernisierung vorankommen, wie Ihre Länder im Westen.«

Während unseres Besuchs in der Stadt kauften wir in einem von Chinas berühmten »Freundschafts«-Warenhäusern ein. Der Eintritt war nur Besuchern aus dem Westen oder Auslandschinesen erlaubt. Vor dem Geschäft warteten viele einheimische Chinesen, während ausländische Verwandte für sie einkauften. Nachdem wir unsere Einkäufe getätigt hatten, standen wir einige Minuten draußen, um die Menge zu beobachten. Die Gesichter strahlten vor Erwartung; die Menschen glichen Kindern vor dem Weihnachtsbaum. Ein leuchtendes neues Fahrrad, Farbfernseher, Ventilatoren oder andere Schätze wurden aus dem Geschäft getragen, der neue Eigentümer strahlte und marschierte stolz nach Hause.

In diesem Moment wurde mir ein fundamentaler Wechsel in China bewußt. Um sein Modernisierungs-Programm durchzuziehen, hatte das Land seine Einwohner neu motivieren müssen. Hatte es ihnen einen neuen Gott gegeben? Einen, der genauso mächtig und einflußreich war wie ihr kürzlich verstorbener? War der neue Gott Chinas der Mammon?

Einige Monate später sahen wir weitere Veränderungen im Land, die meine Gedanken bestätigten. Der Vorsitzende Hua, der von Mao selbst erwählte Nachfolger, gab seine Position als Premier des Landes auf.

Zur selben Zeit wurde Mao, der alte Gott, durch eine Reihe von Parteibeschlüssen nach und nach entthront. Bilder von Mao wurden nach und nach von den Wänden entfernt, Statuen wurden von ihren Podesten genommen.

Die Umbesetzung an der Staatsspitze war deshalb mehr als nur ein Personal-Wechsel. Mao wurde langsam, aber sicher von seinem Podest gestoßen und der »Mammon« angerufen, damit er das Land für seine goldene Zukunft eine.

Am letzten Tag unseres Aufenthaltes für Projekt Regenbogen sollte Eugene einen überraschenden Abschiedsbesuch bekommen. Seine Siesta wurde gestört, als einer aus dem Team ihm die Nachricht brachte, er werde in einem anderen Zimmer bei einer Besprechng gebraucht. Er machte sich schnell auf den Weg, aber als ihm die Tür geöffnet wurde, war es im Zimmer dahinter so dämmerig, daß er nicht erkennen konnte, wer ihn da erwartete.

Eine leise Stimme grüßte ihn in gebrochenem Englisch. »Hallo, ich hatte gehofft, ich würde dich wiedersehen.«

Als Eugenes Augen sich an das Dunkel gewöhnt hatten, sah er ein vertrautes Gesicht. Es war Chang Lo, der Führer, den er vor noch gar nicht langer Zeit zum Herrn geführt hatte. Er staunte – wie hatte der Mann ihn gefunden? Wer hatte ihm gesagt, daß er in China war? Die beiden reichten sich die Hände.

In diesem Augenblick tauchten wir fünf anderen aus dem Team aus dem Dunkel des Raums auf und riefen: »Überraschung!«

Chang Lo hatte Geschenke für uns mitgebracht – Tüten mit getrockneten, gezuckerten Datteln. Wir gaben ihm ebenfalls Geschenke. Drei Stunden lang redeten, lachten und fotografierten wir. Dank einer Polaroid-Kamera konnten wir Chang Lo Fotos von unserer Begegnung mitgeben.

Schließlich erklärte er, wie er uns gefunden hatte. Einer seiner Kollegen, ein anderer Führer, den wir früher mit Chang Lo getroffen hatten, hatte uns im Hotel gesehen und seinen Freund angerufen, um es ihm zu sagen. Während unserer Unterhaltung wurde uns bewußt, daß es für uns alle der letzte Tag in der Stadt war. Chang Los Arbeit als Führer endete an diesem Abend. Am nächsten Tag würde er wieder nach Hause fahren, und wir würden die Volksrepublik verlassen.

Eugene nahm sich Zeit, ihm Hinweise für sein Bibelstudium zu geben – sie wünschten sich beide, sie hätten viel länger in der Stadt bleiben können, um dem jungen Mann weiterzuhelfen im Verständnis von Gottes Wort. Chang Lo hatte auch Schwierigkeiten mit dem Gebet, in denen ihm Eugene helfen konnte. Nur zu bald war es Zeit, sich zu verabschieden, und viel mußte ungesagt bleiben.

Früh am nächsten Morgen fuhr unser Bus zum Bahnhof ab. Wir gingen mit unserem Gepäck durch die Hotel-Vorhalle, als plötzlich jemand einen von Eugenes Koffern nahm – ein lächelnder Chang Lo. Er half Eugene in den Bus und setzte sich neben ihn. »Wußtet ihr nicht, daß ich das Recht habe, euch zu begleiten?« sagte er erfreut.

Noch einmal redeten die beiden über den Herrn, und Chang Lo versprach ihm, regelmäßig seine Bibel zu lesen und zu beten. Seine offizielle Stellung machte es ihm leicht, Eugene durch die Kontrollen zu bringen. Chang Lo ging ihm voraus, stolz lächelnd, als ob er eine hohe Persönlichkeit begleitete.

Aber am Zoll kam der endgültige Abschied. Da wir wußten, daß Chang Lo nie mehr Aufgaben in dieser Stadt haben würde, fiel es Eugene sehr schwer, ihn zu verlassen. Er fragte den jungen Mann, ob er etwas brauchte, vielleicht Geld für die Universität oder für Kleidung. »Nein«, kam die Antwort, »Geld würde für mich nur zum Problem werden.«

Chang Los Gesicht wurde ernst, als er sich verabschiedete: »Du hast mir den Herrn gegeben. Das ist genug. Gott segne dich, du bist mein geistlicher Vater.«

Als Touristen hatten viele Mitarbeiter von Projekt Regenbogen die Gelegenheit, die Drei-Selbst-Kirchen zu besuchen, die in den Hauptstädten Chinas zunehmend geöffnet wurden. Es war die Zeit, in der Berichte von Chinas neuer Politik religiöser Freiheit die internationale Presse erreichten.

Überall auf der Welt fragte man, warum die Volksrepublik ihre Stellung zur Religion plötzlich geändert hatte. Die Gründe dafür wurden langsam klar.

Die neue Regierung mit ihrer Konzentration auf die vier Modernisierungen hatte einen viel pragmatischeren Standpunkt eingenommen als ihre Vorgänger. Die derzeitigen Führer wollten alle Energien auf das Erreichen ihrer neuen Ziele lenken. Deshalb konnten philosophische Unterschiede bis zu einem gewissen Ausmaß übersehen werden, um alle Gruppen im Land zu einer »Einheitsfront« zusammenzubringen.

Nicht nur die Patriotische Drei-Selbst-Bewegung wurde wiederbelebt, sondern auch die Katholische Patriotische Vereinigung, die Chinesische Islamische Vereinigung und die Buddhistische Vereinigung.

Zumindest im Augenblick war die Basis der Einheit nicht so sehr die ideologische Übereinstimmung, als vielmehr gemeinsamer Einsatz für den wirtschaftlichen Fortschritt der Nation.

Weit wichtiger aber war, daß China den Westen brauchte. Die Ziele der Modernisierung konnten niemals ohne westliche Technologie und westliches Know-how erreicht werden, und die Kommunisten wußten, daß die Achtung der Glaubensfreiheit des einzelnen Vorbedingung dafür war.

Die Kirchen in Kanton, Shanghai und Peking wurden renoviert. So konnten sich Touristen von der Freizügigkeit der neuen Regierung überzeugen und eindrucksvolle Berichte in die jeweiligen Heimatländer mitnehmen.

Welche Gründe die Regierung auch gehabt haben und wie lange diese neue Entspannung auch andauern mochte, dankbare Gläubige kamen zu Tausenden, um in der neuen Freiheit der offiziell gebilligten Drei-Selbst-Kirchen Gottesdienste zu feiern.

Während ich in Shanghai war, besuchte ich einen Gottesdienst in der Moore Memorial Kirche. Am Sonntag ihrer Eröffnung hatten sich die Menschen in ihrer Begeisterung Stunden vor Beginn vor dem Portal versammelt. Während des Fürbittgebets hatten viele Gottesdienstteilnehmer geschluchzt, weil sie nach Jahren der Unterdrükkung einen öffentlichen Gottesdienst miterleben durften.

Ein anderer unserer Kuriere besuchte einen Gottesdienst im Süden. Die Kirche hatte etwa 1400 Sitzplätze, und an diesem Tag wurden 1500 Gottesdienstbesucher geschätzt. Später, am Weihnachtstag, waren 2800 Menschen versammelt. Die Kirche platzte fast aus allen Nähten, und viele Menschen mußten draußen bleiben.

Während des Gottesdienstes, den unser Freund besuchte, wurde über den Text gepredigt, durch den ich zum Herrn gekommen war. »Gott ist Geist, und die ihn anbeten, müssen ihn im Geist und in der Wahrheit anbeten« (Joh. 4,24).

Der Prediger war unzweifelhaft ein wiedergeborener Christ und verkündete eine so evangelistische Botschaft, wie er dies in einer offiziellen Kirche nur konnte. Er war einer der fünf oder sechs für diese Kirche zuständigen Pastoren, wie es in allen Drei-Selbst-Kirchen üblich ist. Unter den Pastoren ist immer zumindest ein offizieller Drei-

Selbst-Mann. Viele der anderen Pastoren mußte man aus weltlichen Berufen, zu denen sie während oder vor der Kulturrevolution gezwungen worden waren, in den kirchlichen Dienst zurückrufen. Einige hatten Gefängnisstrafen hinter sich.

In diesem Jahr hatte mein alter Freund Pablo als vollzeitlicher Mitarbeiter bei Open Doors angefangen. Er und Todd Martin hatten eine wichtige Rolle bei Projekt Regenbogen gespielt und nahmen nun ebenfalls die Gelegenheit wahr, eine offizielle Kirche zu besuchen.

Die beiden bemerkten, wie all unsere Mitarbeiter, daß es in den Kirchen sehr wenig Bibeln gab. Nach dem Gottesdienst ging Pablo auf einen der Pastoren zu, um mit ihm darüber zu sprechen. Während des Gottesdienstes hatte er diesen Mann genau beobachtet und fühlte eine geistliche Einheit mit ihm – er schien wirklich ein wiedergeborener Christ zu sein.

Als sie allein waren, fragte ihn Pablo, ob er ein chinesisches Exemplar der Zeitschrift »Entscheidung« wolle. Der Pastor nahm es dankbar an, und dann schnitt Pablo vorsichtig das Thema »Bibeln« an.

»Wie ist die Situation hier? Haben Sie genug Bibeln oder brauchen Sie mehr?«

Der Pastor senkte seine Stimme. »Wir brauchen sie verzweifelt. Alle, die wir bekommen, nehmen wir gerne an.«

Pablos Frage war grundsätzlich eine Nachfrage für die Zukunft gewesen. So gern er helfen wollte, er wußte, es wäre in diesem Stadium unklug gewesen, Bibeln direkt an die Drei-Selbst-Kirche zu liefern.

Nachdem sie einige Minuten geredet hatten, stießen ein paar andere Pastoren und interessierte Touristen zu ihnen, darunter auch Todd. Einer der Pastoren war ein Mann, mit dem Pablo und Todd überhaupt keine Einheit spürten; sie verdächtigten ihn stark, das offizielle »Auge« in dieser Kirche zu sein.

Im Verlauf des Gesprächs sagte Todd in seiner ihm eigenen diplomatischen Art: »Wissen Sie, wir haben eine Menge christlicher Freunde in Hongkong. Und sie fragen sich immer, was sie praktisch für ihre Geschwister tun können. Was sollen wir ihnen sagen? Brauchen Sie zum Beispiel Bibeln?«

Ohne Zögern antwortete der Mann, den unser Team verdächtigte, der Regierungsagent zu sein, mit einem lauten »Nein«. Dann sagte er etwas auf Chinesisch, was von demselben Pastor übersetzt wurde, der vorher mit Pablo gesprochen hatte. Mit ausdruckslosem Gesicht dolmetschte er: »Er sagt, ich soll Ihnen mitteilen: Wir haben keinen Bedarf an Bibeln in China!«

Der Pastor sprach weiter: »Er sagt auch, daß ich Ihnen mitteilen soll, daß wir im nächsten Frühjahr unsere eigenen Bibeln drucken und genug haben werden. Deshalb brauchen wir keine.«

Uns gegenüber hatten die Gläubigen allerdings schon Zweifel an den Plänen der Regierung angemeldet. Bisher hatte sie *versprochen,* etwa 130000 Bibeln zu drucken. Wie weit reichten die, um die Hunderttausende von Bibeln zu ersetzen, die während der Kulturrevolution verbrannt worden waren? Und selbst wenn alle ersetzt würden, wieviel mehr würden gebraucht, um die Bedürfnisse der chinesischen Kirche mit ihrem Wachstum von vierhundert Prozent zu befriedigen?

Pablo und Todd wußten ferner: Wenn Christen der leidenden Kirche offiziell eine Bibel bekamen, gingen sie ein großes Risiko ein, denn ihre Namen wurden von den Behörden registriert. Das mochte zwar jetzt ohne Hintergedanken geschehen. Doch wenn dann die Regierung je beschließen würde, die Zügel wieder straffer anzuziehen, böten diese Christen ein leichtes Ziel.

Die Drei-Selbst-Bewegung behauptete, ein Werkzeug zu sein, durch das die Regierung den Protestanten Religionsfreiheit in China anbot. Das wurde im Westen begrüßt, doch inwiefern entsprach es der Wahrheit? Viele Gläubige im Land hatten es gewagt, offen in die neuen Kirchen zu gehen; doch eine weit größere Zahl reagierte mit Zurückhaltung, wenn nicht gar offenem Mißtrauen auf die Wiederbelebung der Bewegung.

Eine Tatsache durfte nicht vergessen werden. Ein wesentlicher Teil der kommunistischen Ideologie ist der Atheismus. Deshalb muß die Behauptung einer kommunistischen Regierung sorgfältig geprüft werden, wenn sie von religiöser Freiheit spricht.

Sicherlich hörten die schlimmsten Auswüchse der Kulturrevolution mit dem Tod Maos auf; aber konnte man deshalb sagen, die Chinesen hätten jetzt wirkliche Glaubensfreiheit? Aussagen von Leitern der Drei-Selbst-Bewegung zufolge war die Viererbande allein für die Verfolgung der Christen verantwortlich. Und nun, da die Bösen abgesetzt waren, konnte das Land wieder zu dem Weg zurückgeführt werden, auf dem es die ganze Zeit hätte sein sollen – zu der Freiheit der Zeit vor der Kulurrevolution.

Aber welche Freiheit war das?

Unsere Nachforschungen ergaben, daß in den späteren fünfziger Jahren, vor der Kulturrevolution, die Anzahl der offenen Kirchen in China drastisch reduziert worden war. Im Durchschnitt waren, schon zu dieser Zeit, nur noch 10 Prozent der Kirchen zu benutzen.

Die meisten Pastoren waren aus ihren Heimatstädten verschleppt und, bestenfalls, als Landarbeiter eingesetzt worden. Ich dachte an einige der chinesischen Glaubenshelden: Wang Ming Dao, Watchman Nee, die Töchter von John Sung. Alle hatten ihres Glaubens wegen Haft, Gehirnwäsche und Folter erlitten, lange, lange bevor von der Kulturrevolution die Rede war. Viele, die in den fünfziger Jahren eingesperrt worden waren, sind bis heute im Gefängnis, weil sie das »Verbrechen« begangen haben, zu predigen und ihrem Herrn gehorsam zu sein.

Gläubige im ganzen Land hatten unserem Team von den Schrecken der Arbeitslager erzählt, von Hausdurchsuchungen, Verhaftungen, oder, für die »Glücklicheren«, beruflichen Rückstufungen – lange vor 1966.

Selbst die neue Politik der freien Predigt, die von der Drei-Selbst-Bewegung verkündet wurde, war nicht ohne Einschränkungen. Während seiner Reise wurden Joseph einige Themen genannt, die Drei-Selbst-Pastoren in ihren Predigten meiden sollen. Diese Liste wird nicht öffentlich propagiert, sondern den Pastoren hinter den Kulissen »dringend empfohlen«, damit sie nicht die Parteipolitik verletzen. Zu solchen Themen gehören:

- Der Zehnte (das würde die Wirtschaft beeinflussen);
- der Ruhetag: Sonntag (das würde die Produktion beeinflussen);
- Heilung und Exorzismus;
- Heirat zwischen Gläubigen und Ungläubigen;
- die Wiederkunft Christi (das könnte den vollen Einsatz der Menschen auf die vier Modernisierungen untergraben).

Predigtbeschränkungen erstrecken sich nicht nur auf die Predigt-Themen, sondern auch auf die zugelassenen Zuhörer. Prediger dürfen sich nicht an kommunistische Beamte wenden, und es ist ihnen nicht erlaubt, junge Menschen unter 18 Jahren zu evangelisieren.

Ein junges Mädchen, Tochter eines Drei-Selbst-Pastors, faßte es kurz und bündig zusammen. »Mein Vater liebt den Herrn wirklich«, erklärte sie, »aber er hat das Gefühl, als müsse er mit auf dem Rücken festgebundenen Händen predigen.«

Es gibt also einen beträchtlichen Widerspruch zwischen der von der Regierung behaupteten religiösen Freiheit und der Realität. Einer der führenden Leute der Drei-Selbst-Bewegung unter Bischof Ting machte kürzlich einem unserer Mitarbeiter gegenüber seiner Frustration Luft. »Ich bin es leid, eine Marionette der Regierung zu sein und ständig dieselben Lügen wiederholen zu müssen«, sagte er müde. »Und ich bin fast bereit, das dem Bischof zu sagen.«

Wer kann es da der Mehrheit der chinesischen Gläubigen verdenken, daß sie lieber außerhalb der offiziellen gebilligten religiösen Organisation bleibt?

Eine unserer chinesischen Mitarbeiterinnen, Mee Lei, unterhielt sich an einem Nachmittag in Shanghai mit einer Christin, die nicht bereit war, die offene Kirche zu besuchen.

»Alle, die regelmäßig zur Kirche gehen, müssen Namen und Adresse registrieren lassen. Dasselbe geschah auch vor der Kulturrevolution. Und als die Behörden dann die Christen unterdrücken wollten, wußten sie genau, wer wir waren und wo sie uns finden konnten. Die meisten von uns sind nicht bereit, noch einmal dieses Risiko einzugehen.«

Mee Lei fragte sie, ob sie sicher wüßte, daß es gefährlich sei, der Kirche in Shanghai beizutreten.

Das Gesicht der Frau verfinsterte sich. »Ich weiß, daß es dort einige gibt, die vorgeben, Christen zu sein, aber in Wirklichkeit von den Kommunisten selbst in die Kirche eingeschleust worden sind.«

»Und woher wissen Sie das?« fragte die junge Frau.

»Als ich jünger war und zur Universität ging, freundeten sich eben diese Leute scheinbar mit mir an. Ich glaubte, daß sie Christen wären, und sprach offen über alles mit ihnen. Als sie genug von mir wußten, berichteten sie alles den Behörden, und ich wurde von der Universität ausgeschlossen.«

Mee Lei fragte sie, ob sie sicher wüßte, daß es gefährlich sei, der traurig gemacht haben«, stammelte sie.

»Oh nein, wirklich, es macht mir nichts mehr. Solange ich nur dem Herrn treu bin . . .«

Mee war bewegt von ihrer Treue trotz allen Leides. Es war offensichtlich, daß die Frau allein lebte. Mee Lei fragte, ob sie Witwe sei.

Die Frau schüttelte den Kopf. »Ich habe einen Mann – er ist Pastor. Vor vielen Jahren hat ihn die Regierung gezwungen, auf dem Land zu arbeiten, um seine Verkündigung in unserer Herde hier zu stoppen.«

»Sehen Sie ihn jemals?«

»Ja, einmal im Jahr darf er eine Woche bei uns verbringen.«

Mee Lei schwieg. Sie erwartete, daß die Frau beim Erzählen in Tränen ausbrechen würde, aber die Augen blieben trocken. »Der Herr ist gut zu uns«, lächelte sie. »Er gibt uns alles, was wir brauchen.«

»Haben Sie denn nie den Wunsch gehabt, das Land zu verlassen?« fragte Mee Lei.

»Oh, ich könnte gehen, wenn ich wollte«, erwiderte ihre christliche Schwester. »Ich habe einen Bruder, der mir die nötigen Papiere organisieren könnte. Aber ich möchte nicht. Der Herr will mich hier in China haben, wo ich meinen Mann unterstützen und den Gläubigen dienen kann.«

Die Regierung mag dem Westen ihre neue Religionsfreiheit mit lächelndem Gesicht verkauft haben. Aber es ist das Lächeln eines Tigers. Dahinter sind die Zähne zweifellos noch immer so scharf wie eh und je.

19. Chinas »Feind Nr. 1«

Die Stimme des Offiziers schallte quer über den Platz, über die Köpfe der riesigen Menge. »Diese Leute haben gegen den Staat gesündigt.« Seine Stimme zitterte vor Wut. »Nun werden sie den Preis dafür zahlen . . . den endgültigen Preis.«

In der Gruppe, die da zusammengetrieben worden war, befand sich auch Frau Kwang. Sie sah, wie die Wachen die Sicherungshebel an ihren Gewehren lösten. »Vater vergib ihnen«, betete sie und wiederholte die Worte Jesu am Kreuz, »sie wissen nicht, was sie tun.«

»Anlegen . . . Feuer!«

Das Krachen von Gewehrschüssen hallte über den Platz. Die Soldaten schossen wahllos in die Gruppe von Männern und Frauen vor ihnen. Viele fielen sofort zu Boden, andere blieben stehen. Frau Kwang war eine der Unverletzten.

Der kommunistische Offizier wandte sich an die Überlebenden und die riesige Zuhörerschaft. »Wenn Sie sich in konterrevolutionären Tätigkeiten engagieren, gehen Sie demselben Tod entgegen!« warnte er. Dann drehte er sich um und verließ den Platz, gefolgt von seinen Männern.

Frau Kwang und die anderen Überlebenden gingen langsam zu der Menge zurück, die noch ganz unter dem Eindruck des blutigen Geschehens stand.

»Viele Gläubige wurden nach diesen Warnungen von Angst erfüllt«, erklärte Daniel. »Viele fielen von ihrem Glauben ab.«

In der Kirche in China kristallisierten sich die *wahren* Gläubigen heraus.

Trotz des offensichtlichen »Tauwetters« der späten Siebziger Jahre hatten die chinesischen Christen viele schmerzliche Erinnerungen an die »Zähne des Tigers«. Die Erlebnisse von Frau Kwang, die wir im Laufe der Zeit aus Daniels Berichten rekonstruiert hatten, machten verständlich, daß die Erinnerungen an die schreckliche Zeit der Kulturrevolution sehr nahe unter der Oberfläche schlummerten. Die Vorbereitungen für Projekt Regenbogen hatten viele Tage und Nächte in Anspruch genommen, und oft hatten wir die Hilfe der

Kwangs gebraucht. In langen Gesprächen war dabei eine erstaunliche Geschichte ans Licht gekommen.

»Meine Mutter war 18 Jahre alt, als sie anfing, in unserer kleinen Gemeinde zu predigen«, erzählte Daniel uns. »Sie war besonders begabt zu evangelisieren, und die Kirche wuchs schnell. Aber die Regierung hatte viele Kirchen in ganz China geschlossen, und nachdem Mutter gerade ein Jahr gepredigt hatte, kam die Geheimpolizei in unser Gebiet.

Meine Mutter wußte es damals nicht, aber die Behörden planten, sie in einer bestimmten Nacht mit ihren Mitarbeitern zu verhaften. Als sie an diesem Morgen betete, forderte der Herr sie auf, unsere Stadt zu verlassen und eine Freundin in einem anderen Teil des Landes zu besuchen.

Die Offiziere kamen in dieser Nacht und vernagelten sofort die Türen unserer Kirche mit Brettern. Dann gingen sie zu den Häusern vieler Gläubiger und Mitarbeiter und transportierten sie per Lastwagen ins Gefängnis.«

»Wie wußten sie, wo die Leute zu finden waren?« fragte ich.

Daniel zuckte hilflos mit den Achseln. »Oh, sie hatten die Namen aus dem Kirchenregister.

Im Gefängnis behandelten die Wachen sie sehr schlecht. Viele wurden getötet – Tausende. Andere wurden gefoltert, und man bot ihnen die Freiheit an, wenn sie Christus verleugnen und andere Christen denunzieren würden. – Viele sind bis heute im Gefängnis«, fügte er hinzu und blickte mir fest in die Augen.

»Als meine Mutter zurückkam, brauchte sie nur die Kirchentüren anzuschauen, um zu wissen, warum der Herr sie fortgerufen hatte. Als sie die Bretter sah, brach sie zusammen und weinte lange. Sie wollte bei den anderen Gläubigen sein, auch wenn das Gefängnis bedeutete. Aber der Herr warnte sie wieder, daß sie die Gegend verlassen sollte.«

Auch Großvater Kwang war unter denen, die im Gefängnis waren. Die Gefängniswachen waren angewiesen worden, die Gefangenen hart anzufassen, und ein besonders sadistischer Wächter kam in die Zelle des alten Mannes, mit einer Flasche bewaffnet.

»Hier, Großvater, ich habe ein Geschenk für dich«, sagte er und schlug sie dem alten Mann über den Kopf.

Der Schlag war so brutal, daß ein Blutgefäß im Kopf platzte. Die inneren Blutungen hörten tagelang nicht auf, und schließlich mußte Großvater Kwang zum nahegelegenen Krankenhaus geschafft werden. Einige Wochen später ging der alte Mann zu seinem Herrn.

»Meine Mutter wußte«, erklärte Daniel, »daß sie im Augenblick nicht offen predigen konnte. So nahm sie eine Arbeit als Lehrerin an. Aber jeden Tag nach dem Unterricht weinte sie vor dem Herrn und sagte ihm, daß sie wieder für ihn predigen wollte. Und der Herr tröstete sie immer und sagte ihr, sie solle nur auf seine Zeit warten.

1958 war diese Zeit gekommen. Als sie eines Tages betete, sagte Gott ihr, sie solle erneut anfangen zu predigen. ›Ich will, daß du aufstehst und das Evangelium verkündest. Du sollst ein Rettungsboot im aufgewühlten Meer Chinas sein. Und ich werde dir beistehen.‹«

Am selben Morgen kamen eine Reihe ihrer früheren Mitarbeiter bei ihr an. Jeder nannte für sein Kommen denselben Grund: »Der Herr hat zu mir gesprochen. Er hat mir befohlen aufzustehen und das Evangelium zu verkünden. Jetzt ist die Zeit!«

Noch zwei Tage lang kamen weitere; einige zu Fuß, andere mit dem Schiff. Jeder von ihnen war vom Herrn selbst beauftragt und geführt worden.

Doch wie konnten sie wieder zu predigen beginnen? Fast jeder Vorschlag schien unmöglich, einfach zu gefährlich. So mußten sie sich auf die Weisheit des Herrn verlassen, und sie baten ihn, sie zu führen. Genau dies geschah. Gott führte jeden von ihnen zu einzelnen oder Familien, die bereit waren, das Evangelium zu hören.

»Als meine Mutter betete«, erzählte uns Daniel, »befahl ihr der Herr einmal, zu einer bestimmten Straße zu gehen, um eine alte Frau zu besuchen, die dem Tod nahe war. ›Verkünde ihr das Evangelium, und bete für sie‹, sagte der Herr.

Meine Mutter tat, was der Herr gesagt hatte. Sie ging zu dieser Straße, zu diesem Haus. Als sie ankam, konnte sie durch das Fenster eine alte Frau im Bett liegen sehen. Ihr Gesicht war blaß, ihr Leib geschwollen, und sie stöhnte vor Schmerzen.

Nachdem meine Mutter einen Moment lang vor der Tür gebetet hatte, ging sie hinein und begann, mit der Frau zu sprechen. Die wurde tief berührt, als sie das Evangelium hörte, und weinend nahm sie den Herrn an. Als meine Mutter dann anfing, für sie zu beten, war sie auf einmal geheilt.

Die Familie konnte es kaum glauben. Alle waren verwundert, die todkranke Großmutter wieder gesund zu sehen. Meine Mutter begann dann, den übrigen den Weg zum Herrn zu erklären – und alle nahmen Jesus Christus an diesem selben Tag an.«

Der Alte Mann – jener alte Christ, der über lange Zeit von einer Ratte versorgt worden war – wurde in seiner Arbeit ebenfalls klar geführt. Als er Gott bat, ihm zu zeigen, wo er predigen solle, wurde ihm befohlen, eine nahegelegene Stadt zu besuchen und einem bestimmten Mann dort Zeugnis zu geben. Der Alte Mann protestierte. »Herr, ich bin noch nie an diesem Ort gewesen. Ich kenne den Mann nicht und weiß nicht, wo ich ihn finden soll. Wie kann ich tun, was du verlangst?« Aber der Herr nahm sein »Nein« nicht als Antwort hin. »Du gehst, und ich werde dich leiten!«

So ging der Alte Mann. Er fand die Stadt, und der Herr brachte ihn zu der Straße und dem Haus. Als er davorstand, protestierte er ein zweites Mal: »Herr, ich kenne den Mann nicht. Ich weiß nicht einmal, wie er heißt!« Aber Gott gab ihm im Gebet den Namen, den der Alte Man laut rief, um drinnen gehört zu werden.

Die Tür wurde geöffnet, und ein überraschter Mann ließ ihn ein. Der Gläubige trat mit den Worten ins Haus: »Heute ist die Rettung des Herrn zu deinem Haus gekommen!« Dann erklärte der Alte Mann, wie und warum er zu dem Haus geführt worden war. Er begann, der ganzen Familie das Evangelium zu erklären, und auch hier nahm jeder einzelne Jesus Christus an.

Daniels Eltern waren an dem Abend, als er uns diese Geschichte erzählte, bei uns gewesen und hatten die Unterhaltung dank der Übersetzung ihres Sohnes verfolgt. Hier unterbrach Frau Kwang ihn mit einer Flut begeisterter Worte. Daniel wandte sich mit einem Lächeln an mich. »Meine Mutter möchte, daß du verstehst«, erklärte er, »daß es viel, viel mehr Beispiele wie diese gibt. Es war nichts Ungewöhnliches an der Führung, die sie und der Alte Mann erhielten – alle Mitarbeiter wurden auf diese Art geführt. Es war das Werk des Herrn selbst, als er anfing, seine Gemeinde durch die Bekehrungen von Familien und Einzelpersonen zu bauen.«

Seine Mutter lächelte, während ihre Botschaft weitergegeben wurde, und Daniel fuhr mit seinem erstaunlichen Bericht fort.

Nach einiger Zeit kamen seine Mutter und die Mitarbeiter noch einmal zusammen, um sich darüber auszutauschen, wohin der Herr sie geführt hatte und wie es weitergehen sollte. Zehn Tage lang studierten sie zusammen die Bibel und beteten, baten Gott, ihnen nicht nur seinen Plan zu zeigen, sondern auch, wie sie ihn ausführen sollten. Am Ende dieser Zeit, die ihr Leben veränderte, wußten sie, daß sie ihre Antwort erhalten hatten.

Sie sollten jeweils zu zweit in die umliegenden Dörfer und Städte und in die weitere Umgebung gehen und das Evangelium verkünden. Gott bestätigte ihre Arbeit durch viele Zeichen seiner Macht und Liebe. Viele Chinesen wurden für Christus gewonnen. »Euer Gott ist wahr und lebendig«, erklärten sie.

Die Wunder waren – so erklärte Frau Kwang nachdrücklich – nie Selbstzweck. Gott gebrauchte sie, um die Menschen auf sich aufmerksam zu machen. Die Zahl der Gläubigen begann sehr schnell anzuwachsen, und viele Gemeinschaftskreise wurden gegründet.

Während dieser ganzen Zeit hatte Herr Kwang unterrichtet, um die Familie zu ernähren. »Als meine Frau auch unterrichtete«, erklärte er durch Daniel, »verdiente sie eine Menge Geld. Aber als der Herr sie rief, wieder zu predigen, mochten die Behörden das natürlich gar nicht. Wir verloren nicht nur ihr Einkommen, sondern auch meines wurde gekürzt, weil sie wußten, daß auch ich Christ war.«

In seinem Gesicht war keine Bitterkeit oder Selbstmitleid, als er das erwähnte – aber Daniel fügte als Kommentar hinzu: »Zu dieser Zeit war mein Vater in der ganzen Stadt als hervorragender Lehrer bekannt, dennoch gaben sie ihm den niedrigst möglichen Lohn.«

Er verdiente weniger als 50 Mark im Monat und versorgte mit diesem Gehalt sechs Leute. Sie waren arm, sehr arm. Doch das schreckte die Kwangs nicht.

Sooft ein Mitarbeiter Reis, Gemüse oder sogar eine Fahrkarte brauchte, um für den Herrn zu reisen, gaben sie, was sie hatten. Oft hatten sie schon ein paar Tage nach dem Monatsersten kein Geld mehr.

»Wir hatten nicht genug zu essen. Eine Schüssel Reis wurde zweimal am Tag unter uns sechs aufgeteilt. Oft war er in einer Menge Wasser gekocht, damit unsere Schüsseln bis zum Rand gefüllt werden konnten – hauptsächlich mit Wasser und nur etwas Reis. Das ging zu lange so, und mein Bruder und ich hatten oft geschwollene Hände, Füße und Bäuche wegen des Nahrungsmangels.

Oft gingen wir beide auf die Suche nach Gemüse. Auf den Märkten lasen wir altes Zeug auf, das die Händler weggeworfen hatten, und brachten es nach Hause. Einmal müssen wir etwas sehr Schlechtes erwischt haben. Wir bekamen eine schlimme Lebensmittelvergiftung und waren beide dem Tode nahe.

Unser Leben war sehr hart, und dennoch«, er schaute mit einem Lächeln zu seinen Eltern hinüber, »irgendwie erschien es uns nicht unerträglich, weil zu dieser Zeit unsere Eltern nicht im Gefängnis waren. Mutter konnte das Evangelium verkünden, Vater konnte in der Schule unterrichten. Und wir waren sehr glücklich, einfach weil wir Eltern hatten.«

Sogar nach Beginn der Kulturrevolution hörten die Predigtreisen seiner Mutter von Stadt zu Stadt nicht auf. Weil inzwischen alle Kirchengebäude in China geschlossen waren, wurden die Gottesdienste in Privathäusern gehalten.

»Jeden Morgen betete meine Mutter von 3–6.30 Uhr, schüttete ihr

Herz vor dem Herrn aus und pries ihn für all das, was er tat«, sagte uns Daniel. »Wir konnten die Macht des Herrn deutlich sehen.« Die Kirche wuchs sprunghaft an.

Dieses Wachstum konnte natürlich den Behörden nicht entgehen. Daniel wählte eine Gelegenheit, als er mit Julie und mir allein war, um zu beschreiben, was seine Eltern erlitten hatten.

Die Behörden hatten eine besonders erfolgreiche Waffe, um sich die Menschen gefügig zu machen. Wenn Druck auf die Eltern nicht ausreichte, sie auf die Parteilinie einzuschwören, wandten sie sich an die Kinder.

»An einem Nachmittag«, erzählte uns Daniel, »ging mein älterer Bruder Peter auf dem Heimweg durch einen Park. Plötzlich stellte sich ihm eine Gruppe von Leuten in den Weg und schlug auf ihn ein. Als er nach Hause kam, war er sehr krank; er blutete aus vielen Wunden, weil er fürchterlich geschlagen worden war.« Daniel schüttelte den Kopf bei der Erinnerung daran.

Einige Tage später, als der Junge sich gerade etwas erholt hatte, schlugen die Behörden wieder zu.

»An diesem Abend kamen die Roten Garden zu unserem Haus und nahmen alles weg, was wir hatten. Sie ließen uns nichts von unseren Möbeln, Kleidern oder sonst etwas. Das Haus war total leer, als sie fertig waren.

Die Garden ließen uns alle auf einer Bank Aufstellung nehmen und befahlen uns, Jesus Christus zu verleugnen. Als wir es nicht taten, wurden sie sehr wütend und schlugen uns mit Knüppeln, sogar meine dreijährige Schwester. Danach brachten sie uns zu einem öffentlichen Platz und versammelten eine große Menge um uns herum.

Die Männer packten meinen Vater und meine Mutter und peitschten sie aus. Sie banden sie mit einem schweren Seil und schlugen mit Nagelschuhen auf ihren Rücken ein.«

Daniel hielt einen Augenblick inne, bevor er weitersprach. »Der schlimmste Moment war, als einer der Offiziere eine Schere nahm und auf meine Eltern losstürzte. Mein Bruder hatte schreckliche Angst. Er dachte, sie würden Mutter die Augen ausstechen. Er fing an zu weinen, aber dann sah er, was die Garden vorhatten.

Sie wollten Vater und Mutter nur kahlscheren, um sie vor der Stadt zu verhöhnen.«

Noch immer sagten Herr und Frau Kwang nicht die Worte, die die Roten Garden verlangten: »Wir verleugnen Jesus Christus.« Lieber wollten sie sterben.

»Na schön, Kwang, du gehst ins Arbeitslager. Wir werden ja sehen, wie lange du dort durchhältst«, wurde dem Vater von einem hohen Offizier gesagt.

»Auch wenn ich sterbe, werde ich Jesus Christus nicht verleugnen«, antwortete er. Er wurde zu einem berüchtigten Lager gebracht, in dem täglich Leute aufgrund von Mißhandlungen starben.

Peter Kwang beobachtete den Schmerz im Gesicht seiner Mutter, als ihr Mann weggeschleppt wurde. Gleichzeitig merkte er, daß in seinem eigenen Körper etwas Seltsames vor sich ging. Als sie nach Hause kamen, wußte er, daß es ernst war. Einige Venen waren aufgebrochen, und er hatte angefangen zu bluten. Die früheren Mißhandlungen und die Schläge und der Schock an diesem Tag erwiesen sich als zuviel für seinen Körper.

Peter war nie besonders kräftig gewesen, und die Hungerjahre der Kindheit hatten ihn natürlich nicht gerade gestärkt. So war es kein Wunder, daß die rohe Behandlung in dieser Woche ihn an den Rand des Zusammenbruchs brachten.

Doch der 12jährige Junge kämpfte zäh gegen die eigene Schwäche, um seine Mutter in ihrem Kampf zu unterstützen. Um sie nicht weiter zu belasten, zog er sich in eine dunkle Ecke des Hauses zurück und erzählte niemandem von seinen Blutungen. Ein paar schmutzige Lumpen hatten die Garden dagelassen. Er hob sie auf und wischte unauffällig das Blut auf, das von seinem Körper tropfte.

Nach einigen Stunden wußte er, daß die Sache zu ernst war, um sie noch länger vor seiner Mutter zu verstecken. Er rief sie zu sich, und als sie merkte, was los war, verzweifelte sie fast. Über den Jungen gebeugt, bat sie den Herrn, die Blutungen zu stillen; und sofort hörten sie auf.

Liebevoll wusch sie ihn und legte ihn für die Nacht auf den Fußboden, da die Kommunisten ihre Betten mitgenommen hatten. In dem Bewußtsein, daß sein Zustand kritisch war, ging sie in einen anderen Raum und fiel vor dem Herrn auf die Knie.

»Vater, du weißt, daß ich nicht mehr ertragen kann. Sie haben mir schon meinen Mann genommen. Bitte laß meinen Sohn nicht sterben. Es würde mich zerbrechen.«

Und doch fügte sie nach kurzem Kampf hinzu: »Wenn es dein Wille ist, Herr, will ich gehorchen.«

Während sie schluchzend betete, wurde sie sich der Gegenwart des Herrn bewußt, der sie tröstete. Seine Stimme kam als Antwort: »Dein Sohn hat schon zuviel gelitten. Nun ist es Zeit, ihn heimzuholen.«

Innerhalb weniger Wochen war Peter Kwang tot.

Viele Jahre später, gerade bevor Frau Kwang China verlassen sollte, erhielt sie eine Botschaft von einem Pastor, der in der Drei-Selbst-Bewegung gearbeitet hatte. Der Mann erklärte, daß er den Angriff auf den jungen Peter im Park angestiftet hätte. Er wollte sie um Vergebung bitten.

Der Herr ließ Frau Kwang durch den Tod ihres Sohnes nicht zerbrechen. Als sie ihn anrief, tröstete er sie und stärkte sie in ihrem Schmerz. Schon bald war sie wieder auf den Beinen und bezeugte treu ihren Gott. Sie und ihr treues Team reisten meist mehrere Tage auf einmal und verkündeten das Evangelium von Stadt zu Stadt.

Am Schlußtag einer dieser Reisen wurde eine todkranke Frau zu Frau Kwang gebracht. Sie hatte nicht mehr lange zu leben. Nach dem Treffen baten ihre Freunde die Evangelistin, für die Frau zu beten, was sie auch tat. Sofort war die kranke Frau geheilt. Die Neuigkeit verbreitete sich rasch durch den ganzen Ort, und alle kamen, um Frau Kwang und ihre Mitarbeiter zu sehen und auf das Wort Gottes zu hören. Der Herr redete zu ihnen, und viele nahmen ihn als ihren Retter an.

Frau Kwang unterwies sie, machte sie mit den Grundlinien der Bibel bekannt und lehrte sie, wie sie beten sollten. Sie brachte den neubekehrten Gläubigen auch christliche Lieder für den Gottesdienst bei. Am nächsten Tag fuhr sie wieder nach Hause.

Aber die Kinder dieser Leute hatten die Evangeliumslieder gut gelernt, und nach den Versammlungen gingen etliche von ihnen auf die Straße und sangen mit Begeisterung ihre neuen Lieder. Es war nur eine Frage der Zeit, bis die örtlichen Kader die Musik identifizierten.

Sie waren wütend und starteten eine intensive Suche nach Christen in der Stadt. Wer geschnappt wurde, wurde ins Gefängnis geworfen und geschlagen, bis schließlich einer von ihnen zusammenbrach und auspackte.

So erfuhren die Vernehmungsbeamten von der Predigt der Evangelistin und der Heilung der kranken Frau.

Der Befehl wurde ausgegeben: »Findet diese Frau, und sperrt sie ein!« Es war nicht viel Dedektiv-Arbeit nötig, Frau Kwang ausfindig zu machen – sie war in der ganzen Region bekannt. Als sie eines Tages mit ihren Kindern zu Hause war, schlugen die Soldaten zu und verhafteten sie.

Frau Kwang wurde vor Gericht gestellt. Ihre Handgelenke waren gefesselt, und sie mußte stehend und mit nach vorn geneigtem Oberkörper ein endloses Verhör über sich ergehen lassen. Wenn sie eine

Antwort gab, die ihnen nicht gefiel, bekam eine Wache den Befehl, sie zu treten oder auf den Rücken zu schlagen.

Alle sechs Stunden machten die Vernehmungsbeamten Schichtwechsel, und eine frische Gruppe kam, um sie zu verhören und zu foltern. Drei Tage lang bekam sie kein Wasser, kein Essen, keinen Schlaf.

Doch trotz aller Quälereien konnte Frau Kwang nur von der Liebe Jesu sprechen.

»Ich habe Gott erlebt!« sagte sie ihren Peinigern. Sie erzählte ihnen, wie sie vor einigen Jahren gleichzeitig an fünf Krankheiten erkrankt war. Sie wog bald nur noch die Hälfte und hatte keine Hoffnung auf Genesung.

»Schließlich wußte ich, daß ich am Rande des Todes stand. Meine Familie wußte es auch und versammelte sich um mich, um zu beten. Ich konnte nur noch stoßweise atmen und war sicher, daß ich in wenigen Minuten tot sein würde.

Aber in diesem Augenblick kam der Herr zu mir und tröstete mich. Er zeigte mir in einer Vision sein zweites Kommen, wenn er auf diese Erde zurückkehren wird, um seine Kinder heimzuholen. Und gleichzeitig heilte er mich vollständig.

Sehen Sie«, schloß sie lächelnd, »nun muß ich das Evangelium predigen. Ich muß den Menschen von der Größe unseres Gottes sagen und sie wissen lassen, daß er sie liebt und möchte, daß sie ewig mit ihm leben.

Er liebt Sie auch!« fügte sie hinzu. »Sie können neues Leben in ihm finden. Sind Sie bereit zu glauben?«

Als Frau Kwang ihre Geschichte beendet hatte, waren die Offiziere zuerst wütend. Aber sie konnten nicht leugnen, daß sie in ihrer Haltung die Vergebung und Liebe dessen beobachten konnten, von dem sie gesprochen hatte. Manche wurden nachdenklich. Einige fingen sogar an zu weinen, und bald sagte einer, daß auch er sich einen Glauben wie sie wünschte. Andere folgten, bis viele in diesem Raum Christus annahmen.

»Nach den drei Tagen«, fuhr Daniel fort, »wurde meine Mutter in eine Zelle gesperrt. Es war entsetzlich dort. Der Raum war winzig und lag unter der Erde – so war meine Mutter im Dunkeln. Der Boden war feucht, und die Toilette lange nicht gesäubert worden. Es gab kein Bett, nur den Fußboden. Schließlich verlor sie das Bewußtsein . . .«

Ein Lächeln huschte über Daniels Gesicht. »Aber der Herr ist treu.

Er kam im Traum zu ihr und tröstete sie. Dann trug er ihr auf, weiter für ihn zu predigen, auch an diesem schrecklichen Ort. Meine Mutter stützte sich allein auf seine Stärke. Sie sagte ihm, sie würde gehorchen. Aber sie wußte nicht, wie sie ihn hier bezeugen konnte – es schien unmöglich. Dann zeigte der Herr ihr einen Weg. Sie machte der Gefängnisleitung den Vorschlag: ›Ich sehe, daß das Gefängnis sehr schmutzig ist. Haben Sie etwas dagegen, wenn ich es putze? Es ist Schwerarbeit, aber ich tue es gern.‹«

Den Behörden gefiel die Idee sehr gut. Bald stand ihr jeder Teil des Gefängnisses offen. Sie konnte allen Gefangenen predigen, und diese begrüßten sie begeistert. Sie waren tief berührt von ihrer Liebe zu ihnen und erkannten darin die Liebe Gottes selbst. Als sie von ihm und seinem Heil erzählte, übergaben Hunderte ihr Leben Jesus Christus.

Und nicht nur die Gefangenen. Auch die Wachen waren von Frau Kwangs Haltung ihnen und den Behörden gegenüber beeindruckt. Statt Haß und Bitterkeit begegnete ihnen bei dieser Frau Liebe und Verständnis. Als sie ihnen von ihrem Herrn erzählte, wurden auch viele Wachen Christen.

»Aber«, fuhr Daniel mit einem Kopfschütteln fort, »als die Kommunisten davon erfuhren, waren sie außer sich.

Sie schlugen sie wieder. Es war schlimm, sehr schlimm. Dann schickte ein hoher Beamter meiner Mutter einige leere Blätter Papier und befahl ihr, ihr Schuldbekenntnis niederzuschreiben. Sie bat den Herrn um Führung und begann zu schreiben. Es war der biblische Heilsplan, den sie dem Beamten sandte. Er war wütend darüber, aber er mußte das ›Geständnis‹ einer großen Gruppe von Beamten vorlesen, die über sie zu richten hatten. Als sie hörten, was meine Mutter geschrieben hatte, wurden viele von ihnen auch Christen.«

Trotzdem wurde Frau Kwang als »Dissidentin« zu zwanzig Jahren Gefängnis verurteilt.

Nach der Verurteilung begannen neue Verhöre, denn man versuchte, ohne Erfolg, die Namen anderer Christen und ihre Treffpunkte herauszubekommen. Frau Kwang wurde auf eine Weise gefesselt, die in China als »Super-Fesselung« bekannt ist, eine der erfolgreichsten Arten, Informationen von Gefangenen zu bekommen. Dabei wird ein Ende eines Seils um den Hals gelegt, das andere an den hinter dem Rücken zusammengebundenen Händen befestigt. Es ist unmöglich die Hände zu entspannen, ohne den Hals wundzuscheuern. Und will man den Hals entlasten, bricht man sich die Handgelenke.

Diese Tortur dauerte einige Tage, bis Frau Kwang während ihrer

Gebetszeit am Morgen unerwartet vom Herrn die Gewißheit bekam, daß sie an demselben Tag entlassen würde. Trotz des Urteils über 20 Jahre Haft glaubte sie, daß Gott selbst ihr das gesagt hatte, und wartete darauf, daß das Versprechen erfüllt würde. Am Abend hatte sich immer noch nichts getan, und sie kannte die Gefängnisregel, daß nach Anbruch der Nacht niemand entlassen werden konnte. Aber ihr Vertrauen auf den Herrn blieb unerschüttert, und um 9 Uhr kam tatsächlich ein Offizier zu ihrer Zelle.

»He, du! Du kannst gehen!«

Daniel konnte nicht erklären, warum das Urteil aufgehoben worden war und warum man die Gefängnisregel mißachtet hatte. »Wir haben es nie erfahren«, sagte er. Und dann fügte er mit einem Lächeln den Satz hinzu, den wir so oft hören sollten: »Es war der Herr . . .«

Man gab seiner Mutter noch eine Warnung mit: »Erzählen Sie niemandem, was hier geschehen ist. Erwähnen Sie nicht die Schläge – nichts davon. Andernfalls könnten Sie leicht in Schwierigkeiten geraten! Und nun raus hier! Machen Sie, daß Sie nach Hause kommen!«

Am nächsten Tag begann Frau Kwang wieder zu predigen.

Während der folgenden Monate kamen Hunderte von neuen Gläubigen zu den Hausgemeinden hinzu, und Frau Kwang schulte mehr und mehr Mitarbeiter, die sie betreuen sollten. Unter ihnen waren frühere Rote Garden und Gefängnisaufseher, die jetzt die Frau, die sie einmal verfolgt hatten, mit »Mama Kwang« anredeten.

Die Versammlungen wurden gewöhnlich nachts zwischen 2 und 3 Uhr abgehalten, wenn, wie Daniel augenzwinkernd erzählte, »die ganze Geheimpolizei schlief«.

Oft wurden die Versammlungen völlig spontan abgehalten, wenn Frau Kwang oder einer ihrer Mitarbeiter während des Betens den Auftrag dazu verspürte. Bei der Ankunft am Treffpunkt wurde sie oder der betreffende andere Prediger von einer Gruppe von Gläubigen empfangen, die schon gespannt auf den Gottesdienst warteten.

Sooft die Prediger eine Gruppe fragten, auf welche Weise sie denn zusammengerufen worden sei, erhielten sie dieselbe Antwort: »Der Herr selbst hat uns aufgetragen, hierher zu kommen.« Kein menschliches Kommunikationssystem war benutzt worden.

Oft begleiteten Zeichen und Wunder Predigt und Anbetung bei solchen Versammlungen. Stumme verließen den Gottesdienst sprechend, Blinde sehend, Lahme gehend. Und die ganze Zeit nahm die Zahl der Gläubigen zu.

»Wieviele Gläubige gibt es jetzt?« fragte ich Daniel.

»Wir haben etwa dreihundert Gemeinschaftsgruppen«, antwortete er.

»Und wieviel Leute kommen zu den Versammlungen?«

»Zu den kleinen nur einige Hundert. Zu den großen mehrere Tausend.« Daniel sprach ganz ruhig und ahnte offenbar gar nicht, welche Wirkung seine Antwort hervorrufen würde.

»Mehrere Tausend? Du meinst alle zusammen!«

»Nein, jede Gruppe ist so groß«, wiederholte er geduldig. Dann, als er die Überraschung auf unseren Gesichtern sah, fügte er strahlend hinzu: »Es ist das Werk des Herrn! Er ist wunderbar zu uns!«

Schließlich verhaftete die Geheimpolizei Frau Kwang erneut. Noch zweimal wurde sie eingesperrt. Beim dritten Mal wurde die Evangelistin zu lebenslanger Haft verurteilt, und wegen des »Ernstes ihres Verbrechens« wurde ihr Mann aus dem Arbeitslager geholt, damit er informiert werden konnte.

»Ihre Frau hat viele Verbrechen gegen den Staat begangen«, sagte ihm der Gefängnisleiter. »Sie wird unter höchsten Sicherheitsvorkehrungen inhaftiert bleiben. Es wäre ein zu großes Risiko, sie jemals wieder auf die Gemeinschaft loszulassen.«

Er sah Herrn Kwang fest an, und Haß blitzte in seinen Augen auf: »Wir betrachten Ihre Frau als Chinas Feind Nr. 1.«

Herr Kwang versuchte, sie im Gefängnis zu besuchen; aber er bekam keine Erlaubnis. Doch er wollte seine Frau so gern trösten – irgendwie.

Er ging langsam um das Gefängnis herum und sang dabei bekannte christliche Lieder in der Hoffnung, daß sie, wo immer sie war, sie hören könnte und dadurch gestärkt würde.

Vor seiner Rückkehr ins Arbeitslager konnte der Vater sich von seinen Kindern verabschieden.

Daniel erinnerte sich ganz klar an die Abschiedsworte: »Wenn ihr eure Mutter besuchen könnt, sagt ihr, daß ich mit ihr eines Sinnes bin. Sagt ihr, daß ich sie liebe. Erzählt ihr, daß ich sie nicht besuchen durfte und deshalb um das Gefängnis gegangen bin und Lieder vom Herrn gesungen habe. Ich wollte sie trösten, ihre Augen auf ihn richten. – Sagt Mutter all das!«

An dieser Stelle seines Berichtes bat Daniel höflich, für diesen Tag Schluß machen zu dürfen, damit er sich ausruhen könnte. Die Erinnerung an diese Leidenszeit schien ihn, der ohnehin nicht besonders kräftig war, erschöpft zu haben.

Als wir uns das nächste Mal trafen, waren seine Eltern wieder dabei, und Frau Kwang strahlte und wollte uns unbedingt etwas mitteilen.

»Meine Mutter sagt«, übersetzte Daniel für uns, »daß sie im Gefängnis etwas erlebt hat, was ihr unbedingt erfahren sollt, weil es euch betrifft.«

Ich hatte die Evangelistin inzwischen gut genug kennengelernt, um zu wissen, daß es sich lohnte, gut zuzuhören, wenn sie etwas auf dem Herzen hatte. Ich setzte mich neben Daniel, und Frau Kwang erzählte.

»Während ich das letzte Mal im Gefängnis war, gab mir der Herr eine Vision.

Ich sah viele tausend Mitarbeiter aus Ost und West, die Seite an Seite arbeiteten und eine Graben aushoben. Dieser Graben wurde immer größer und länger, und dann floß Wasser hinein.

Dieses Wasser war der Strom des Lebens. Ich sah ihn zuerst durch China in alle Teile des Landes fließen und danach in die ganze Welt.«

Daniels Vater fügte erläuternd hinzu: »Der Herr gab ihr diese Vision 1974, in einem fürchterlichen Gefängnis, in dem ihr Glaube auf eine harte Probe gestellt wurde. Sie war zu lebenslanger Haft verurteilt und in einer unterirdischen Zelle untergebracht, ohne Toilette, nur mit einem Eimer in der Ecke, der nie geleert wurde. Die Zelle war feucht und von Läusen und Moskitos heimgesucht. Zu essen bekam sie nur mit Sand gekochten Reis. Sie war schon schrecklich geschlagen und gefoltert worden und wurde immer noch weiter verhört.

Es hatte den Anschein, daß sie an einem solchen Ort nicht lange überleben könnte. Doch als der Herr ihr diese Vision gab, glaubte sie ihm. Und nachdem er sie wunderbarerweise aus dem Gefängnis befreit hatte, erzählte sie uns alles, was er ihr gezeigt hatte.«

Frau Kwang führte die Geschichte selbst zu Ende: »Es war die Zeit, Bruder David, als ihr eure Arbeit für die, die wegen ihres Glaubens verfolgt werden, in der Freien Welt gerade angefangen hattet.« Sie lächelte warm, als sie fortfuhr: »Es war, wie der Herr mir gesagt hatte. Ich wußte es noch nicht, aber Ost und West arbeiteten bereits zusammen, um den Kanal zu graben, durch den der Strom des Lebens fließen konnte.«

Wenn ich je eine Bestätigung des Herrn für diese Arbeit erhalten hatte, dann jetzt. Diesmal war ich es, der um eine Unterbrechung bat, um still mit dem zu sprechen, der das alles so wunderbar geführt hatte.

Als wir weitermachten, wollte Daniel selbst unbedingt ein persönliches Erlebnis erzählen.

»Ich möchte dir eine besondere Geschichte erzählen, Bruder David. Sie ereignete sich, nachdem meine Mutter zum dritten Mal freigelassen worden war und sich in Kanton verstecken mußte.«

Ich nickte. Das war zu der Zeit, als Joseph sie das erste Mal in der Universität getroffen hatte.

Wäre Frau Kwang in ihrer Heimatstadt zurückgekehrt, hätte man sie sofort wieder ins Gefängnis geworfen. Deshalb mußte Daniel ihren Aufenthaltsort um jeden Preis geheimhalten.

Jeden Abend jedoch wurde sein Haus von der örtlichen Polizei heimgesucht, und er wurde verhört, um die Adresse herauszubekommen.

Nun hatte ihm seine Mutter während ihrer Abwesenheit eine Reihe Briefe geschickt, in denen sie den Symbolismus der Offenbarung auslegte. Er schätzte diese Briefe sehr und brachte es nicht fertig, sie zu vernichten, auch nicht aus Gründen der Sicherheit. Eines Abends kam um 23 Uhr eine große Gruppe der Geheimpolizei, um das ganze Haus zu durchsuchen. Das war eine schlimme Situation: Wenn sie die Briefe unter seinem Kopfkissen fanden, wußten sie, wo seine Mutter war.

In seiner für ihn typischen schlichten Art erklärte Daniel: »Ich mußte den Herrn bitten, mir zu helfen. Zuerst zitterte ich, aber dann betete ich um so mehr, daß Gott die Briefe beschützen möge.«

Die Polizisten blieben mehrere Stunden; sie suchten jeden Winkel des Hauses ab und lasen jedes Stück Papier, das sie entdeckten. Zwei Polizisten blieben bei Daniel und hielten ihn ständig im Auge. Beide beobachteten, ob er reagierte, wenn die anderen in einem bestimmten Teil des Hauses suchten. Wenn er auch nur zwinkerte, suchten sie besonders sorgfältig.

Als sie an das Kopfkissen kamen, unter dem die Briefe lagen, schrie er im stillen: »Herr, in Jesu Namen, bitte blende ihre Augen, so daß sie sie nicht sehen.«

In diesem Augenblick stolperte ein Offizier mit einem Armvoll Kopfkissen, und alle fielen auf das Bett. Bis diese Kissen wieder aufgesammelt waren, war das eigentliche Kopfkissen vergessen. Die Briefe blieben an ihrem Platz, unentdeckt.

Schließlich gab die Geheimpolizei auf und verließ das Haus mit leeren Händen.

»Seht ihr«, sagte Daniel, »so habe ich die Güte des Herrn mit meinen eigenen Augen gesehen.«

»Wie dankbar mußt du gewesen sein, als du in der Nacht schlafen gegangen bist, Daniel!« sagte Julie.

Sein Gesicht bewölkte sich. »Nicht ganz. Einige Minuten nachdem sie gegangen waren, kam ein anderer hoher Offizier zu mir, um das Verhör neu zu beginnen. Er dachte wohl, ich wäre nach dem, was vorher geschehen war, eher bereit zu reden.«

Daniel hatte den Kopf gesenkt, dann murmelte er: »Ihre Verhörmethoden sind so hart, so grausam . . .«

Ein paar Minuten später jedoch schaute er wieder auf – sein Gesicht strahlte. »Aber ich habe euch noch eine letzte Geschichte zu erzählen.

Es geschah vor langer Zeit, als meine Mutter zum ersten Mal verhaftet und mein Vater im Arbeitslager war. Sie wurde weggeholt, kurz nachdem mein Bruder gestorben war und sie unsere Wohnung total ausgeplündert hatten. Wir mußten auf dem Fußboden schlafen.

Als die Wachen meine Mutter mitnahmen, gaben sie unseren Nachbarn den Auftrag, uns Kinder zu schlagen, damit wir unseren Glauben an den Herrn verleugneten. Aber wir taten es nicht. Nachdem sie aufgehört hatten, uns zu schlagen, gingen wir nach Hause, um zu schlafen und uns vor dem Herrn auszuweinen. Mein Herz war sehr schwer. Ich war 10 Jahre alt und mußte für meinen jüngeren Bruder und meine Schwester sorgen.

Zu dieser Zeit hatten wir außer ein wenig Reis nichts zu Hause. Da wir kein Geld hatten, konnten wir nichts kaufen; und niemand konnte uns helfen, weil die Geheimpolizei draußen Wache stand und uns total isolierte.

Wir wußten, wenn wir den Reis an diesem Tag kochten, hatten wir keinen mehr für den nächsten Tag. Wir konnten dann nur noch darauf warten, daß wir verhungerten. Wir drei warfen uns auf den Boden und baten den Herrn, ein Wunder zu vollbringen. Dann begannen wir im Glauben, den Reis zu kochen.

Als wir am nächsten Tag aufwachten, gingen wir zum Reistopf und sahen, daß der Herr unser Gebet beantwortet hatte. Es war genausoviel Reis darin wie am Tag zuvor.

Und jeden Tag geschah dasselbe. Der Herr ließ den Reis nicht weniger werden. Wir hatten genug bis zu dem Tag, an dem meine Mutter aus dem Gefängnis entlassen wurde, und dann war der Topf auf einmal leer.«

Er lachte sein ansteckendes Lachen. »Der Herr ist wunderbar in meinem Leben!«

Mit Tränen in den Augen blickte ich Daniel und seine Familie an. Ich fand keine Worte. Die Kwangs und ihre Geschwister in China waren ein lebendiges Zeugnis von der Größe Gottes.

In diesem Moment lernte ich eine Lektion, die ich bis zum heutigen Tag nie vergessen habe. Ich hatte diese Arbeit begonnen, weil ich der leidenden Kirche helfen wollte. Nun traf mich die Wahrheit der Situation. Wieviel größer war *ihre* Hilfe *für uns* – die freie Kirche im Westen, die jede Möglichkeit hatte, von Gott zu lernen und doch erst entdecken mußte, wie er wirklich handelt.

Wir hatten Bibeln in Hülle und Fülle und die Freiheit, uns so oft zu treffen, wie wir wollten. Doch wie oft konnten wir uns nur mühsam zu einer Bibelstunde oder einer Gebetsversammlung aufraffen, weil uns ein Abend zu Hause soviel gemütlicher erschien. Wir meinten, dem Willen des Herrn gemäß zu leben, doch es fiel uns schwer, morgens zur Stillen Zeit aufzustehen, und nur gelegentlich hielten wir in unserem überfüllten Tagesprogramm inne, um auf die Stimme des Herrn zu hören.

»Daniel«, sagte ich schließlich, »wie kommt es, daß eure Geschwister so nahe beim Herrn leben? Wir im Westen können einfach die Stimme des Herrn nicht so hören, wie ihr sie hört.«

Daniel gab die Frage an seine Eltern weiter und wartete auf ihre Antwort. Dann übersetzte er: »Man muß das Opfer bringen, Bruder David, dem Herrn so zu folgen.«

»Meint ihr, man muß verfolgt werden, bevor man diesen Glauben hat?«

»Nein, Bruder David, das ist nicht das Opfer. Das Opfer, von dem sie sprechen, ist das *Gebet*.«

Ich schaute sie an, blinzelte einen Augenblick und versuchte, das Gehörte zu begreifen. Diese Gläubigen in China gaben dem Herrn nicht nur ein paar Minuten ihres Tages im Gebet. Ihr ganzer Tag war ein Gebet – so groß war ihr Hunger nach dem Herrn. Bei jeder Gelegenheit suchten sie seine Gegenwart, seine Nähe, seine Gemeinschaft – sie beteten oft stundenlang, schütteten ihm ihr Herz aus und boten sich ihm zum Dienst an.

»Daniel?« Eine letzte Frage. »Könntest du sie fragen, wie lange man braucht, um diese Hingabe zu erreichen – so dem Herrn ergeben zu sein? Wieviele Stunden Gebet jeden Tag? Wieviele Wochen, Monate, Jahre?«

Einen Augenblick später kam die freundliche Antwort. Sie war wunderbar schlicht und sprach doch Bände.

»Der Herr kennt dein Herz, David.«

Das war es. Wenn das Herz Jesus »geopfert« war, wenn der Gläubige sich so dem Herrn ausgeliefert hatte, daß ihm nichts anderes mehr wichtig war . . . dann folgte der Rest.

20. Laßt uns zusammen laufen

»Wie geht's denn jetzt weiter, Daddy?« fragte Dawn inmitten des Geklappers und Geplappers in unserem chinesischen Lieblingsrestaurant in Manila. »Was hast du vor?«

Ich kannte die Antwort bereits. Wir hatten von Christen gehört, die zwei oder drei Tagesreisen unternahmen, um eine der dreißigtausend Bibeln von Projekt Regenbogen zu bekommen. Der nächste Schritt, das konnte nur die Million sein, um die die Kwangs bereits am Tag ihrer Ankunft aus China gebeten hatten.

»Trauen wir dem Herrn eine Million zu?« Ich grinste, während der Kellner süß-saures Schweinefleisch brachte.

»Junge, Junge, Dad«, sagte David nach einigen Minuten. »Das ist aber ein ganz schöner Happen! Denk nur an die Leute, die Bibeln, das Geld, die Gebetsunterstützung, die du brauchst!«

»Ich weiß«, erwiderte ich. »Aber bei den bisherigen Lieferungen war es doch genauso. Weißt du noch, wie klein wir angefangen haben – mit vierzig und fünfzig – und dann neunhundert und schließlich dreißigtausend? Verglichen mit dem vorherigen Schritt erschien immer jeder neue enorm.«

»Doch der Herr war stets größer«, murmelte Julie.

»Und er kann auch den nächsten Schritt gelingen lassen«, lächelte ich. »Schließlich ist er derselbe Herr!«

Bei meinem nächsten Aufenthalt in Hongkong besprach ich die gigantische Aufgabe mit den Kwangs. »Erinnerst du dich, wie Josua den Herrn anrief, Sonne und Mond anzuhalten, damit Israel den Kampf gewinnen konnte?« fragte Frau Kwang. »Wenn wir in diesem Kampf siegreich sein sollen, ist wieder ein großes Gotteswunder nötig. Aber der Hunger der Gläubigen ist so groß, Bruder David. Selbst die ›Regenbogen‹-Bibeln reichen nicht aus.«

Gemeinsam lasen wir einige der freudigen Briefe, die aus dem Herzen Chinas in unsere Büros geflattert waren. In überschwenglichen Worten dankte man uns für das »Brot des Lebens«.

Doch wieviele Tausend und Millionen Gläubige in der Volksrepublik warteten wohl noch darauf, daß dieser Hunger gestillt wurde?

»Ich habe einen Namen für dieses Projekt«, sagte ich den Kwangs. »Ich meine, wir sollten es ›Projekt Perle‹ nennen.«

Ihre Gesichter erhellten sich. »›Die kostbare Perle‹?« fragten sie.

»Richtig. Die eine kostbare Perle, für die der Kaufmann alles gab, was er hatte.«

»Gerade wie die Gläubigen in China«, murmelte Frau Kwang. »Sie haben auch alles, was sie haben, aufgegeben, um zum Reich Gottes zu gehören.«

»Nun, Bruder David«, fiel Herr Kwang strahlend ein, »warum fangen wir nicht jetzt gleich mit der Arbeit an – auf unseren Knien?«

Einige Wochen später besuchten Shan und ich mit Roger Winthrop, einem seiner Kollegen, einen anderen Gläubigen, der alles für das Reich Gottes geopfert hatte.

Wang Ming-Dao war, zusammen mit Watchman Nee, einer der führenden Männer der chinesischen Kirche gewesen, bis er 1955 verhaftet wurde.

Im Gefängnis wurde Wang Ming-Dao ständiger Folter und Gehirnwäsche unterzogen, bis er schließlich, nach 14 Monaten, ein Geständnis unterschrieb, daß sein Widerstand gegen die Drei-Selbst-Bewegung »konterrevolutionär« gewesen sei. Nach seiner Freilassung war er tief verstört wegen seiner Untreue. Er widerrief sein »Geständnis« und wurde sofort wieder inhaftiert. Diesmal blieb er 21 Jahre und 8 Monate im Gefängnis. Im Januar 1980 wurde er freigelassen und konnte zu seiner Frau in Shanghai, die zwei Jahre früher entlassen worden war.

Wir erwarteten einen stillen alten Mann, der womöglich körperlich und geistig gebrochen war. Statt dessen trafen wir einen Gläubigen mit demselben Feuer für seinen Herrn, für das er in seiner Jugend bekannt gewesen war.

»Ich erinnere mich an die Worte Jesu an seine Gemeinde in Offenbarung 2,10«, sagte er uns. »›Fürchte dich vor der keinem, das du leiden wirst. Siehe, der Teufel wird etliche von euch ins Gefängnis werfen, auf daß ihr versucht werdet, und werdet Trübsal haben zehn Tage. Sei getreu bis an den Tod, so will ich dir die Krone des Lebens geben.‹«

Dieser Vers hatte ihn im Gefängnis aufrechterhalten.

»Ich bin durch 23 Jahre der Läuterung gegangen, und der Herr hat nicht zugelassen, daß ich dadurch etwas verloren habe. Nein, sie sind mir zum Segen geworden.

Vor 25 Jahren fühlte ich mich sehr stark. Ich hatte vergessen, daß Satan darauf wartete, mich an meinem schwächsten Punkt zu treffen. ›Hast du etwa keine Angst?‹ fragte er. Und er ließ mich Schrecken durchleben, wie ich sie mir vorher nicht einmal hatte vorstellen können. Nie in meinem Leben war ich etwas so Furchtbarem begegnet; und ich war, wie Petrus, schwach.

Nun, was geschah schließlich? Nachdem der Herr Jesus vom Tod auferstanden war, erschien er als erstem diesem gefallenen Petrus.

Mein Herr hat dasselbe mit mir getan. Er hat mir keine Vorhaltungen gemacht, sondern er hat mich statt dessen getröstet. Die Bibel sagt: ›Das geknickte Rohr wird er nicht zerbrechen, und den glimmenden Docht wird er nicht auslöschen.‹«

Der alte Lehrer fuhr fort: »Nun gibt es nur eins, was ich fürchte. Ich fürchte Gott. Solange ich nicht gegen Gott sündige, solange ich ihm treu bleibe, fürchte ich nichts.

An jedem Tag, den wir auf der Erde leben, müssen wir vorsichtig sein, wachsam. Es soll nur ja keiner meinen: Weil ich schon 80 bin, gibt es nichts mehr, wovor ich Angst haben müßte. Auch im Glauben kann ich noch mir 81 fallen. Ein altes chinesisches Sprichwort sagt: ›Es gibt viele Anfänge, aber wenige Enden.‹ Die Bibel berichtet von vielen Menschen, die gut anfingen, aber traurig endeten. Und ich muß mich selbst warnen: Sei keiner, der anfängt, aber nicht durchhalten kann!«

»Seine Botschaft hätte nicht besser passen können, nicht wahr?« sagte Bruder Andrew, als ich ihm mein unvergeßliches Treffen mit Wang Ming-Dao erzählte. Ich war wieder in Holland zu unserem jährlichen internationalen Treffen, diesmal mit James Wee. Wir drei machten einen Spaziergang durch die gepflasterten Straßen von Bruder Andrews malerischer Heimatstadt.

James meinte: »Wir haben keine Zeit zu verlieren. Die Tür nach China hat noch nie so weit offengestanden.« Nach Huas Rücktritt konnte man in naher Zukunft damit rechnen, daß China sich noch weiter öffnen würde. »Aber wißt ihr«, fuhr er fort, »eine Gruppe in China hat uns eine dringende Botschaft zukommen lassen, so schnell wie möglich Bibeln nach China zu bringen. Sie sind überzeugt, daß Gott sie gewarnt hat, daß das Land nicht lange so offen bleiben wird. Ich habe dasselbe von vielen Gläubigen im ganzen Land gehört.«

»Und die Kwangs sagten es auch, als sie aus China kamen«, fügte ich hinzu.

Bruder Andrew nickte. »Das macht Projekt Perle so wichtig«, sagte er. »Ich glaube, ihr müßt ihm absolute Priorität einräumen. Und ihr könnt sicher sein, daß wir alle hinter euch stehen.«

Inzwischen waren wir auf dem Marktplatz der kleinen Stadt angekommen, und Bruder Andrew steuerte mit uns auf einen kleinen Verkaufsstand zu.

»Wunderbar!« sagte er. »Darauf freue ich mich schon.«

Als wir näherkamen, sah ich, was er meinte. An dem Stand wurden diese entsetzlichen rohen Heringe verkauft, von denen ich einen bei meinem ersten Besuch in Holland hatte essen müssen.

»Kommt, nehmt euch einen! Und dann rohe Zwiebelringe dazu – köstlich!«

Mir lief beim bloßen Gedanken an damals ein kalter Schauer den Rücken hinunter. James wurde ganz blaß und lehnte ebenfalls höflich, aber bestimmt ab.

»Schande über euch!« tadelte Andrew in gespielter Entrüstung. »Wie könnt ihr richtige Missionare sein, wenn ihr nicht bereit seid, euch mit den Menschen um euch zu identifizieren? Wie könnt ihr mit uns Holländern eins sein, wenn ihr euch nicht wie Holländer verhaltet, wenn ihr bei uns seid?«

James war der Schlagfertigere von uns beiden. »Du hast recht, Bruder Andrew. Wir sollten das essen. Und ich weiß, daß du dich bei deinem nächsten Besuch auf den Philippinen auch mit den Menschen dort eins machen willst. Wir werden dir gern dabei behilflich sein und dir dann ein ›balut‹ kaufen.« Balut ist die nationale Delikatesse auf den Philippinen – Enten-Embryo, in der eigenen Schale gekocht und warm von Straßenverkäufern angeboten.

Nun wurde Bruder Andrew blaß.

»Du wirst es lieben, Bruder!« versicherte ich ihm ganz in James' Fahrwasser. »Der ganze Trick ist, hineinzubeißen, ohne hinzusehen. Wenn du dich erst einmal an das Gefühl der Federn gewöhnt hast, ist der Rest, der Schnabel und so, ein Kinderspiel. Du wirst eine zweite Portion haben wollen!«

Andrew verschluckte sich fast am letzten Stück seines Herings. Dann lachte er: »Okay, ihr habt gewonnen. Ich möchte nicht moralisch verpflichtet sein, das nächste Mal in Manila dieses scheußliche Entchen zu essen.«

Wir folgten der Straße, die zum nahegelegenen Hafen führte, und setzten uns auf eine Holzbank, am Wasser. Ich zog meine Bibel aus der Tasche, in der ein Brief aus China steckte.

»Hör dir das mal an, Andrew!« sagte ich und reichte James das Schreiben, damit er es übersetzen konnte.

Der Brief kam von dem Alten Mann, der der Familie Kwang so treu geholfen hatte.

James übersetzte laut:

Geliebter Bruder David, Sicherheit und Friede!

Wir danken Gott für seine große Gnade, daß Er uns Dich leiht, damit Du für uns sorgst. Die kostbaren Bücher, die Du uns sandtest, sind heute angekommen. Wir Brüder und Schwestern konnten sie mit Lob lesen; und unsere Herzen wurden getröstet, unser tägliches Leben mit Weisheit gefüllt und unser Glaube gestärkt.

Danke für Eure Liebe und Fürsorge für uns. Wenn Ihr Gelegenheit habt, laden wir Euch in unsere Stadt ein. Dann können wir Gemeinschaft miteinander haben,die Güte desHerrn teilen und einander ermutigen, für den Herrn zu laufen,bis er wiederkommt . . .

»Einander ermutigen, für den Herrn zu laufen«, wiederholte Bruder Andrew. »Das gilt nicht nur euch, David, sondern allen Gläubigen in China und der Kirche in der Freien Welt. Ost und West müssen einander ermutigen, für den Herrn zu laufen.

Warum nicht?« fuhr er fort. »Wenn so viele Bibeln in die Volksrepublik gehen, sollten eigentlich zumindest ebenso viele Christen hinter ihnen stehen. Wenigstens einer sollte für jede Bibel beten – und für den Gläubigen, der sie bekommt.«

Ich beobachtete zwei Fischer, die sich in einem kleinen Boot am Strand näherten. Als sie die seichten Gewässer erreichten, sprang einer von beiden mit einem dicken Seil aus dem Boot. Die Männer arbeiteten Hand in Hand; einer blieb am Steuerruder, der andere watete durchs Wasser, um das Boot sicher an seinen Lagerplatz am Ufer zu bringen.

»Amen«, sagte ich. »Zusammen laufen – das wollen wir tun.«

Bruder Andrew

Kampf um Afrika

Was uns die Presse verschweigt

112 Seiten, ABCteam Bd. 167, Paperback

Uganda, Zaire, Rhodesien, Südafrika . . . fast täglich berichten die Massenmedien über Unruhen im »Schwarzen Kontinent«. Afrika scheint nicht zur Ruhe zu kommen. Rassenspannungen, religiöser Fanatismus, Stammesfehden und Großmachtinteressen machen den Kontinent zu einem einzigen Kampffeld.

Diese Buch schildert das Gären in Afrika aus einer Perspektive, die sich grundlegend von der der Presse unterscheidet. Bruder Andrew ist aufgrund ausgedehnter Reisen auf dem afrikanischen Kontinent und vieler Gespräche mit schwarzen und weißen Afrikanern überzeugt, daß sich hier hinter den Kulissen letztlich ein geistlicher Kampf widerchristlicher Mächte gegen das Evangelium vollzieht. Wie hinter dem Eisernen Vorhang gibt es auch in Afrika eine leidende Kirche, die die Unterstützung der Christen braucht.

»Kampf um Afrika« ist sicher ein provozierendes Buch, das in vielen Punkten unserer von den Massenmedien geprägten »öffentlichen Meinung« widerspricht. Der Schmuggler Gottes will die Christen wachrütteln und zum Engagement in Afrika aufrufen, ehe es zu spät ist.